알리바바,
세계를 훔치다

Alibaba

알리바바처럼 일하고 마윈처럼 미쳐라

알리바바,
세계를 훔치다

류스잉·펑정 지음 | 차혜정 옮김

21세기북스

'미친 열정'의 리더십을 만나다

조용호(비전아레나 대표)

중국 알리바바의 미국 증권시장 상장이 성공하면서 15년간 알리바바를 이끌어오던 마윈의 리더십이 세간의 주목을 받고 있다. 외모나 출신 학교, 창업 이전의 직업 등 모든 면에서 지금의 마윈을 상상하기 어렵다는 점에서 그의 성공 신화는 보통 사람의 위대한 성공담으로 회자되기도 한다. 나의 경우만 해도 몇 년 전까지 그를 독특한 방식으로 기업을 이끄는 괴짜 CEO 정도로만 생각했다. 알리바바는 겉보기에 대단한 성장을 하고 있었지만 그곳을 이끄는 마윈이라는 인물에 대한 뜨거운 관심으로까지 이어지지는 않았다. 그런데 그가 인터뷰하거나 말한 내용을 언론을 통해 차츰 접하면서 점점 더 알리바바가 아닌 인간 마윈이 궁금해졌다. 그가 어떤 생각으로 경영자의 길을 걸어왔는지 좀 더 알고 싶어졌다. 이 책은 그러한 궁금증을 푸는 데 훌륭한 역할을 해주었다.

만약 누군가 이 책에서 그의 남다른 점이 무엇인지 묻는다면 나는 그의 사람을 끌어당기는 리더십과 허를 찌르는 역발상을 꼽고 싶다. 그가 가진 화술과 사람에 대한 영향력은 원대한 비전을 품고 큰일을 내고자 하는 사람에게는 매우 소중한 능력이다.

사실 그는 외모는 볼품없을지 몰라도 잘나가는 영어 교사, 즉 한 분야의 전문가였다. 또한 항저우 전역의 대학연맹 회장을 할 정도로 웅변 능력과 리더십까지 보유하고 있었다. 초기에 창업에 같이 뛰어든 25명의 지인도 상당수 그가 가르치던 학생이 포함되었다고 한다. 자신의 비전을 전파하는 능력과 이를 목적지까지 끌고 갈 수 있는 리더십이 바로 마윈의 출발 지점이고, 그래서 그가 맨땅에서 아무런 능력 없이 시작했다는 것은 약간 현실 착오적일 수 있다.

그럼에도 불구하고 마윈이 위대한 기업가로 분류되고 사람들에게 희망을 주는 것은 그가 이룬 성취가 시작할 당시에 비해 너무나 높기 때문이다. 전 세계 공장과 구매자를 연결하는 알리바바 외에도 개인 간 거래를 지원하는 타오바오, 알리페이는 모두 중국 안팎에서 시장 지배적인 점유율을 가지고 있다. 중국이라는 거대한 시장의 온라인 전자상거래와 관련된 영역에서 이미 마윈은 큰 거인으로 우뚝 서 있다.

앞서의 질문에 이어 또 다른 누군가가 마윈이 알리바바를 정상의 자리에 올려놓은 원동력이 무엇이었는지 내게 묻는다면 주저 없이 '기업의 목적'을 바로 세우고 늑대의 투지와 여우의 꾀를 이용해 시장에서 경쟁자들을 보기 좋게 따돌린 점을 들겠다.

컴맹에 가까웠던 그는 인터넷의 싹이 트던 1995년 당시 미국으로 건너가 막 피어오른 기회를 몸으로 확인하고 하이바오를 통해 창업에 뛰어든 후 작은 성공을 거두게 된다. 하지만 두 번의 실패를 거쳐

6

알리바바 창업 과정에 이르기까지 그가 시련을 겪은 사실은 국내에 크게 알려지지 않은 듯하다. 우리나라 기준으로는 재창업을 통해 알리바바를 세우고 승승장구한 경우라고나 할까.

한마디로, 많은 시행착오가 있었다. 그 스스로도 훗날 '알리바바의 1001가지 실수'라는 책을 쓰겠다고 이야기했을 정도니 말이다.

특히 인상 깊었던 부분은 알리바바가 초창기에 실리콘밸리 등 해외 주요 지역에 지사를 두어 공격적인 확장을 하던 것이 문제가 되어 사업 축소로 연결되고 난 후 해외 진출 실패의 원인을 기업의 가치관과 문화의 부재에서 찾았다는 점이다. 그래서 대외적인 실패의 원인을 내부에서 찾고 근본적인 면에서 다시 틀을 잡아가면서 알리바바는 102년을 존속할 수 있는 기업으로의 DNA를 뿌리내리게 된다. 나는 알리바바가 이렇게 짧은 기간에 성장하여 세계 최대의 쇼핑몰인 아마존보다 높은 가치 평가를 받는 이유를 이러한 가치관과 문화를 기반으로 이룬 실행 중심의 조직에서 찾을 수 있다고 믿는다.

실제로 마윈은 위대한 기업을 세운 이들을 만나면서 훌륭한 기업일수록 가치관이 중요하다는 것을 깨달았다고 책 속에서 이야기한다. 클린턴 부부와의 만남에서 들은 이야기도 그중 하나다.

"미국은 많은 분야에서 선도적 역할을 하고 있다. 그러나 때로는 리더가 어디로 가야 할지 모르고 제대로 인도하지 못할 때가 있다. 그들에게는 모방할 만한 모델이 없기 때문이다. 이때 그들에게 결정을 내리게 하는 힘은 사명감이다."

알리바바의 사명은 '천하에 하기 어려운 장사가 없게 한다'이고 알리바바, 타오바오, 알리페이 등 서로 다른 사업군이 지향하는 단일 목적이 되었다.

그의 주장에 따르면 기업 조직이라면 사명과 가치관, 목표가 있어야 한다. 나도 사업을 하는 입장에서 이제는 그의 이야기에 완전히 동의하게 된다. 기업은 돈을 벌어야 기능하지만, 그것이 유일한 목적이어서는 위대한 기업은커녕 보통 기업도 되기 어렵다.

그는 말한다. "기업가에게 돈을 버는 것은 쉬운 일이다. 이것은 결과이지 목적이 아니다. 그러나 지속적으로 돈을 벌고, 가치를 창조하여 사회에 영향을 주고, 전체 전자상거래 사이트를 이끄는 것은 매우 어려운 일이다. 내가 도전하고 싶은 일이 바로 그것이다. 많은 사람이 돈을 버는 방법을 알고 있고, 돈을 벌고 있다. 하지만 세상의 다른 사람에게 영향을 미치고 사회를 개선해나가는 사람은 많지 않다. 위대한 기업을 만들면 그 일을 할 수 있다."

그렇다고 그가 시장에서도 계속 이상주의자 같은 모습으로 존재하지는 않았다. 철저하게 중국인의 상황과 눈높이에 맞게 현지화시키는 전략과, 알리바바가 세계적으로 쓰이지 않으면 판매자만 넘쳐나는 반쪽짜리 시장이 될 것임을 알고 전 세계를 대상으로 마케팅하면서 중국 기업이 운영한다는 사실을 알리지 않은 것 또한 매우 전략적인 접근이다. 개인 간 거래 시장을 대부분 장악한 이베이 이취에 맞서 경쟁 서비스인 타오바오를 들고 나왔을 때에도 사내에서 극소수에게만 진행 여부를 알리고, 나중에 성과를 거두기 시작하면서 타오바오가 알리바바의 관계사임을 대외적으로 공식 인정한다. 알리페이를 내놓고 난 뒤에는 4대 주요 은행과의 전략적 제휴를 통해 페이팔 등 경쟁사가 중국 시장에서 자리를 잡기 전에 선점한다.

한마디로, 꿈꾸는 듯한 이상주의적 비전을 가지면서도 현실에서는 끊임없이 시장을 지배하기 위한 전략을 구사하는 경영자로서 마윈의 알리바바는 동양의 철학과 서양의 경영 전략이 만난 위대한 교류의 결과물이다.

마윈은 남들이 보기에 불가능한 성장 목표를 설정해놓고 보란 듯이 실현해왔다. 이를 보면서 일본의 한 경영자가 떠올랐다.

일본에서 교세라를 창업하고 부도에 몰린 일본항공의 구원투수로 들어가 성공적으로 부활시킨 경영자 이나모리 가즈오다. 그는 경영자의 투혼이 직원들을 포함해 기업 전체로 확산되기 위해서는 경영 목표를 공유해야 한다고 주장한다. 또한 '세상을 위해, 사람을 위해'라는 고귀한 정신이 있어야 사업에 성공할 수 있다고 이야기한다. 대의명분은 어려운 상황에서도 목표를 향해 정진할 수 있도록 해주기 때문이다.

투혼을 불태운 경영의 달인 이나모리 가즈오와 미친 경영의 달인인 마윈이 똑같은 이야기를 하고 있다는 점에서 우리는 시공간을 꿰뚫는 하나의 지혜를 발견하게 된다.

이 책에서 독자가 느꼈으면 하는 점은 보통 사람이 부의 정상에 오른 한 편의 성공 신화가 아니라 마윈이 창업에서 은퇴에 이르기까지 20년간 매우 성공적으로 실천하고 증명해온 경영 철학과 삶에 대한 자세일 것이다.

제1장 변화의 중심에서 외치다

제2장 더 큰 꿈을 향해 거침없이 도전하다

우리 시대의 작은 거인, 마윈

한 기업가에게 마윈의 이야기를 처음 들었을 때부터 그를 소개받고 싶다는 충동이 일었다. 그러나 지구촌을 앞마당처럼 누비며 생활하는 사람과 알고 지낸다는 것은 쉬운 일이 아니었기에 기다리는 수밖에 없었다. 마윈에 대해 조사하면서 그와의 만남을 더욱 간절히 고대하게 되었다. 그러던 중 많은 친구들에게서 마윈에 대한 이야기를 들었다. 〈중국 기업가〉 잡지사 사장 류둥화劉東華와 CCTV 유명 프로그램 「성공중국」의 프로듀서 왕리펀王利芬도 마윈의 이야기를 해주었다. 길거리 작은 상점의 한 젊은 여사장이 "마윈이 성공했다면 대다수의 사람들이 성공할 수 있다"라고 말한 것이 흥미롭다.

2006년 7월 26일 오후 2시, 우리는 약속대로 베이징 시다왕로 1호 원터라이 센터에 위치한 야후 차이나 본부를 찾아갔다. 그곳에서 그 유명한 마윈을 만났다. 그가 건넨 명함에는 '알리바바그룹 마윈'이라고만 쓰여 있을 뿐 어떠한 직함도 없었다. 명함만 보면 그가 알리바바의 영혼이자 조타수, 회장인 줄 누가 알겠는가! 알리바바그룹에는 알리바바, 야후, 타오바오닷컴, 알리페이, 이렇게 네 개 회사가 있다.

마윈은 친절하고 호의적인 태도로 우리를 사무실로 안내했다. 그는 점심을 아직 안 먹었다면서 우리와 이야기하며 식사를 하겠다고 했다. 그러나 사무실에 도착했을 때는 부하직원이 이미 식탁을 치워버린 후였다. 마윈은 고픈 배를 움켜쥐고 우리와 이야기를 해야 했다. 한 시간 정도 나눈 마윈과의 대화는 무겁지 않고 매우 유쾌했다. 그는 오랜 친구처럼 편안한 사람이었고, 말이 빠르고 두뇌 회전이 민첩했다. 또한 매우 겸손했다. 그는 자신이 젊다고 말했다. 사람들은 그의 성공담을 담은 자서전을 낼 것을 원하지만 그는 특별히 '쓸 것이 없다'고 말했다. 책을 쓴다는 것은 매우 거창한 일인데 앞으로 갈 길이 멀고, 자신이 아직 성공했다고 할 수도 없기 때문이란다. 오히려 그는 "실수한 일이 적지 않기 때문에 은퇴 후에 '알리바바의 1001가지 실수'라는 책을 써야겠다"고 말했다.

마윈은 기업 지도자 중에서도 천지를 개벽한 거물급 인물이다. 그는 "인터넷은 '네티즌'과 '인터넷 친구'를 만드는 도구에 그치지 않고 '인터넷 창업가 시대'를 열 것"이라고 예견했다. "알리바바의 사명은 바로 그것, 인터넷이 인터넷 창업가 시대를 이끌도록 하는 것이다"라던 마윈은 중국을 넘어 전 세계적으로 인터넷 창업가 시대라는 새 시대를 열었다.

인터넷 창업가 시대에는 네티즌이 인터넷에서 채팅, 오락, 친구 사귀기에만 몰두하지 않고 인터넷을 진정한 생산 도구로 볼 수 있게 된다. 인터넷 창업은 진입 문턱이 없어 누구나 도전할 수 있다. 인터넷 창업가 시대에는 사업 방식이 완전히 변화할 것이다. 사람들은 비즈니스 정보의 바다에서 필요한 것을 선택할 수 있으며 자유롭게 소통할 수 있다. 이제 '세상에 하기 어려운 장사가 없게' 되는 것이다.

　마윈은 왼손에 알리바바를, 오른손에 타오바오닷컴을 쥐고 이미 인터넷 창업가 시대의 전설을 열었다. 그가 설립한 알리바바는 전 세계 기업 간 전자상거래의 최고 브랜드가 되었으며, 국제무역 분야에서 가장 규모가 크고 활발한 온라인 거래 시장, 상업 커뮤니티가 되었다. 알리바바의 인터넷 창업가는 1500만 명에 달하고 온라인 무역 거래액은 200억 달러를 넘는다. 마윈이 비밀리에 만든 타오바오닷컴은 아시아 최고 경매시장으로 성장했다. 등록회원 수 2500만 이상으로 중국 시장점유율 70%를 넘겨 이베이 이취易趣를 완전히 추월했다. 그가 인수한 야후는 혁신을 통해 검색의 선두에 도전하고 있다. 강력한 검색 기능은 인터넷 창업가 제국에 큰 기여를 할 것이다.

　신용은 인터넷 창업가들이 가장 관심 있는 부분으로 한때 전자상거래의 발전을 가로막는 걸림돌이었다. 마윈은 세상의 인터넷 창업가들에게 외친다. "신용 있는 사람만이 부유해질 수 있다." 전자결제 시스템 알리페이의 출범은 전자상거래의 이정표를 열었다. 알리페이의 점유율은 중국 제3자 인터넷 결제 시장의 절반을 차지하며 1위 자리를 지키고 있다. 알리페이는 인터넷 안전에 서광을 비추고 '천하무적'을 바라는 인터넷 상인들에게 희망을 안겼다.

　많은 기업가 중에서도 마윈의 인생역정은 가히 전설이라 할 수 있다. 그는 질풍노도의 시절을 겪었지만 결코 포기를 몰랐다. 30세에 창업하기 전, 마윈은 매우 순탄하지 못한 세월을 보냈다. 유년기의 그는 깡마르고 작은, 영양실조에 걸린 듯한 소년이었다. 영어를 제외하고는 학교 성적이 바닥에 가까워 선생님들이 걱정하는 열등생이었다. 대학 입시에서도 좌절이 끊이지 않아 두 번의 낙방 끝에 가까스로 유명하지 않은 대학에 들어갔다. 마윈은 평범하기 짝이 없는 사람이었다.

창업 과정에서도 마윈은 시련을 맛보았다. 그는 중국 최초로 인터넷 검색사이트 '차이나페이지Chinapage'를 창설했다. 사람들은 그를 사기꾼이라고 불렀다. 차이나페이지가 차츰 자리를 잡아 희망의 빛이 보이는가 싶을 때 그는 그곳을 떠나야 했다. 베이징으로 올라온 그는 새로운 창업의 여정을 시작했으나 그 길이 자신이 바라는 바가 아님을 발견했다. 베이징을 떠나기 전 만리장성에서 그는 하늘을 올려다보며 탄식했다. 고향 항저우로 돌아간 그는 알리바바를 창설했다. 그 후로도 도메인 사건, 모바일 인터넷 주소 사건, 블랙리스트 사건 등 평탄치 않은 길을 가야 했다. 타오바오닷컴을 운영할 때는 사방에 적이 깔려 있었다. 야후의 혁신 과정에도 구글과 바이두百度라는 양대 거산이 버티고 있었다.

역경에서 영웅이 나오고 비통함이 시성詩聖을 키운다. 용기와 의지력만 있다면 인생은 얼음 속에서도 끓어오를 수 있다. 많은 시련을 겪은 마윈은 모든 사람을 감동하게 한다.

마윈에게는 선명하고 특별한 개성이 있다. 어릴 때부터 그는 왜소하고 허약했지만 의리를 중시하고 싸움을 잘했다. 수학에서는 열등생이었지만 영어 실력은 뛰어났다. 외모는 뒤떨어지지만 사람들의 피를 끓게 하는 화술을 구사한다. 그는 "망원경으로 찾아도 도대체 내 적수를 찾지 못하겠다"라고 외친다.

많은 기업가 중에서 가장 야심이 가득한 사람을 꼽으라면 단연 마원이다. 그는 중국에서 가장 좋은 기업, 세계에서 가장 위대한 회사를 만들고 102년간 경영하겠다고 공언한다. 그의 눈은 언제나 세계를 향하고 있으며, 그는 세계 중소기업의 '구세주'가 되고자 한다. 그 꿈을 위해 그는 일주일에 13개국을 누빈다. 의심할 여지 없이 마윈은 이미 전 세계를 움직이는 인물이다. 전 영국 총리 토니 블레어는 중국을 방문했을 때 '중국의 마윈'을 만나보고 싶어 했다. 마윈이 전 세계 사업가들의 사업방식을 변화시켰다는 얘기를 들었기 때문이었다.

마윈을 만나고 그를 알아가는 과정에서 나는 줄곧 감동을 느꼈다. 포기와 원망을 모르는 삶의 자세와 야심만만한 투지에 감동했고, 독특한 인격적 매력에 감동했다.

마윈은 키가 작다. 그러나 우리의 생활과 비즈니스 방식을 변화시키며 우리를 인터넷 창업가 시대로 안내하는 거인이다.

경영 과정에서 기복이 컸던 쥐런巨人그룹의 창업자 스위주史玉柱는 이렇게 말했다. "회사가 한 걸음씩 성장할 때 나는 성공한 사람에 관한 책을 많이 읽었다. 회사가 도산했을 때 나는 실패한 사람들에 관한 책을 읽었다. 그 속에서 다시 일어날 힘을 얻고자 했다."

이 책이 많은 독자에게 무언가를 줄 수 있기를 희망한다. 그것은 깨달음일 수도, 격려일 수도 있으며, 영감이나 열정, 그리고 재산일 수도 있다.

류스잉刘世英

제1장
변화의 중심에서 외치다

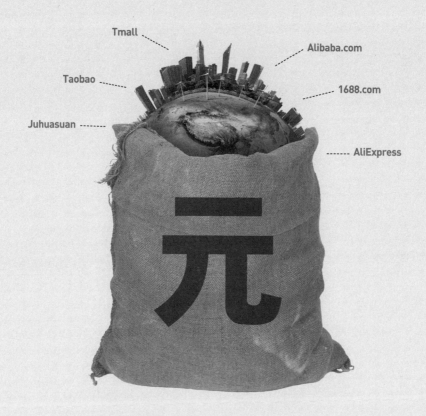

Tmall

Taobao

Juhuasuan

Alibaba.com

1688.com

AliExpress

alibaba

마윈은 항저우 출신으로 왜소한 체구에 비상한 사업 두뇌의 소유자이다. 그의 외모는 흡사 영화 「E.T.」의 외계인을 연상케 하나, 입만 열었다 하면 좌중을 압도한다. 이 정도 묘사만으로도 누구를 말하는지 충분히 짐작할 수 있다. 바로 최대 글로벌 전자상거래 사이트 알리바바닷컴Alibaba.com의 창시자 마윈이다. 마윈은 선견지명과 비범한 경영능력으로 중국 기업가로는 최초로 〈포브스〉 표지인물이 되었다. 알리바바닷컴의 경영모델은 하버드대학 MBA의 사례 분석에 두 번이나 등장했다. IT에 문외한이면서도 IT계의 영웅으로 떠오른 마윈, 컴맹이면서도 인터넷 엘리트가 된 그를 〈포브스〉는 '나폴레옹처럼 작은 키지만 나폴레옹만큼 큰 포부를 가진 인물'로 평가했다. 나폴레옹이 이끄는 프랑스 기병부대가 유럽 전체를 무력으로 정복한 지 수세기가 지난 오늘날 마윈이 이끄는 알리바바그룹이 전 세계를 무혈 정복한 것이다.

미쳐야
살아남는다

미국의 위대한 전략가 게리 하멜Gary Hamel은 저서 『미래를 위한 경
쟁Competing for the Future』에서 지금이야말로 게임 규칙을 변화시
킬 수 있는 절호의 기회라고 했다. 선견지명으로 중국과 세계 인터
넷의 게임 규칙을 다시 세울 인물이 평범한 외모의 마윈일 것이라고
예측하는 사람은 아무도 없었다. 그러나 마윈은 왜소하고 깡마른 외
모에 깃든 큰 지혜 덕분에 전 세계 전자상거래의 리더로 등극했다.

전직 강사가 〈포브스〉의 표지를 장식하다

"CEO의 주요 임무는 기회를 찾는 것이 아니라 기회에 대해 'No'라
고 말하는 것이다. 기회가 아무리 많아도 잡을 수 있는 것은 단 하나
다. 많은 기회를 다 잡으려 하다가는 아무것도 얻지 못한다."

　알리바바닷컴의 기적을 창조한 CEO 마윈은 이렇게 말한다. 대학
영어강사 출신으로 영어로 사고할 수 있는 한편 중국식 전략을 고수
한 그는 GE의 전직 CEO 잭 웰치Jack Welch에 비견되는 비즈니스 귀
재로 꼽힌다.

중국에서 교직에 몸담았다가 사업에 뛰어드는 것은 흔한 일이다. 베이징대학의 위민훙俞敏洪 교수와 상하이외국어대학 후민胡敏 교수가 신둥팡新東方학원을 확장했다가 실패했던 반면 같은 영어강사 출신인 마윈은 전자상거래에 뛰어든 이후 괄목할 만한 성적을 보여주었다. 사람들이 그를 달리 볼 수밖에 없는 이유는 그가 보통 사람으로서는 닿을 수 없는 정상에 도달했기 때문이다.

2000년 7월 17일 항저우 출신 마윈은 세계 최고의 전자상거래 사이트를 구축하여 중국 기업가로는 50년 만에 처음으로 〈포브스〉의 표지를 장식하는 인물이 되었다.

〈포브스〉는 그를 이렇게 묘사했다. "움푹 파인 볼, 아무렇게나 삐져나온 머리카락, 이를 드러낸 장난기 가득한 웃음, 키 165cm에 몸무게 50kg, 개구쟁이 같은 외모의 마윈은 나폴레옹처럼 작은 체구에 나폴레옹이 품었던 포부를 품고 있다." 마윈은 〈포브스〉의 묘사를 읽고 나서야 자신의 외모가 그토록 형편없다는 사실을 알았다고 말했다.

일개 영어강사가 중국인 최초로 세계적 권위를 자랑하는 경제지 〈포브스〉의 표지에 소개되는 기업가로 변신하리라고는 아무도 예상하지 못했다. 마윈을 유심히 지켜본 〈포브스〉의 편집장 매튜 시프린 Matthew Schifrin은 마윈에게 이런 찬사를 보냈다.

"마윈의 방향 설정은 정확했다. 미국에서 망치를 한 컨테이너나 사들일 수 있는 곳은 20개의 대기업뿐이다. 나머지 555개 철물 도매업체와 2만 900개의 소매업체가 한 번에 필요로 하는 망치는 기껏해야 한두 상자에 지나지 않는다. 소기업의 입장에서 알리바바는 무척 고마운 존재인 것이다. 이런 배경 속에서 작은 '새우'에 불과한

B2B 거래의 성장속도는 빠른 시간 안에 '고래'를 능가할 수 있다."

2004년 9월 미국 CNBC TV에 알리바바닷컴의 광고가 나간 것과 때를 같이하여 마윈은 홍콩 〈포브스〉 포럼과 미국 〈포브스〉 글로벌 CEO 포럼에 잇달아 참석해 미국의 여러 경제기관 및 무역단체와 접촉했다. 국제무역연합회, 싱가포르 화상대회, 이탈리아 무역기구, 맥킨지, 프라이스워터하우스 쿠퍼스 등 각종 기구 및 기업과 프로모션 협정을 체결하며, 미국 CNBC, 로이터 통신 등 언론과 인터뷰를 하는 등 중국 전자상거래 홍보대사를 자청하기도 했다.

시장조사업체 후룬胡潤을 매년 「후룬보고서」라는 중국의 부자 명단을 발표하는데, 2005년 IT 부자 명단에서 알리바바닷컴은 4위를 차지했고 마윈 회장의 몸값은 30억 달러에 달했다. 알리바바가 불과 몇 년 만에 이룬 기적이었다. 41세의 마윈 회장과 5년이라는 짧은 역사를 가진 알리바바는 일약 스타덤에 올랐고 중국 전자상거래의 상징이 되었다.

사기꾼 소리를 듣던 '미치광이'

언제부터인가 사람들은 마윈을 사기꾼으로 부르기 시작했다. 언론은 한 술 더 떠 그를 '미치광이'라고 표현했다. 그의 깊은 뜻을 알아보지 못한 사람들로서는 당연한 반응이었다. 인터넷이 중국에 본격적으로 퍼지기도 전에 마윈은 기업으로부터 수수료를 받고 제품 정보를 인터넷에 올렸다. 하지만 제대로 서버가 작동되지 않아 '사기꾼'으로 몰렸다. 2001년, 마윈이 "중국에서 가장 우수한 기업이 되겠다"는 기치를 들고 나오자 사람들은 그를 미치광이라고 불렀다.

이제, 그는 글로벌 거대 인터넷 기업 이베이를 '미친 듯이' 제치고 진정한 미치광이에 등극했다.

사람들이 마윈을 '미치광이'라고 부르는 것도 무리가 아니다. 그는 왼손에 알리바바닷컴, 오른손에 타오바오닷컴을 쥐고 주머니에는 알리페이를 넣고 있다. 전자상거래의 세 가지 모델 B2B business to business(기업 대 기업 간 인터넷을 통해 제품·서비스 정보를 교환하는 전자상거래), B2C business to consumer(기업과 소비자 간의 전자상거래), C2C consumer to consumer(소비자와 소비자 간의 전자상거래, 주로 인터넷 경매) 중 마윈 회장은 두 가지 모델을 운영하고 있고, 'B'와 'C'의 두 요소를 다 갖추고 있어 언제든지 세 종류의 비즈니스 모델을 운영할 수 있다.

2000년에 〈포브스〉의 표지인물로 선정된 이후 마윈은 가는 곳마다 화제를 몰고 다녔다. 그와 관련된 숫자를 보면 혀를 내두를 정도다. 2000년 마윈은 벤처투자기업으로부터 2500만 달러의 투자를 받았다. 2004년 소프트뱅크로부터 8200만 달러의 투자를 받았으며 그후 1년 동안 타오바오닷컴에 1조 위안을 쏟아부었다. 가장 최근 그에게 투자한 기업으로는 10억 달러를 투자한 야후그룹이 있다.

인터넷계의 '광인'이며 전 세계 IT계의 전설이 된 마윈, 그는 공개적인 장소에서 거침없는 언변을 구사하면서 유명한 어록도 많이 남겼다.

"남자의 외모는 재능과 반비례한다."

"망원경으로 찾아도 도대체 내 적수를 찾지 못하겠다."

이 두 마디만으로도 그의 '광인' 면모가 충분히 드러난다. 이 세상은 '미친' 자만이 살아남는다.

글로벌 영향력을 갖춘 '미래의 일등 부자'

현재 많은 서방 기업들이 알리바바닷컴 사이트를 통해 중국에 제품을 수출하고 있다. 국내외 언론들은 40년 뒤에는 알리바바닷컴의 창시자 마윈이 빌 게이츠를 제치고 세계 최고의 갑부에 등극할 것이라는 예측을 내놓았다. 2006년 6월, 미국의 권위 있는 경제지 〈비즈니스 2.0〉이 세계에서 가장 영향력 있는 재계 인사 50명의 명단을 발표했는데, 마윈 회장이 중국 기업가로는 유일하게 그 명단에 올랐을 뿐 아니라 빌 게이츠보다 무려 6위나 앞선 15위를 차지했다.

마윈 회장이 설립한 알리바바닷컴은 일일 방문자 수가 유엔무역발전기구의 4배, 세계 최대 경쟁 기업들의 5~8배에 이른다. 이제 알리바바닷컴은 전 세계 기업가들의 공공재산에 속하며, 마윈 회장은 전 세계 기업의 사업방식을 변화시킨 절대적인 리더로 통한다.

2003년 7월 토니 블레어 당시 영국 총리가 중국을 방문했을 때 총리와 함께 조찬을 마친 뒤 마윈은 사람들에게 말했다.

"블레어 총리는 중국에 대해 잘 알고 있다. 나와 그는 인터넷이 중국을 변화시켰다는 데에 공감했다."

전 세계 '정보 고속도로'와 '글로벌 무역자유화'를 부르짖었던 전 미국 대통령 빌 클린턴도 마윈과 여러 차례 접촉했다. 다보스포럼에서 마윈은 클린턴과 공동 관심사에 대해 깊이 있는 토론을 나눴으며, 2005년 9월에 열린 알리바바닷컴의 서호논검 포럼의 개막 행사에 그를 초청했다. 그날 저녁 마윈과 클린턴은 만찬을 함께 했다. 마윈 회장은 클린턴이 항저우의 아름다움에 흠뻑 취해 매우 즐거워했다고 전했다.

새우를 이용해
상어를 낚아라

마윈 회장은 B2B를 몇 가지 유형으로 나눴다. 그중 하나는 미국과 유럽에서 성행하는 유형으로 대기업 기반의 서비스를 제공하여 바이어의 시간을 절약하고 커뮤니티를 장악하는 방식이다. 이에 반해 알리바바닷컴은 소기업을 위주로 사이버 커뮤니티를 형성해 소기업과 공급업체를 상대로 서비스한다. 마윈 회장의 말을 들어보자.

"우리는 소기업이 돈을 절약하도록 돕는 것이 아니라 그들이 돈을 벌도록 돕는다. 전 세계에 돈 많은 사람은 그렇게 많지 않다. 대기업은 많아야 전체 기업의 10%에 지나지 않는다. 우리는 새우를 이용해 상어를 낚는 이론을 이용하려는 것이다. 상어를 직접 잡으려다 자칫하면 물려죽을 수도 있다."

마윈 회장은 알리바바닷컴에 대해 입방아를 찧는 사람을 '깔보는' 경향이 있다. 사실 마윈 회장 자신도 알리바바닷컴을 어떤 존재로 단정짓기 어려워한다. 하지만 알리바바닷컴에 대해 잘 모르는 사람도 결코 부인할 수 없는 하나의 사실이 있다. 그것은 알리바바닷컴이 세계 최고의 B2B 전자상거래 브랜드로 세계 무역 시장에서 가장 크고 활력이 넘치는 인터넷 교역 시장이며, 상거래 포털이라는 점이다. 적절한 포지셔닝과 탄탄한 구조, 우수한 서비스는 알리바바닷컴을 1500만이 넘는 거래처를 보유한 글로벌 온라인 상거래 사이트로 성장시켰다.

알리바바닷컴은 날마다 220개국 기업의 840만 건의 거래 정보를 세계 각지의 기업과 거래처에 제공하여 세계 상인들로부터 가장 환영받는 B2B 사이트로 평가되고 있다.

알리바바닷컴, 세계 최대 전자상거래 브랜드

시나닷컴이 풍부한 정보를 기반으로 운영된다면, 알리바바는 중국 내 1500만 중소기업 회원과 1000만에 육박하는 해외 회원을 보유하고 있어 다른 업체가 이를 따라잡기란 쉽지 않다.

알리바바닷컴은 전 세계 상인들을 인터넷 창업가 시대로 안내하면서 눈부신 성과를 달성해 각계의 관심을 한 몸에 받고 있다. WTO 초대 사무총장 피터 서덜랜드Peter Sutherland는 알리바바닷컴 고문 직을 맡아 미국 상무부, 일본 경제산업성, 유럽 중소기업연합회 등에 알리바바닷컴을 추천했다. 알리바바닷컴은 관련 기관으로부터 세계에서 가장 주목받는 B2B 사이트, 중국 상거래 우수 사이트, 중국 100대 우수 사이트, 중국 최우수 무역 사이트로 여러 차례 선정되었으며, 국내외 언론, 실리콘밸리와 해외 벤처투자자들로부터 야후, 아마존, 이베이, 아메리칸 온라인과 어깨를 나란히 할 5대 온라인 상거래 주자로 자리매김했다. 뿐만 아니라 알리바바닷컴은 5년 연속으로 '진정한 글로벌 브랜드'라는 언론의 평가를 받고 있다.

"고객의 목소리에 귀를 기울이고 고객의 요구를 만족시킨다."

이것이 알리바바닷컴의 생존과 발전 전략의 기본이다. 알리바바닷컴의 온라인 회원 중 절반이 입소문을 듣고 찾아온 것이라는 조사 결과가 있다. 각 업계에서 알리바바닷컴 거래 사이트를 통해 거래하는 회원의 비율도 약 50%에 달한다. 세계적 엘리트들의 환상적 조합은 알리바바닷컴이라는 건물을 지탱하는 초석이다. 완벽한 인재들의 조합, 흔들리지 않는 신념으로 '102년 경영' 목표를 향해 달려가는 이 기업은 '세상에 하기 어려운 장사를 없게 한다'는 사명을 실천하고 있다.

타오바오닷컴, 보물섬으로 안내하는 플랫폼

야심가 마윈은 B2B 시장을 장악하는 데 만족하지 않고 C2C 시장에도 진출하기로 결심했다. 그리고 비밀리에 이를 추진한 끝에 2003년 타오바오닷컴을 출범시켰다. 이 회사는 승승장구를 거듭하며 중국 인터넷 시장에 '타오바오의 기적'을 창조했다. 그러자 〈포브스〉를 비롯한 국내외 언론으로부터 거인 이베이를 제치고 세계 인터넷 시장의 패권을 차지할 것이라는 평을 받았다.

'타오바오淘寶'가 중국어로 '보물을 캐다'라는 뜻이라는 점에서도 알 수 있듯이 타오바오닷컴은 캐지 못할 보물은 없고 팔지 못할 보물도 없다는 설립 취지를 갖고 있다. 이는 타오바오닷컴 출범 초기부터 표방하는 가치관이자 경영 및 서비스 철학이기도 하다. 타오바오닷컴은 이베이와 유사한 중국 내 개인 거래 플랫폼으로, 마윈 회장은 구상 단계에서부터 이를 세계 최대 규모의 개인 거래 포털로 성장시키기 위해 고심했다.

IT, 인터넷, 기업정보화 조사 및 인터넷 부가서비스를 제공하는 업체인 중국 인터넷실험실은 2004년 타오바오닷컴의 거래량이 이베이 이취와 거의 맞먹는다는 통계를 발표했다. 이와 동시에 타오바오닷컴이 중국 최대 전자상거래 사이트의 선두에 섰다고 밝혔다. 한 가지 짚고 넘어갈 점은 중국 인터넷실험실의 통계가 국제적으로 통용되는 Alexa 프로그램을 이용해 산출되었다는 사실이다. 2004년 7월 2일, 중국 인터넷실험실의 통계조사는 타오바오닷컴의 인터넷 인기지수가 662.67로 9.84% 성장했다고 밝히며 같은 날 이베이의 인기지수 426.13, 성장률 0.84%와 비교했다.

2005년 3월, 소매업 관련 정보 제공 사이트 아시아소매온라인은 상하이에 있는 리서치 기업 아이리서치의 통계를 인용하면서 타오바오닷컴이 중국 C2C 쇼핑몰 1위에 등극했다고 밝혔다. 이 조사는 타오바오닷컴의 하루 거래 고객 수가 1만 9025명으로 중국 C2C 시장의 선두 이베이 이취를 제쳤다고 밝혔다.

중국 사회과학원 인터넷발전연구센터가 발표한 '2005년 중국 전자상거래시장 조사보고서'에 따르면 알리바바닷컴과 타오바오닷컴은 B2B와 C2C 두 시장에서 모두 점유율 1위를 차지했다. 이 보고서는 3위였던 타오바오닷컴이 야후의 이파이왕—拍網 지분을 매입함에 따라 업계 점유율 60%를 차지하게 되었다고 설명했다. 이베이 이취는 현재 양호한 성장세를 보이고는 있지만 중국 토종기업의 공격으로 기존의 시장점유율 60%가 흔들리며 점차 2위로 밀려나고 결국 30%에 머물 것으로 내다보았다.

시장조사기구 이관궈지易觀國際가 발표한 '2005년 4분기 중국 C2C 시장 데이터'는 2005년 중국 C2C 시장이 가파르게 성장해 온라인 산업의 중심으로 떠올랐음을 알렸다. 특히 타오바오닷컴이 고속 성장을 유지하여 국내 C2C 시장의 점유율이 60%에 달했으며, 그에 비해 이베이 이취는 30%에 지나지 않는다고 전했다. 즉 타오바오닷컴의 시장점유율은 이베이 이취의 두 배나 된다. 이관궈지의 발표 결과는 사회과학원이 앞서 발표한 '2005년 중국 전자상거래 시장조사보고서'와 대체로 일치한다.

2006년 1월 19일, 타오바오닷컴은 2005년 글로벌 거래 누계액이 80억 2천 위안에 달했으며 2004년의 연간 실적과 비교할 때 성장률이 무려 700%에 달한다고 밝혔다. 2006년 5월에는 시장점유율 67.3%로, 29.1%를 차지한 이베이 이취를 멀찌감치 따돌렸다. 회원 수도 1900만 명으로 이베이 이취의 2050만 명을 바짝 뒤쫓더니 2006년 7월에는 2250만 명을 돌파해 이베이 이취를 앞질렀다. 앞으로도 타오바오닷컴의 시장점유율은 계속 확대될 전망이다. 2006년에는 연간 총거래액이 140억 위안을 돌파할 것으로 내다보고 있다. 국내 C2C 시장의 고객 수와 거래액에서 모두 1위를 달리며 2관왕에 오를 것이다.

알리페이, 새로운 이정표

거래의 위험을 어떻게 줄일 것인가는 그동안 전자상거래 발전의 발목을 잡는 숙제였다. 신용과 안전은 전자상거래의 내일을 밝혀주는 중요한 요소다. '결제 문제를 해결해야 진정한 전자상거래가 가능하다'는 말을 입에 달고 살던 마윈은 온라인 거래 안전을 해결할 수 단을 찾느라 골몰했다. 뜻이 있으면 길이 있다고 했던가. 이렇게 해 서 탄생한 알리페이는 천하무적의 기업이 되겠다는 마윈의 꿈을 현 실로 만들어주었다.

마윈은 만족할 줄 모르는 야심가이다. 전자상거래가 중국 전역에 서 활기를 띠자 그는 온라인 거래가 더욱 활성화될 것이라고 믿었 다. 그래서 야심가 마윈은 알리바바에서 타오바오닷컴, 알리페이에 이르기까지 끊임없이 새로운 모델을 개발했고, 알리페이는 마윈의 전자상거래 장정에 화룡점정이 되었다.

알리페이는 고객의 온라인 거래에 안전장치를 제공하는 신용중개 수단이다. 고객이 알리페이를 통해 상품을 먼저 배송받고 대금을 결 제하는 모델과 대금결제 확인 후 상품을 배송하는 모델을 함께 이용 하여 리스크를 줄이는 방식이다. 현재 알리페이의 고객은 1700만 명 이상이며 하루 거래액은 3000만 위안을 넘는다.

간편한 사용법으로 알리페이의 인기는 치솟았고 충실한 고객을 다수 보유하게 되었다. 첫 번째 방식은 매매 쌍방이 고정가격 정보 를 통해 거래를 성립하고 시스템이 제시하는 대로 알리페이의 중간 담보기능을 사용해 물품대금 결제를 진행하는 것이다. 두 번째 방식 은 매매 쌍방이 경매 정보에 따라 거래한 다음 시스템이 제시하는 대 로 알리페이의 중간담보기능을 사용해 물품대금을 결제하는 것이 다. 세 번째 방식은 쌍방이 협상을 통해 가격을 정한 후 판매자가 'AliAssistant'라는 프로그램을 이용해 바이어에게 주문서를 발송하 고 알리페이를 이용해 대금 결제를 완료하는 것이다. 알리페이는 온라인 기업의 혁신으로 전자상거래 결제에 활력소를 제공하며 전자상거래 발전에 하나의 이정표 역할을 했다.

왼손에 알리바바, 오른손에 타오바오, 여기에 알리페이까지 더해지면서 마윈의 전자상거래 왕좌 등극은 떼놓은 당상처럼 보였다. 그러나 페이팔PayPal, 야후 같은 전자거래 결제 시스템의 국제 거물이 호시탐탐 노리고 있어 한창 성장 중인 알리페이에 많은 변수를 가져왔고 마윈에게 경각심을 들게 했다.

치열한 경쟁 속에서 경각심만 느껴서는 부족했다. 중요한 것은 행동이었다. 2005년 3월 2일 알리페이는 중국 공상은행과 전략적 제휴를 체결하고 전자상거래 제3자 결제 플랫폼 시장에 함께 진출했다. 3월 16일에는 항저우로 가서 중국 농업은행과 합작 협의를 체결했다.

2005년 6월, 마윈 회장과 초상은행 마위화馬蔚華 행장이 만났다. 두 사람은 MBA들로부터 가장 전략적인 사고를 하는 10대 기업가에 꼽힌 화제의 인물들이었다. 그날은 제3자 결제 플랫폼 알리페이와 초상은행이 전면적 제휴를 통해 전자상거래 온라인 결제 시대를 연 역사적인 날이었다. 그러나 이 모든 성과도 마윈에게는 턱없이 부족한 것이었다. 그는 국내의 영향력 있는 모든 은행들을 제휴 파트너로 삼기 위해 전력을 기울였다.

1위에 등극하다

중국인터넷협회가 주관하고 CCID 컨설팅, IDC 중국, 아이리서치, 이관궈지가 협찬하는 2005/2006 중국 인터넷산업 50대 브랜드 조사에서 알리페이가 결제 분야에서 1등 브랜드로 선정되었다. 〈21세기 경제보도〉와 〈21세기 경제평론〉이 공동으로 수여하는 2005년 '중국 창조상'에서 알리페이는 2005년 중국에서 '가장 창조적인 제품'이라는 영예를 안았다. 알리페이는 금융 서비스와 인터넷 안전기반이 취약한 온라인 거래의 안전을 확보하여 중국 전자상거래의 건강한 발전을 주도했다는 평가를 받았다.

알리페이가 제공하는 '안전, 간편, 신속'한 결제 서비스는 업계 콘텐츠의 각 핵심지표에서 지속적으로 1위를 차지하며 알리페이는 현재 중국 최대의 제3자 전자결제 서비스 제공자가 되었다. 이관궈지의 '2006 중국 전자결제 고객조사보고서'에 따르면 온라인 결제가 현재 전자결제의 주요 채널로 시장의 64.1%를 차지한다고 밝혔다. 그중 제3자 온라인 결제 시장에서 알리바바의 알리페이가 1위로 48.2%를 차지했다. 2006년 6월에는 회원 수 2000만 명을 넘어섰다. 수십만 개의 인터넷 점포, 2000만 건이 넘는 상품에 알리페이의 결제 서비스가 제공되었고, 일일 거래량이 3100만 위안을 초과했다.

야후 차이나, 온라인 제국에 입성

야후 차이나가 중국에서 힘을 잃었다고는 하지만 다른 회사에 합병되리라고 예상한 사람은 아무도 없었다. 야후는 그만큼 상징성이 있는 이름이었다. 하지만 야후 차이나를 합병한 장본인이 마윈 회장이라면 이야기는 달라진다. 알리바바와 타오바오가 야후 차이나와 아무 관련이 없어 보여도 마윈이라면 충분히 야후 차이나를 합병할 수 있기 때문이었다.

알리바바와 야후 차이나의 최종 결합은 마윈이 7년 동안이나 은밀히 기다려온 숙원사업이었다. 참을성 없기로 유명한 그가 말이다.

인터넷업계는 사업계획서를 쓰는 단계부터 대담한 상상력과 선견 지명을 필요로 한다. 그러나 이번 마윈의 행동은 모두의 예상을 뒤엎은 소식이었다. 〈포브스〉가 '야후가 10억 달러에 달하는 알리바바의 30% 지분을 사들였다'고 보도했을 때 '천하대란'이라는 표현을 쓸 정도로 여론이 분분했다. 그러나 상하이 〈제일재경일보〉는 '알리바바가 야후 차이나를 합병했으며 야후는 10억 달러의 자금으로 참여했다'는 내용을 보도했다.

마윈은 여론의 반응 따위는 대수롭지 않게 여겼다. 8월 11일 기자회견에서 마윈은 "오늘 기자회견을 하지만 앞으로 얼마나 많은 뉴스거리를 발표하게 될지 나도 모르겠다"고 말했다. 그날 기자회견에는 야후 측 CEO 대니얼 로젠스웨이그Daniel Rosensweig가 참석했지만 스포트라이트를 받는 스타는 단연 마윈이었다. 심지어 로이터의 사진기자가 마윈의 사진 한 장을 찍기 위해서 험한 말을 내뱉는 소동이 벌어졌고, 결국 안전요원까지 동원되기도 했다. 그 정도로 '마윈 효과'는 대단했다.

마윈은 시기를 교묘하게 이용해 세상을 뒤흔들 사건을 발표하는 전략에도 능했다.

"오늘은 중국의 밸런타인데이입니다. 알리바바와 야후의 7년간의 인연이 오늘 드디어 결실을 맺게 되었습니다."

"이 자리에서 알리바바가 야후의 포털, 검색엔진 이쏘우—搜, 야후통雅虎通, 3721, 이파이왕을 포함한 야후 차이나의 모든 자산을 매입한다는 사실을 알려드립니다. 아울러 야후는 알리바바에 10억 달러를 투자하여 알리바바의 중요한 전략투자자가 되었습니다."

마윈은 많은 자리에서 알리바바와 야후의 '사랑' 이야기를 강조했다.

"알리바바와 야후의 합작은 7년 전 연애를 시작할 때부터 비롯되었다. 제리 양과 7년 전 만리장성에서 사진을 찍으면서 서로에게 호감을 가졌다. 그 사랑이 오늘에야 결실을 맺게 된 것이다."

야후는 10억 달러의 '혼수'를 장만하여 마윈의 알리바바에 '시집온' 것이었다. 주식지분으로 볼 때 야후가 알리바바에서 차지하는 경제적 이익은 40%이고 35%의 투표권을 가진다. 회사 경영권은 알리바바가 두 석, 야후가 한 석, 소프트뱅크가 한 석을 차지하여 여전히 알리바바의 손에 쥐어 있다.

누군가 마윈에게 야후가 투자한 10억 달러는 어떻게 쓸 생각이냐고 묻자 그는 득의양양하게 말했다.

"많은 사람들이 나에게 이메일을 보내 그 돈의 용도에 대해 조언한다. 나는 그 돈을 어떻게 쓸지 벌써 정해놓았다. 손정의 회장에게 2억 달러를 현금으로 주고 남은 부분은 야후 차이나와 통합하여 알리바바 창업팀과 주주들에게 돌아가게 할 것이다."

항간에는 이번 10억 달러의 투자를 다 받으면 알리바바가 3년 동안 일한 직원들에게 100만 위안씩 나눠줄 것이라는 소문도 있다.

세상에 돈을 싫어하는 사람은 없을 것이다. 그것도 무려 10억 달러라는 거금이 아닌가! 그 돈이라면 세계 최고의 전자상거래 천하를 만들겠다는 마윈의 꿈을 더 가속화할 수 있다.

야후 차이나를 사들인 후 마윈은 야후 차이나가 중국 대륙에서 자리를 잡을 수 있도록 또다시 '미친 짓'을 하기 시작했다. 야후 차이나는 마윈의 주도하에 완벽한 변신을 시도하면서 소후를 필두로 하여 중국 토종 검색엔진 바이두와 구글과의 경쟁을 시작했다.

2006년 1월 4일 새해 벽두에 야후 차이나는 검색엔진 경쟁을 알리는 첫 포성을 울렸다. 한번에 무려 1억 위안이 넘는 금액을 쏟아부었다. 돈은 양면성을 가지고 있으니 적절한 곳에 써야 한다는 마윈의 주장에 따라 3000만 위안을 투자하고, 중국 최고의 감독 첸카이거陳凱歌, 펑샤오강馮小剛, 장지중張紀中에게 각각 2~3분짜리 광고 제작을 맡긴 다음 온라인에 융단폭격을 하듯 퍼뜨렸다. 더욱 혀를 내두를 일은 8000만 위안의 거액을 들여 CCTV 1채널의 황금시간대 광고를 따낸 것이다.

마윈은 '중국의 IT업계는 거품이 걷힌 이래 천천히 온도가 올라가고 있다'고 말했다. 인터넷은 전통업종이 해결하지 못하는 문제를 해결해줄 수 있다. 심지어 전자상거래의 사례에서 보듯 인터넷이 대부분의 업종을 대신할 것이라고 하는 사람도 있다. 인터넷업계가 침체를 겪다가도 다시 살아나는 것은 사람들이 인터넷의 가치가 과거처럼 뉴스를 보고 이메일을 받아보는 데 그치지 않는다는 사실을 인식했기 때문이다. 인터넷을 통해 사람들은 게임을 즐기고, 채팅을 하며, 블로그를 운영하기도 한다. 더 나아가 온라인에서 물건을 파는 등 사업을 하기도 한다. 이렇게 흥미로운 대상이니 사람들의 관심을 끄는 것은 당연하다.

그러나 요즘 맹위를 떨치는 블로그나 온라인게임에 대해 마윈은 좀 다른 생각을 가지고 있다.

"나는 사실 인터넷을 잘 모르는 사람이다. 직원들도 블로그를 운영하고 있고, 알리바바에도 업자들의 블로그가 개설되어 있는데, 솔직히 아직도 그 실체를 모르겠다. 온라인게임은 사람들의 생활에 실질적인 변화를 일으키지 않는다. 온라인게임이 성행하는 나라에서는 시간의 가치를 그다지 중요하게 여기지 않는다. 온라인게임을 만든 경제 선진국은 온라인게임을 즐기지 않는데 중국인들은 그 게임에 열광하는 것이다."

블로그나 온라인게임에 대해 냉담한 것과는 대조적으로 마윈은 실시간 통신과 검색에 큰 흥미를 느꼈다.

"실시간 통신은 알리바바와 타오바오닷컴 고객 모두에게 필요하다. 우리는 알리바바의 회원들을 위한 실시간 무료 채팅 서비스인 '마오이퉁貿易通'을 개설하여 회원들이 사용하도록 했다. 이를 통해 그들은 직접 장사를 하고 값을 흥정한다. 검색은 전자상거래에서 매우 중요한 도구이다. 우리는 야후 차이나를 사들인 이후 그 방면의 역량을 더 강화할 것이다. B2B든 C2C든 많은 면에서 검색엔진 기술에 더욱 의존하게 될 것이다."

제2장

더 큰 꿈을 향해
거침없이 도전하다

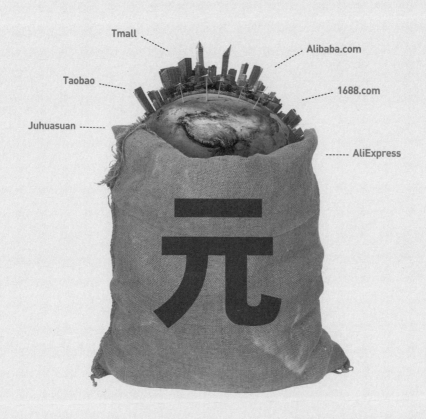

Tmall

Alibaba.com

Taobao

1688.com

Juhuasuan

AliExpress

alibaba

마윈은 기적을 창조하는 사람이다. 그가 좋아하는 소설가 진
융의 소설에 등장하는 주인공처럼 천부적인 총명함을 갖고 있지만 많은 좌절을 겪고
나서야 큰 그릇으로 성장하는 사람이다. "마윈이 성공한다면 대부분의 사람이 성공할
수 있다"라는 말만큼이나 많은 사람을 놀라게 하는 마윈 회장. 그는 많은 어록을 남겼
다. "가능하다면 '알리바바의 1001가지 실수'라는 제목으로 책을 내고 싶다." 이 말에
서 알 수 있듯이 마윈은 많은 시련을 겪었다. 무슨 일이든 시작이 어려운 법이다. 성공
의 찬란함 뒤에는 언제나 뼈를 깎는 노력이 있다. 포커스 미디어 회장 겸 CEO 장난춘
江南春의 창업 신화는 그가 10년간 천리를 달린 자전거에서 비롯되며, 주청그룹 회장
주쥔朱駿의 부도 바다에서 '금 캐기'와 같은 노력에서 비롯되었다. 마윈이 부를 축적한
과정을 돌아보면서 알리바바를 설립하기 전 마윈이 겪었던 어려움을 돌아보지 않을
수 없다.

언제든
기회는 살아 있다

일반적으로 전쟁에서 적군 1000명을 무찌르려면 아군 800명의 손실을 감수해야 한다. 어떤 전쟁이든 양쪽이 모두 상처를 입는 것이 다반사다. 그러나 마윈 회장은 그렇게 생각하지 않는다. 마윈 회장은 쾌락지상주의자다. 일이 힘들어도 그는 늘 즐겁다. 심지어 싸움도 즐긴다. 그만큼 마윈은 호전적이다. 이상한 논리지만 사실이 그렇다. 마윈의 어린 시절을 돌아보면 이를 이해할 수 있다.

필요하면 달려드는 싸움꾼

그 옛날 호기와 격정 어디로 갔나,

꽃이 피고 져도 할 말이 없구나.

루쉰, 『양쉬안을 추도하며悼楊銓』에서

마윈은 1964년 9월 10일 항저우의 아름다운 호수 서호 근처에 있는 평범한 가정에서 태어났다. 그의 어머니는 쑤저우에서 민속음악인 평탄評彈 가수로 활동한 적이 있으며 비파를 즐겨 연주했다. 아버지도 어머니와 같은 일을 했다. 이런 부모의 영향을 받아 마윈은 부모와 어릴 때부터 쑤저우 말로 대화할 만큼 쑤저우를 좋아했다. 쑤저우에는 두 가지 유형의 사람이 있다고 한다. 말을 잘하는 사람과 남의 말에 귀를 기울이는 사람이다. 어릴 때부터 부모의 쑤저우 평탄을 듣고 자라서인지 마윈도 직설적이고 통속적인 언어습관을 가지고 있었으며, 가장 간결하게 요점만을 전하는 방식으로 자기 생각을 표현하는 데 능했다.

그러나 유년 시절의 마윈은 또래 남자아이들처럼 하루가 멀다고 말썽만 일삼는 개구쟁이였다. 그 당시는 집안 출신을 따지고 편견이 가득한 시절이었다. 할아버지가 국민당 시절에 지방의 치안유지 간부를 맡았다는 이유로 마윈은 '반혁명분자'의 손자로 낙인찍혔다. 어릴 때부터 그는 친구들에게 괴롭힘을 당하고 아버지에게 매를 맞으며 성장했다. 이 무렵 마윈은 무협지에 심취해있어서 의협심에 불타는 주인공이 친구를 위해 기꺼이 칼을 뽑아 싸우는 이야기에 감동하곤 했다. 무협지의 영향을 받아 자신도 '협객'이 되고 싶어했던 마윈은 싸움을 자주 했고 그는 선생님과 부모, 이웃들로부터 싸움질만 하는 아이로 인식되었다.

"나는 어렸을 때 작고 마른 몸이었지만 싸움에서 밀리지 않았다."

마윈은 자신의 어린 시절을 이렇게 묘사한다. 지금 모습을 보아도 알 수 있듯이 그는 태어날 때부터 왜소한 체격이었지만 싸움에는 밀리지 않았다. 설령 싸움에 져도 상대를 원망하지 않았으며, 집안 어른에게 일러바치지도 않았다.

소년 마윈은 고집 세고 당찬 아이였다. 자기보다 키 큰 적수를 두려워하지 않았으며 누가 시비를 걸면 상대가 아무리 강해도 이를 악물고 덤볐다. 그 때문에 봉변도 많이 당했다. 한번은 키가 큰 청년과 시비가 붙었다. 사람들은 체격이 왜소한 마윈이 싸울 엄두도 못 내고 물러날 것이라고 생각했다. 그러나 마윈은 이를 악물고 덤볐고 시간이 흐를수록 기세가 등등해졌다. 비록 상대를 이기지 못했지만 그 기세만은 상대를 누르기에 충분했다. 이 에피소드는 훗날 타오바오가 이베이와의 경쟁에서 발휘한 끈질긴 근성을 연상케 한다.

초등학교부터 중고등학교에 이르기까지 마윈은 억울한 일을 당한 친구에 대한 의리 때문에 싸우는 일이 잦았다. 그런 까닭에 학교에서 처벌을 많이 받았으며 싸움 중 크게 다쳐 병원에 실려가 열세 바늘이나 꿰맨 적도 있다. 싸움을 했다는 이유로 다니던 학교에서 전학을 가야 하기도 했다. 선생님들이나 이웃들 그 누구도 말썽꾸러기 마윈의 앞날에 희망을 품지 않았다. 그가 어수룩해서 친구를 위해 피투성이가 되도록 싸운다고 걱정할 뿐이었다. 그러나 친구들은 그를 정의감에 불타는 친구라고 평가했다.

소년 마윈은 무협지 주인공의 의협심을 꿋꿋하게 실천해나갔다. 초등학교 4학년 때, 친구를 위해 싸우다가 뼈가 훤히 드러날 정도로 심하게 다친 적이 있었다. 병원에 마취약이 없어서 직접 상처를 꿰매야 했다. 그는 몹시 아팠지만 눈물 한 방울도 흘리지 않았다. 마윈의 용기 있는 모습은 많은 친구들의 호감을 샀다. 어릴 때부터 그의 인생이 평범하지 않으리라는 것을 보여주는 대목이다.

어린 시절의 기억에 대해 마윈은 자신이 싸움을 자주 했지만 먼저 시비를 거는 편은 아니었다고 전한다. 그는 자신을 위해 싸운 것이 아니라 언제나 친구를 위해 싸웠다. 어릴 때부터 친구와의 우정을 중요하게 생각했기 때문이다.

마윈은 이런 말을 했다.

"남자의 가슴은 억울함을 품고 자란다. 억울한 일을 많이 당할수록 가슴은 커진다."

분노와 굴욕, 자기변명과 함께 관용도 녹아 있는 말이다. 어떠한 현실이 그를 이토록 투지에 불타게 했을까?

어린 시절 마윈은 매우 민감한 아이였다. 집안 출신 때문에 어릴 때부터 이웃 아이들로부터 늘 놀림과 멸시를 당했다. 그때마다 공연히 시비를 일으켜 집안 어른들을 실망시킬 수 없었기에 그는 분을 삭이며 참았다. 그러나 심한 모욕에는 참지 못하고 싸움을 일으켜 아버지로부터 몽둥이찜질을 당하곤 했다.

국민당에 관여한 할아버지의 이력 때문에 마윈이 말썽을 부릴 때마다 경찰이 집에 찾아왔다. 그럴 때면 친구들이 담장 밖에 붙어 그 광경을 구경했다. 하루는 경찰관이 그에게 호통을 쳤다.

"이 녀석, 솔직히 말해. 함부로 날뛰면 혼날 줄 알아!"

그러던 어느 날 국어시간이었다. 선생님이 교과서를 읽어주는데 공교롭게도 그날 경찰관이 마윈에게 호통을 치면서 했던 말이 책에 나왔다. 마윈은 짐짓 모른 척 수업에 집중했다. 이때 한 아이가 휙 고개를 돌려 마윈을 쳐다보았다. 그 순간 '휙!' 소리와 함께 마윈의 책이 그 아이를 향해 날아갔다. 이에 그 아이는 한술 더 떠서 책가방을 통째로 냅다 던졌다. 미처 피하지 못한 마윈은 책가방에 들어 있던 철제 필통 모서리에 이마를 맞아 피가 철철 흘렀다.

마윈은 "일곱 사람이 있으면 그중 반드시 못된 인간이 있다"는 말을 했는데, 이런 인식은 이때부터 싹튼 듯하다. 그런가 하면 "여섯 사람이 있으면 반드시 잘난 사람이 있다"라는 주장에는 따뜻함이 담겨 있다. 마윈은 가족의 명예를 위해 싸우면서 성장했다.

수학 열등생, 영어 천재가 되다

소크라테스는 세상을 변화시키려면 먼저 자기 자신부터 변하라고 했다. 그런데 마윈은 자신의 가치관을 지키면서 세상을 변화시켰다. 마윈은 어릴 때부터 다른 아이들과 달랐다. 일단 외모부터가 다른 남자 아이들처럼 귀여운 맛이 없었다. 안 그래도 큰 머리통은 비쩍 마른 체구 때문에 더욱 두드러져 보였다. 학교 성적은 반에서 중간밖에 되지 않았고 특히 수학 성적은 바닥을 기며 늘 낙제를 면치 못했다. 이런 학생은 선생님들의 큰 골칫거리였다.

말썽을 피우고 싸움만 일삼다 보니 성적도 좋을 리가 없었다. 하지만 마윈은 선천적인 낙천주의자였다. 전 과목 중 그래도 마윈을 큰 소리치게 하는 과목이 있었으니, 그것은 영어였다.

영어를 잘한 덕분에 그는 항저우사범대학 외국어과에 합격할 수 있었고, 영어강사까지 될 수 있었다. 통번역회사 하이보를 세우고 미국에 가서 인터넷을 접한 것도, 훗날 알리바바를 세울 수 있었던 것도 모두 영어 덕분이었다.

마윈이 영어를 좋아하게 된 계기는 중학교 때 여자 지리 선생님과 수업시간에 나눈 대화에서 비롯된다. 선생님은 활기차고 부드러운 수업 분위기를 이끌었으며, 자신의 경험담을 학생들에게 전해주기도 했다. 마윈과 친구들은 하나같이 그 선생님을 존경하고 좋아했다. 그러던 어느 날 수업시간에 선생님이 해준 말이 마윈의 일생을 바꿔놓는 계기가 되었다.

언젠가 서호에서 외국인 몇 명이 선생님에게 중국 지리에 대해 물어보았고 그녀는 유창한 영어로 그들에게 자세히 대답해주었다. 선생님은 지리공부를 열심히 하기에 앞서 영어를 잘해야 한다고 강조하면서, 외국인이 물어볼 때 영어를 몰라 제대로 대답을 못하면 중국인으로서 창피한 일이라고 했다. 마윈은 별안간 무언가에 머리를 맞은 듯 전율이 흘렀다. 선생님에 대한 존경심으로 마윈은 그 말을 깊이 새겼다. 그리고 그날부터 영어 공부를 시작했다.

그날 수업이 끝나자마자 마윈은 6마오를 주고 라디오를 사서 날마다 영어방송을 듣기 시작했다. 그때 마윈의 나이는 만 12세였다. 요즘 같으면 12세가 되어서야 영어를 배우기 시작한 것이 늦은 감이 있지만 막 개혁개방을 시작한 당시 중국에서 12세밖에 안 된 아이가 영어 공부를 한다는 것은 매우 드문 일이었다.

마윈의 부모는 ABC도 몰랐다. 그래서 마윈은 처음 영어를 배우기 시작할 때 많은 어려움을 겪어야 했다. 그러나 그는 영어에 대한 열정으로 여러 어려움을 극복해나갔다. 지기 싫어하는 마윈은 늘 외국 사람들이 많이 몰리는 서호에 가서 그들과 영어로 대화를 나누었다. 때로는 그들의 가이드를 자처하기도 했다.

'미친 영어'로 중국을 휩쓴 리양李陽은 영어를 배우는 데 있어서 가장 기피해야 할 대상은 두려움이라고 했다. 망신당할 것이 두려워

입을 떼지 않는다면 영어실력은 늘지 않는다. 마윈은 이러한 '철면피' 정신으로 무장하고 기회만 되면 외국인을 붙잡고 영어로 말을 걸었다. 그러는 동안 마윈의 영어는 하루가 다르게 유창해졌다. 학교 선생님들도 그의 회화 실력에 놀랄 정도였다. 외국인들은 그를 미국에서 공부를 마치고 귀국한 유학파로 생각했다. 으쓱해진 마윈은 중국 밖으로는 한 발짝도 나가본 적이 없다고 말했다. 마윈은 유창한 영어를 구사하며 많은 외국인 친구를 사귀었다.

무슨 일이든 흥미가 있어야 잘할 수 있다. 마윈은 이 점을 믿었다. "흥미를 잃지 않는다면 실패도 실력으로 연결된다. 실패를 거듭해도 완전히 쓰러지지만 않으면 다시 기회는 있다. 잘 안 되면 돌아가면 된다. 포기는 머리로 벽을 받는 것과는 다르다. 포기를 배워야 성공이 시작된다."

새로운 모험의
길을 찾다

우수작으로 선정된 글 한 편으로 명문대학에 입학하는 사람도 있는
가 하면 마윈처럼 어려운 길을 뚫고 대학에 들어가는 사람도 있다.
마윈은 상아탑을 향한 순수한 꿈을 안고 있었다. 사실, 마윈은 일류
대학 문턱에도 못 가본 사람이다. 심지어 초등학교, 중학교, 고등학
교도 모조리 삼류, 사류만 골라 다녔다. 게다가 대학도 두 차례나 낙
방하고 세 번 만에 겨우 합격했다.

대학을 향한 마윈의 꿈
처음 대학입학시험에 낙방하자 마윈은 삼륜 자전거를 몰고 다니면
서 장사를 시작했다. 호텔 종업원이 되려고도 했으나 키가 작다고
거절당했다. 몇 가지 직업을 전전하다가 마윈은 다시 대학입시에 도
전했다. 그는 외국어 쪽으로 전공을 선택했다.

　"선비는 가난하면 뜻이 더욱 굳어진다.""군자가 도를 닦을 때 곤궁
하다고 해서 뜻을 바꾸지 않는다.""뜻을 세우면 기세가 더 커진다."

　시련 끝에 마윈은 마침내 찬란한 성과를 얻게 된다. 유명해지고 나

서도 마윈은 결코 실패를 두려워하지 않으며, 대학시험에 낙방한 이야 기를 해주면서 성적이 좋지 않은 사람들에게 용기를 주고 있다.

마윈의 대입 여정은 가히 '기사회생'이라고 표현할 수 있을 만큼 곡절이 많았다. 그러나 그는 고생 끝에 마침내 희망을 맞이했다. 합격의 흥분과 호기심을 안고 마윈은 충실하고 즐거운 대학 생활을 시작했다.

뜻이 있으면 길이 있다고 했다. 1984년, 마윈이 막 20세가 되던 해였다. 그는 포레스트 검프 같은 어수룩함으로 대학의 문을 들어섰다. 그가 입학한 대학은 명문대가 아닌, 평범하기 짝이 없는 항저우 사범대학이었다. 게다가 당시 영어과 지원이 미달인 바람에 요행으로 들어온 학교였다.

그러나 영어는 마윈에게 딱 맞는 전공이었다. 특히 그는 회화에 천부적인 소질이 있었다. 대학에서 마윈은 다양한 경험을 했고 행운의 여신은 그때부터 그에게 손을 내밀어주었다. 영어 성적은 따로 공부하지 않아도 늘 5등 안에 들었다. 그는 공부보다는 학생회 활동에 열중했다. 나중에는 학생회장으로 당선되어 인근 학교에서까지 그를 모르는 학생이 없을 정도가 되었다. 내친 김에 그는 항저우 학생연맹 회장 자리까지 올랐다. 이류대학 학생에게 그것은 기적 같은 일이었다. 마윈의 대학 시절은 대학 후배들 사이에 전설로 남아 있다.

세월이 흐른 지금 마윈은 대학 시절을 이렇게 회고한다.

"말주변도 없고 계산력이 떨어지는 내가 대학 시절을 훌륭하게 보냈고, 창업에도 성공했다. 이런 나도 성공하니 다른 사람들도 충분히 성공할 수 있다고 생각한다."

학생에서 대학 강사로

중국 인터넷업계에서 마윈의 연설 솜씨는 유명하다. 그는 순수 국내파이면서도 알리바바를 설립한 이후 미국과 유럽의 고객들을 상대로 멋진 연설을 했다. 마윈은 그것이 "오랫동안 강단에서 학생들을 가르치면서 쌓은 노하우 덕분"이라고 말한다. 그는 강연 원고를 따로 준비하지 않는데도 입만 열면 청산유수같이 말들을 쏟아낸다.

1988년 대학을 마친 마윈은 항저우전자과학기술대학의 영어강사로 들어갔다. 항저우사범대학 졸업생 500명 중 대학 강사에 임명된 유일한 졸업생이었다. 그 대학의 한 간부는 그에게 제안을 했다.

"자네 여기서 5년을 근무하겠다고 약속할 수 있겠나?"

당시 마윈의 많은 친구들이 넓은 세상에 나가 다양한 세계를 자유로이 즐기고 있었고, 사업을 하거나 외국에 나간 친구들도 꽤 많았다. 그 간부의 언질이 없었다면 마윈도 강단에서 얼마 동안 학생들을 지도하다가 자기 갈 길을 갈 예정이었다. 마윈은 생각 끝에 5년간 남아 있겠다고 약속했다.

마윈은 약속을 지키는 것이 매우 낭만적이라고 여겼다. 그 약속을 위해 마윈은 착실히 항저우전자과학기술대학에서 5년 동안 영어를 강의했다. 그뿐만 아니라 야학에서도 외국어를 가르쳤다. 이 수업은 매우 재미있어서 다른 반 학생들도 그의 '공연' 같은 수업을 보러 왔다. 이 '공연'의 효과는 상당히 훌륭했다. 기초가 약한 학생들도 그의 수업을 한 번만 들으면 수업시간에 입에서 영어가 줄줄 흘러나올 정도였다.

마윈은 이때를 회상하며 의기양양해한다.

"리양의 미친 영어보다 더 인기 있었을 것이다. 내 비결은 학생들이 영어를 할 수 있게 입을 떼도록 하는 데 있었다."

마윈의 수업방식은 매우 독특했다. 그는 학생들에게 무턱대고 책을 읽거나 문제집에 매달리지 못하게 했다. 문제집은 능력 없는 애들이나 푸는 것이라고 여겼다. 그의 영어 몰입식 수업은 학생들에게 흥미를 불어넣었고 상호 교감식의 수업 분위기는 모든 학생들을 진정으로 영어에 몰입하게 했다. 마윈의 매력은 그때부터 드러나기 시작했다. 알리바바를 설립한 18명의 창립멤버 중 몇 명은 당시 그의 학생이다. 학생 때부터 마윈을 따랐고 마윈의 창립멤버로 참여하게 된 저우바오바오周寶寶가 그 예이다. 그들은 현재 알리바바에서 일하고 있으며, 지금도 수업시간의 추억을 떠올리곤 한다.

또 다른 알리바바 창립멤버로 펑레이彭蕾가 있다. 그 역시 마윈의 가까운 친구이자 동료다. 따라서 마윈이 대학 강사로 일하던 몇 년 동안 알리바바의 가장 핵심적이고 충실한 창업팀이 형성되었다고 할 수 있다. 마윈은 그들과 함께한 기억을 평생 소중한 재산으로 간직할 것이다.

인생 파트너와의 만남

마윈은 부인 장잉張瑛과 대학 시절에 만났다. 처음 만나고 사랑에 빠지기까지 두 사람은 많은 날을 의지하면서 함께했다. 장잉은 마윈의 뒤에서 묵묵히 그를 지지하고 격려하면서 평생을 함께할 인생의 반려자, 듬직한 사업 파트너가 되었다.

대학 강사로 있을 때 그들은 생애 첫 번째 집을 장만했다. 대부분의 대학 강사들은 돈이 있을 턱이 없었으므로 학교에서 마련해준 사택에서 생활했다. 마윈은 집안 식구들과 친구들로부터 돈을 빌려 비교적 넓은 집을 마련했다. 당시로서는 큰 재산을 마련한 셈이었다. 나중에 마윈은 그 집을 팔고 인터넷업계에서 회자되는 호반화원湖畔花園을 사들였다. 그가 처음 시도한 큰 투자였다.

그 후 마윈은 집을 마련한 소감을 이렇게 말했다.

"이왕 집을 살 바에는 방 한두 개에 거실 한 개 딸린 집보다는 큰 집에 투자하고 싶었다. 호반화원은 방 셋에 거실 하나의 일반주택보다 훨씬 규모가 큰 별장식 주택이다. 나는 항상 시대를 앞서갈 것이다. 기회가 있다면 지금 살고 있는 집을 팔고 더 좋은 집을 사고 싶다."

이러한 생각은 훗날 알리바바닷컴의 경영에도 적용되었다. 그는 기존 사이트보다 더 다양한 사이트를 구축해 세계 상인들이 알리바바를 통해 거래하는 모델을 구상했다.

이상과 꿈을 찾을 수 없었던 대학

1995년 30세의 마윈은 훌륭한 강의 솜씨로 항저우 10대 우수청년교사에 선정되었다. 만약 그가 계속 강단에 섰다면 오늘날 더 훌륭한 영어교수로 성장해 있을 것이다. 그렇게 되면 중국 최대 영어학원 신둥팡이 배출하는 스타강사의 수가 지금보다 훨씬 줄어들었을지도 모른다. 미친 영어로 유명해진 리양을 비롯해서 말이다. 정말 그렇게 되었다면 오늘날 전자상거래 분야에서 활약하는 기인 마윈은 없었을 것이다. 또한 세계 최대 무역 사이트로 성장한다는 알리바바의 야망도 없을 것이다.

성공하는 사람은 현실에 안주하지 않는다. 마윈은 그러한 전형적 인물이었다. 그는 어린 시절부터 끈질기고 강인하기로 유명했으며 늘 새로운 것을 추구했다. 어찌하여 마윈은 안정된 미래가 보장된 교직 생활을 박차고 창업이라는 긴 여정을 시작했을까? 1995년 30세의 마윈이 그 답을 가르쳐준다.

중국 최초의
인터넷 기업

사람마다 자기만의 스타일이 있다. 야후의 제리 양에게는 그만의 사업 스타일이 있고 소프트뱅크의 손정의도 그만의 방법이 있다. 마윈에게도 자기만의 성공 포석법이 있었다. 1995년 이전까지는 학교에 남아 후학을 양성하고 훌륭한 영어교수가 되는 것이었다면 1995년에는 밖으로 진출하여 인터넷 사업을 시작하는 것이었다.

컴맹이 시작한 인터넷 사업

마윈은 미국 시애틀로 날아가서 이름도 기억하기 어려운 ISP(웹사이트 구축) 회사를 찾아갔다. 시애틀 최초의 인터넷 기업이라고 했다. 회사의 규모는 아주 작았다. 두 칸짜리 사무실에서 다섯 명의 직원이 열심히 인터넷을 하고 있었다. 회사 관계자는 컴퓨터도 제대로 만질 줄 모르는 마윈에게 친절하게 작동법을 가르쳐주었다. 당시 IT 하드웨어는 사람들에게 많이 알려지지 않았다. 서버는 MOSEC이었으며 미국 최대의 검색엔진은 webclou였다. 야후는 당시만 해도 형편없이 작은 검색엔진에 불과했다.

회사 관계자는 검색창에 찾고 싶은 단어를 입력하면 된다고 설명해주었다. 검색창에 'beer'라는 단어를 입력하니 독일 맥주, 미국 맥주, 일본 맥주가 검색 결과로 나왔다. 이번에는 'chinese'라고 입력하니 'no data'라는 검색 결과가 나왔다. 인터넷을 아무리 뒤져봐도 중국과 관련된 데이터는 단 한 개도 없었다.

인터넷이라는 말만 들었지 직접 접해본 것은 처음이었다. 마윈은 흥분을 금치 못했다. 중국에서 인터넷 관련 회사를 세우기로 결심한 마윈은 바로 그 자리에서 홈페이지를 하나 만들어달라고 했다. 그가 경영하는 하이보 통번역회사의 홈페이지였다. 단가와 전화번호만 달랑 적힌 간단하기 짝이 없는 것이었다.

홈페이지는 오전 9시 30분에 완성되었다. 그날 저녁 다섯 사람으로부터 문의가 올라왔다. 마윈은 흥분을 감출 수 없었다. 다섯 사람 중 셋은 미국인이었으며 그중 화교가 둘이었다. 그들은 인터넷에서 중국 관련 홈페이지를 처음 보고 무척 신기해했다. 나머지 두 사람은 일본에서 가격 문의를 해온 것이었다. 첫 성과에 마윈은 매우 흡족했다. 그는 컴맹이라고 할 정도로 인터넷에 문외한이었지만, 예민한 후각으로 인터넷이 크게 번창하여 세상을 변화시킬 것임을 직감했다. 인터넷은 풍부한 광산과 다름없었다. 마윈은 모든 중국 기업의 자료를 전 세계에 공개하는 사이트를 만드는 구상을 했다. 그 자리에서 시애틀의 ISP 회사와 제휴를 맺었다. 세계 최초의 B2B 전자상거래 모델은 이렇게 탄생했다. 제리 양이 야후를 개통한 지 1년이 채 되지 않았고 중국과학원 교수 첸화린錢華林이 광섬유를 이용해 미국과 인터넷을 연결하고 첫 메일을 주고받았던 때였다. 이를 보면 마윈이 얼마나 시대를 앞서갔는지 알 수 있다.

마윈은 그 길로 로스앤젤레스로 날아가 미국 투자자에게 말했다.

"우리 합작합시다. 당신은 미국에서 기술을 맡고 나는 중국에서 홈페이지를 만들어 홍보를 하겠소."

며칠 지나지 않아 많은 사람들이 이 사업에 관심을 보였다. 마윈은 프로젝트명을 '차이나페이지'로 정했다. 며칠 후 마윈은 마침내 중국행 비행기에 올랐다. 몸은 젖은 솜처럼 피곤했지만 그의 마음은 가볍기만 했다. 그는 이렇게 뜨거운 열정으로 인터넷과의 첫 '데이트'를 시작했다.

'바보'의 결단, 하이바오넷 출범

중국에 도착하자마자 마윈은 24명의 친구를 초대했다. 그들은 야학에서 알게 된, 명목상으로는 그의 '학생'들로 대외무역을 했던 사람들이라 자기들에게 무엇이 필요한지 잘 알고 있었다. 마윈이 그들에게 인터넷 사업에 대해 설명하자 24명 중에 23명이 '중국에서는 그 사업이 아직 이르다'고 반대했고, 단 한 사람만 시도해볼 만하다고 말했다.

"두 시간 동안 설명했지만 그들은 무슨 말인지 잘 이해하지 못했다. 설명하고 있는 나 자신도 정확하게 알고 있는 것은 아니었다. 설명이 끝난 후 그들은 그 사업이 어려울 것이라고 했다. 차라리 술집이나 호텔을 경영하든지 야학을 하는 게 더 낫다는 것이었다. 그중한 명만 한번 해보고 안 되면 얼른 때려치우자고 했다. 나는 하룻밤을 생각한 끝에 다음 날 그래도 해보자고 결심했다. 24명이 모두 반

대해도 나는 할 생각이었다."

"사실 인터넷이 잘될 거라는 자신감보다는 어떤 사업이든 경험을 해보자는 마음이 더 컸다. 한번 부딪쳐보고 정 안 되면 그때 그만두어도 늦지 않다. 시도도 안 해본다면 밤새도록 마음속으로만 수십 채의 집을 짓고 아침이 되면 원래 제자리에 있는 것과 무엇이 다른가!"

마윈은 당시를 회상하며 자신의 안목보다는 용기에 더 큰 점수를 주었다.

그때만 해도 사람들에게 인터넷은 생소한 세계였다. 당시 미국의 니콜라스 네그로폰테Nicholas Negroponte가 『디지털이다Being Digital』라는 책을 통해 인터넷 정령의 외침은 대기업 파멸의 조종을 뜻한다고 예언했다. 제리 양은 야후를 세운 지 얼마 안 되었고 시대를 앞서간다는 중국과학원도 이제 막 인터넷을 개통했을 때였다. 심지어 중국 인터넷의 선구자요, 인포하이웨이Infohighway의 창시자 장수신張樹新마저 학술 연구에만 몰두하고 있을 무렵이었다. 게다가 항저우는 모뎀을 통한 인터넷마저 개통되지 않았을 정도로 인터넷 기반이 미비했다. 친구들이 보기에는 인터넷 사업을 해서 돈을 번다는 발상 자체가 황당했다. 마윈은 그들의 만류에도 아랑곳하지 않고 사업을 시작하기로 했다. 친구들은 그가 바보짓을 한다고 걱정했다.

1995년 4월, 마윈은 자기 돈 7천 위안에 부모, 여동생 부부 등 친지로부터 빌린 돈 2만 위안을 더해 하이바오넷을 세웠다. 이 회사가 중국 최초 인터넷 기업이다.

마윈은 그때의 심정을 이렇게 전한다.

"사업을 시작할 때 나 스스로도 성공을 자신할 수 없었다. 하지만 성패에 상관없이 한번 해보자는 심정이었다. 하던 것만 답습하고 새로운 것에 도전하지 않으면 언제 발전하겠는가!"

'사기꾼' 마윈, 인터넷 사이트 사업을 홍보하다

1995년 차이나페이지 사이트는 고집스러운 '바보' 마윈의 꾸준한 노력 끝에 드디어 문을 열었다. 마윈은 날마다 사이트를 홍보하러 다녔다. 인터넷이 생소한 시대에 돈을 내고 사이트에 정보를 올려달라는 마윈의 말은 사람들을 어리둥절하게 했다. 그들의 눈에 마윈은 영락없는 사기꾼이었다. 길거리 구멍가게에서는 약간 취기가 오른 마윈이 한 무더기의 사람들에게 말하는 모습을 볼 수 있었다. 흥분한 그의 말투에서 항저우 출신다운 침착함은 찾아볼 수 없었다.

행인 : 뭐라고 했소? '차이나' 뭐요?
마윈 : 차이나페이지입니다. 정보의 고속도로를 말하는 겁니다.
행인 : 정보에 무슨 고속도로가 있단 말이오?
마윈 : 그런 게 있단 말입니다.

당시를 회상할 때마다 마윈은 감개가 무량하다. 마윈은 말주변이 뛰어난 자신이 거리에서 회사를 홍보하는 것이 잘못된 것이냐고 반문한다.

"그때는 정말 비참하기 이를 데 없었다. 사기꾼의 생활이었다. 우리는 사람들에게 인터넷을 소개하고 사이트를 구축하는 방법에 대해 설명했다. 일단 가까운 주변 사람을 대상으로 홍보했다. 그동안 쌓은 신용이 있어서인지 그들은 내 말을 들어주었다. 첫 고객은 항저우에 있는 4성급 왕후호텔이었다. 두 번째 고객은 첸장錢江변호사사무소, 세 번째가 항저우 제2발전소였다."

왕후호텔로부터 자료를 넘겨받은 마윈은 일단 영어로 번역을 한 다음 속달우편으로 미국에 보냈다. 미국의 기술자들은 그 정보를 사이트에 올렸다. 당시 홈페이지를 만들려면 사진 한 장과 3000자 길이의 소개글이 필요했고 기본 요금은 2만 위안이었다. 미국 측은 작업을 마친 뒤 출력한 자료와 사이트를 캡처한 사진을 다시 중국으로 보내주었다. 그 사진을 왕후호텔 사장에게 보여주자 그는 믿지 않는 눈치였다. 마윈이 하는 수 없이 이렇게 말해야 했다.

"이것이 미국 측 전화번호입니다. 미국에 있는 친지에게 이 번호로 전화를 해보라고 하십시오. 사실이 확인되면 그때 돈을 주십시오."

마윈은 '소귀에 경을 읽는' 것과 같았던 당시의 어려움을 이렇게 토로했다.

그렇게 마윈은 조금씩 사업을 해나갔다. 왕후호텔의 홈페이지 구축 사업은 훌륭하게 마무리되었다. 1995년 세계여성대회가 베이징에서 개최되었는데 외국 대표들이 중국에 오기 전 호텔을 예약하려고 인터넷에 접속했다. 그런데 인터넷에서 검색할 수 있는 호텔은 오로지 항저우의 왕후호텔 한 곳밖에 없었다. 중국에 도착한 그들은 일부러 베이징에서 항저우로 날아와 그 호텔에서 이틀 밤을 묵었다.

1995년 7월 상하이에 인터넷 전용선이 개통되었다. 고객들을 속이지 않았다는 것을 증명하기 위해 마윈은 항저우에서 인터넷에 접속해 고객들에게 보여주기로 했다. 그는 486컴퓨터 한 대를 마련해 항저우에서 장거리 전화로 상하이 인터넷에 연결하여 왕후호텔의 사진과 자료를 미국에서 불러왔다. 무려 3시간 반이 걸려서 왕후호텔의 사진이 마침내 화면에 떴다. 초조하게 기다리던 마윈은 기뻐 어찌할 줄 몰랐다. 그동안 참았던 눈물이 주르륵 흘러내렸다. 마윈은 TV 방송국 기자들을 불러 이 역사적인 순간을 모두 기록하게 했다.

겨우 반 페이지를 다운로드 받는 데 3시간 반이나 걸린 것은 당시 중국의 인터넷 속도가 겨우 24KB밖에 안 되었기 때문이다. 요즘 사람들은 인터넷 속도가 느리다고 불평하지만, 그날 일을 겪은 마윈과 직원들은 결코 그런 불평을 하지 않는다.

마윈은 그의 두 번째 고객인 첸장 변호사사무소의 홈페이지 구축 작업을 소개했다.

"첸장 변호사 사무소에는 허샹양何向陽이라는 제자가 일하고 있었다. 우리 회사가 그 사무소 홈페이지를 구축했는데 작업이 다 완료된 후에도 그 친구가 믿지 않았다. 그는 자기 집 전화와 팩스를 홈페이지에 올렸다. 어느 날 TV를 보고 있는데 집 전화가 울리더란다. 전화를 받으니 외국인이 영어로 자기가 캐나다의 변호사인데 인터넷에서 정보를 검색했다고 하더라고 했다." 훗날 허샹양은 마윈을 만날 때마다 그 일을 이야기하면서 웃곤 한다.

그 일이 있고 나서 마윈의 차이나페이지의 인지도는 점점 높아졌고, 사업도 조금씩 풀렸다. 1995년 8월이 되자 차이나텔레콤이 상하이에서 사업을 시작했고 마윈도 발 빠르게 가입했다. 등록번호는 7번이었다. 그때는 장거리 전화 모델을 이용했고 가입하려면 엄청나게 많은 내용의 문서를 작성해야 했으며 잡다한 서류가 필요했다.

이때부터 회사에 수입이 들어오기 시작했다. 회사는 전국 27개 도시에 하나하나 사업을 개척했다. 인터넷이 연결되지 않은 도시에서는 여전히 사기꾼으로 몰렸다. 그러나 마윈은 굴하지 않았다. 그는 날마다 자신을 이렇게 다독였다.

"인터넷은 인류의 미래 30년을 변화시킬 3000m 장거리 경주다. 토끼처럼 빨리 뛰지 못하면 거북이처럼 꾸준히 달리기라도 해야 한다."

마윈은 사람들에게 인터넷을 소개하고 고객과 기자를 설득시키면서 어렵게 사업을 전개해나갔다.

전자제품 기업 우시샤오톈어, 베이징 궈안축구클럽 등의 초창기 인터넷 홈페이지 구축 사업을 무사히 마치면서 차이나페이지는 이름이 알려지기 시작했다. 1997년에는 연말 매출액이 700만 위안에 달했다. 돌이켜보면 알리바바 사이트의 구상은 차이나페이지 때 이미 시작된 것이다.

경쟁의
칼바람 속에서

중국에서 인터넷이 폭발적인 성장을 하면서 마윈은 그의 경쟁자들에 비하면 상대적으로 초라한 성적표를 받아들었다. 그가 차이나페이지로 사업을 시작할 때 그의 동년배 장자오양은 미국 매사추세츠 공과대학에서 박사학위를 땄다. 그 뿐만 아니라 스승이자 '인터넷의 아버지' 네그로폰테로부터 2만 달러의 투자를 받아 ITC라는 회사를 설립했다. 왕즈둥은 사무용 프로그램인 중원즈싱을 개발하여 장자오양보다 더 잘나가는 중이었다. 마윈보다 창업이 4년 늦은 같은 고향 출신 천톈차오陳天橋도 상하이 상장회사 루자쭈이그룹에 입사하여 편하게 인터넷 서핑을 즐기고 있었다. 이런 상황에서 조급해진 마윈은 도전과 기회를 찾아 베이징 행을 결심했다.

경쟁에 대처하는 마윈의 자세

1995년 7월 상하이에 인터넷 전용선이 개통되면서 차이나페이지는 기업 홈페이지를 구축하는 작업을 계속했다. 그러나 홈페이지 설계는 여전히 미국 파트너에 의존해야 했다. 그러던 차에 누군가 차이나페이지에 이력서를 보내왔다. 마윈은 그에게 홈페이지 설계를 의뢰했고, 그는 일주일 후 홈페이지 하나를 만들어왔다. 그가 바로 리치李琪였다.

그가 설계한 홈페이지는 조악하기 짝이 없었으나 마윈은 몹시 기뻐했다. 어쨌든 자체적으로 홈페이지를 제작할 수 있게 되었기 때문이었다. 얼마 안 가 마윈은 미국 파트너와의 관계를 정리했다. 이는 순전히 비용을 감안한 조치였다. 당시 미국 측은 매출액의 60%를 요구했다. 국내에서 제작할 경우 가격은 훨씬 저렴해진다. 사람들은 아마존과 차이나페이지가 같은 시기에 출범하여 기적을 이루었다고 표현했다. 1995년 9~10월 무렵 중국 인터넷의 선구자로 일컬어지는 인포하이웨이가 등장했고 곧이어 중궈완왕www.net.cn도 개통되었다.

경쟁자들에 대해 마윈은 '그때는 서로가 서로를 넘어뜨릴 수 없는 상황'이라고 표현했다. 당시 차이나페이지 홍보활동을 보면 흥미롭다. 마윈은 1995년 한 신문사에 200만 위안을 내고 광고를 실었다. 중국의 첫 번째 정부 홈페이지 구축사업에 관한 광고였다. 이 광고는 각 매체에 큰 반향을 일으켰다. 미국 상원의원까지 축전을 보내와 중국 성省 정부의 인터넷 개통을 축하했다. 당시 저장성 대만 사무소 주임 양젠신楊建新이 마윈을 많이 도와주었다. 돈이 아니라 그들을 인정해주는 것으로도 도움이 된 것이다.

그러나 베이징에 진출한 이후 마윈은 진정한 시련을 겪게 된다. 1995년 영업 총책임자 허이빙何一兵과 함께 베이징에 도착한 마윈은 장수신을 찾아갔다. 지금은 낯선 이름이 되었지만 장수신은 9년 전만 해도 유명했다. 인터넷 거부 딩레이도 자신의 메일을 그녀의 인포하이웨이 사이트에 개설했을 정도였다.

장수신은 인터넷의 선봉에 서서 마윈보다 훨씬 일찍부터 이 사업에 발을 들여놓았다. 2004년 12월 인포하이웨이라는 상표는 베이징 공상당국에 의해 소멸됨으로써 역사의 뒤안길로 사라졌지만 인터넷의 기반을 닦은 그녀의 명성은 오래도록 흔들리지 않을 것이다.

그 무렵 장수신 역시 몹시 바쁜 나날을 보내고 있었다. 그녀의 사무실은 오늘날 번화가로 변모했지만 당시만 해도 황량한 벌판이었던 중관춘에 있었다. 중국이 정보의 고속화를 이루기에는 아직도 멀었던 때였다. 장수신과 30분 정도 대화를 나누고 돌아온 마윈은 이렇게 말했다.

"인터넷에서 누군가 죽는다면 장수신이 나보다 먼저 죽을 것이다."

마윈은 역시 고수답게 전혀 거리낌 없이 현실을 말했다. 그의 한마디 한마디가 다 일리 있는 말이었다. 마윈은 장수신의 관념을 이해할 수 없었으며, 그녀의 이론이 마윈보다 더 앞섰다고 했다. 마윈이 하는 일은 기업의 사이트 구축이었고 장수신이 주력하는 분야는 일반 대중을 위한 인터넷이었다. 장수신이 1995년 남편과 함께 세운 인포하이웨이는 중국 인터넷 발전의 선구자 역할을 했다. 중국 1세대 검색엔진 서비스 제공업체인 인포하이웨이는 차이나텔레콤의 차이나넷ChinaNet보다 2년이나 앞선 것이었다.

그러나 인포하이웨이가 중국 인터넷의 대명사였던 시대는 이미 지나갔다. 1996년 인포하이웨이는 M&A로 합병되면서 1997년 큰 적자를 냈고 1998년 장수신은 대표 자리에서 물러났다. 이런 변화들은 중국 인터넷 역사의 편린들이다. 마윈은 때를 잘못 만나서 인포하이웨이가 실패했다고 생각했다. 장수신의 전위적이고 시대를 초월한 사고방식은 아직 성숙하지 않은 중국 인터넷업계에 발을 붙일 수 없었던 것이다.

운전사 로비부터 시작한 홍보 전략

하나는 둘을 낳고 둘은 셋이 되며, 셋은 만물을 낳는다는 옛말이 있다. 이 세상에서 가장 위대한 힘은 무언가를 추구하는, 조용하지만 막을 수 없는 힘이다. 앞에는 인포하이웨이가 버티고 있고 뒤에는 중귀완왕이 있어 차이나페이지에게는 큰 도전이었다. 선제공격만이 살 길이라고 생각한 마윈은 매체를 이용한 공략에 나섰다. 먼저 시장의 인정을 받아야 승산이 있었다.

장수신을 만나고 온 마윈은 홍보담당자와 함께 12월에 다시 베이징을 찾았다. 그는 베이징의 언론매체에 자신의 글을 발표하고자 했다. 언론의 힘을 이용한 홍보는 아직 자리를 제대로 잡지 못한 차이나페이지로서는 무척 중요한 전략이었다. 하지만 매체가 지금처럼 활발하게 발달해 있지 않을 때라 글 하나 싣는 것도 쉽지 않았다. 다행히 마윈의 한 친구가 〈베이징 청년보〉에서 운전사로 일하는 사람을 안다고 했다. 마윈은 그 운전사에게 200위안을 찔러주며 말했다. "어떤 매체라도 상관없으니 이 글이 실리게만 해주시오. 그렇게만 되면 이 돈은 당신 거요."

과연 얼마 후 〈중국무역보〉에 한 편의 글이 실렸다. 마윈은 그 운전사의 능력에 놀라워했다. 더 놀라운 것은 그 신문의 1면에 글을 실어준 편집장이었다. 아무도 인터넷에 대해 말하려고 하지 않을 때 마윈은 신문에 이런 글을 과감하게 실어준 편집장이 너무도 고마웠다. 마윈은 그가 틀림없이 예사롭지 않은 안목을 지닌 인물임을 간파하고 일부러 그를 찾아갔다. 두 사람은 오랜 시간 대화를 나누었다. 그 편집장도 인터넷에 대해 모르기는 마윈과 마찬가지였다. 그러나 마윈과 대화를 나눈 그는 매우 흥분해서 마윈에게 베이징 언론의 기자들과 만나게 해주겠다고 약속했다.

베이징의 겨울 날씨는 유난히도 추웠다. 마윈은 3만 위안을 들여 베이징 외교무역부 옆 외교클럽을 빌려 30명의 기자와 편집담당자를 초청했다. 그는 일찌감치 두 대의 컴퓨터를 그곳에 설치해두었다. 인터넷 속도가 느려 접속하기 어려운 점을 감안해 홈페이지와 관련 자료를 디스켓에 넣어왔다.

처음으로 많은 기자들 앞에 선 마윈은 감격을 가라앉힐 수 없었다. 그는 두 시간 동안 인터넷과 인터넷의 장점에 대해 설명했다. 기자들은 완벽하게 이해하지 못했지만 열심히 경청했다. 설명이 끝나자 그들은 인터넷에 대해 기사를 쓰겠다고 약속했다.

이것으로 모든 일이 풀리는 것 같았다. 그러나 뜻밖에도 다음 날 정부로부터 인터넷을 선전하지 말라는 문서를 받았다. 당시 중국 과학기술분야 최고 학술기구였던 공정원 원사가 인터넷이 중국 실정에 맞지 않다고 했다는 것이다. 그것은 순전히 기우에 불과한 생각이었다. 마윈은 화가 머리끝까지 치밀었지만 이미 할 수 있는 일은 다 했기에 더 이상 어쩔 도리가 없었다. 강연에 참가했던 기자들은 마윈이 〈인민일보〉를 설득해 홈페이지를 만든다면 이를 보도해주겠다고 했다.

〈인민일보〉 사이트를 구축하다

마치 롤러코스터를 탄 것처럼 기쁨의 절정이었던 마윈의 기분은 바닥으로 떨어졌다. 그렇다고 포기할 수는 없었다. 그는 결코 시련을 두려워하지 않는 사람이었다.

"언젠가는 베이징에 진출할 날이 오겠지."

함께 있던 허이빙에게 한 이 말은 자신을 향한 것이기도 했다. 의기소침해 있던 허이빙은 그만 포기하자고 했다. 언론매체로부터 차이나페이지를 인정받게 할 길은 막연했다. 그러나 허이빙의 포기하자는 말은 마윈의 자존심을 자극했다.

"〈인민일보〉만 설득할 수 있다면 광고도 지명도도 한꺼번에 해결될 거야." 그는 허이빙에게 이렇게 말했다.

〈인민일보〉의 홈페이지를 구축하는 것은 당시로서는 터무니없는 망상이었다. 성공률이 거의 희박한 사업이었지만 마윈은 어떻게든 해내야겠다고 마음먹었다. 1995년 겨울의 일이었다. 한번 뱉은 말은 반드시 하고야 마는 마윈은 다시 베이징에 왔다. 그와 동행한 사람은 차이나페이지 홈페이지를 설계했던 선전 출신의 리치였다. 리치는 베이징의 추운 날씨 속에서 마윈이 한 말을 아직도 생생하게 기억한다.

"언젠가는 우리도 당당하게 베이징에 올 날이 오겠지."

마윈은 아는 사람의 소개를 통해 〈인민일보〉에 근무하는 행정직원과 만났다. 10시쯤 되었을까, 그들이 늦게까지 사무실에서 이야기를 나누고 있는데 한 사람이 사무실에 나타나 그들의 이야기에 끼어들었다. 마윈은 나중에야 그 사람이 〈인민일보〉의 미래발전국 국장 구자왕穀家旺이라는 것을 알았다. 구자왕은 외국 유학 경험이 있어 인터넷에 대해 어느 정도 알고 있었다. 두 사람은 만나자마자 이야기가 통했다. 왜 이제야 서로를 알게 되었는지 안타까울 정도였다. 구자왕은 마윈에게 〈인민일보〉의 동료들에게도 강연을 부탁했다.

그것이 인연이 되어 마윈은 〈인민일보〉에서 두 차례나 강연을 했다. 그는 개발도상국인 중국은 후발주자이기 때문에 공격적인 전략이야말로 가장 좋은 방어라고 강조했다. 최선을 다해 강연을 마친 마윈이 연단에서 내려왔다. 그는 몹시 떨고 있었다. 두려워서가 아니라 흥분해서였다. 강연은 어느 때보다 훌륭했다. 이때 한 간부가 다가오더니 마윈에게 악수를 청했다.

"좋은 말씀 잘 들었습니다. 내일 중앙에 보고해서 〈인민일보〉의 홈페이지를 구축하겠소."

〈인민일보〉의 홈페이지를 구축함으로써 일으킨 반향은 말이 필요 없을 정도였다. 마윈은 CCTV의 「동방시공」이라는 프로그램의 인터뷰 요청을 받았다. 모든 것을 다 마치고 났을 때 인터넷 열기가 조금씩 오르기 시작했다. 특히 1997년 이후 베이징의 인터넷 열기는 뜨겁게 달아올랐다. 곳곳에 IT기업들이 우후죽순처럼 생겨났다.

마윈은 6개월의 시간을 들여 마침내 〈인민일보〉 홈페이지를 완성했다. 그러나 베이징에는 더 이상의 기회가 없었다. 많은 외국 기업들이 그 사업에 뛰어들었기 때문이다. 돈도 없고 배경도 없는 마윈이 그 경쟁에서 두각을 나타내기란 여간 어려운 일이 아니었다. 심사숙고 끝에 마윈은 항저우로 돌아가 다음 단계의 프로젝트를 구상하기로 했다.

실패하라,
더 큰 성공을 위해

"나는 성공을 정의할 수 없다. 그러나 실패가 무엇인지는 안다. 성공 여부는 어떤 실패를 경험했느냐에 달려 있다."

마윈의 말에 비추어 볼 때 성공한 사람은 누구나 실패의 경험을 가지고 있는 것 같다. 누군가 이런 말을 했다.

"실패는 약한 자의 지옥이고 강한 자의 계단이며, 지혜로운 자의 고향이고 위인의 천국이다."

헨리 포드는 자동차업계에 뛰어들고 첫 3년 동안 두 차례나 파산했고, 미국의 메이시스 백화점도 일곱 번이나 실패를 거듭한 끝에 성공했다. 비행기를 발명한 라이트 형제는 실험에 수백 번 실패한 끝에야 인류 최초로 동력비행기를 타고 하늘을 날 수 있었다. 실패는 성공의 어머니이다.

차이나페이지와의 결별

마윈이 베이징에서 돌아온 이후 차이나페이지도 곤경에 빠졌다. 1996년 인터넷이 각 매체의 이슈가 되면서 신경제의 가장 유력한 대표주자로 등장했다. 마윈의 차이나페이지는 하룻밤새 우후죽순으로 생겨난 경쟁자들과 맞서 싸워야 했다. 그중에는 톈쑤닝田溯寧의 야신亞信도 있었다. 야신은 차이나페이지의 원수가 될 뻔했으나 다행히 톈쑤닝은 차이나페이지보다 경쟁력이 떨어지는 항저우전신과의 싸움에서 이길 자신이 없어 그 사업을 접었다. 마윈의 가장 큰 경쟁상대는 항저우전신이었다. 자본금 규모에서부터 차이나페이지가 너무 기우는 상대였다. 항저우전신은 자본금 3억 위안이었고 차이나페이지는 고작 2만 위안이었다. 항저우전신은 탄탄한 사회자원과 정부 자원을 등에 업고 있었으나 차이나페이지는 어느 하나도 갖추지 못했다. 군대로 치면 각각 유격대와 비정규군이었다. 차이나페이지가 경쟁에서 이기리라 생각하는 사람은 아무도 없었다. 사실 항저우라는 작은 지역에서 두 회사가 경쟁한다는 것부터가 무리였다. 항저우전신은 차이나페이지의 유명세를 이용해 그와 이름이 흡사한 차이니스페이지www.chinesepage.com를 만들고 중국어 이름도 마윈의 회사와 완전히 같은 '중궈황예中國黃頁'로 지어버렸다. 심한 압박을 견디지 못한 마윈은 회사를 살리기 위해 결국 항저우전신과의 정면승부 대신 협력을 택했다. 1996년 3월, 차이나페이지는 자산가치를 60만 위안으로 환산하고 30%의 지분을 갖기로 했으며, 항저우전신은 자금 140만 위안을 투입하고 70%의 지분을 차지했다.

차이나페이지닷컴과 항저우전신과의 협력은 고육지책이었다. 그러나 얼마 지나지 않아 양측의 협력에 문제가 있음이 드러났다. 항저우전신은 마윈의 차이나페이지닷컴을 이용해 당장 큰돈을 벌어들이고도 싶어 했다. 마윈은 닷컴기업 경영이 아이를 키우는 것과 같아서 긴 안목을 갖고 가야 한다고 생각했다. 세 살짜리 아이에게 돈을 벌어오라고 할 수는 없었다. 쌍방은 이를 두고 공방전을 벌였고 서로의 골은 갈수록 깊어졌다. 자본과 권력에서 우위에 있는 쪽에 더 큰 발언권이 있는 법이다. 결국 일은 점점 감정적으로 치닫기 시작했다. 먼저 허이빙이 회사를 그만두었고 차이나페이지닷컴의 전 직원이 회사를 떠났다. 결국, 마윈마저 자리에서 물러나야 했고 이 사건은 〈인민일보〉까지 발칵 뒤집어놓았다.

차이나페이지닷컴의 앞날을 위해 모두 마윈의 퇴임을 요구했다. 마윈은 어렵게 키워온 회사에서 물러난다고 생각하니 너무 억울했지만 사방을 돌아보아도 기댈 곳이 없었다. 그는 하는 수 없이 차이나페이지닷컴을 포기하고 항저우전신과 결별했다.

이 결정을 내리던 순간 방 안에는 마윈과 함께 창업한 멤버들로 꽉 차 있었다. 2년의 고생이 이렇게 허무하게 끝나는 것에 대해 불만을 토로하는 사람도 있었고, 차이나페이지닷컴을 잃은 마당에 무슨 희망이 있느냐며 울며불며 마윈을 따라가겠다는 사람도 있었다. 마윈도 울적하기는 마찬가지였다. 그러나 그는 의연하게 말했다.

"안 돼! 차이나페이지닷컴은 계속 살아남아야 해. 자네들마저 떠나면 어떻게 되겠나?"

돈에 개의치 않던 마윈은 당시 보유하고 있던 차이나페이지닷컴 지분의 21%를 그들에게 나눠주면서 회사를 잘 이끌어나갈 것을 당부했다.

이때가 1997년이었다. 마윈이 첫 사업 실패를 맛본 해였다. 마윈이 주식을 나눠준 것을 두고 외부에서는 많은 소문이 돌았다. 그러나 그 이유에 대해 마윈은 오늘날까지도 확실하게 설명하지 않는다. 그저 마윈이 젊은 시절 품었던 개인적 영웅주의 이상에서 비롯되었다고 보는 것이 유일한 해석이 될 것이다.

눈물의 귀향길

쉽게 얻어지는 성공은 없다. 실패를 거듭하면서 그 경험이 축적되어 성공으로 연결된다. 이것은 가장 기본적인 진리다. 용기와 의지력만 있으면 인생은 0도에서도 끓어오를 수 있다.

마윈은 사업에서 최초로 커다란 좌절을 맛보았다. 그러나 그는 실패했다고 눈물을 흘리지 않았다. 사업을 시작한 이래 그가 감당해야 했던 편견과 거절은 부지기수였다.

"이런 일은 너무나 흔하다. 모든 시련을 견뎌내면 더욱 강해질 것이다. 기대치가 클수록 실망도 크다고 생각한다. 그래서 내일은 운이 더 나쁠 것이며 최악의 사건이 발생할 수 있다고 생각하면서 산다. 그러면 막상 큰 타격에 직면했을 때 두렵지 않다. 이 또한 지나가는 시련일 뿐이다. 나는 또 견뎌낼 것이고, 더 강해질 것이며, 진정한 자신감도 갖게 될 것이다."

"내가 가장 좋아하는 두 명언은 처칠이 상심해 있는 영국 국민에게 해주었던 'Never never never give up(절대로 포기하지 말라)!'과 '자신 있게 길을 가는 것이 목적지에 도착하는 것보다 낫다'이다."

그렇게 마윈은 다시 일어났다. 그가 차이나페이지를 떠난 후 대외경제무역부가 베이징으로 와서 일을 해달라는 제안을 해왔다. 그는 1997년 창업 멤버들과 베이징에 가서 대외경제무역부 온라인 무역

사이트를 개발했다. 그들은 20㎡가 채 못 되는 작은 방을 얻어 밤낮으로 일에 매달렸다. 그 결과 대외경제무역부는 온라인 서비스를 제공하는 최초의 정부부서가 되었다. 그것만으로도 적잖은 성과였다고 마윈은 훗날 어떤 자리에서도 당당하게 말할 수 있었다.

"알리바바를 운영해서 돈을 벌 수 없는 것은 아니다. 나는 그저 돈 버는 것에 급급하지 않을 뿐이다."

경제무역부는 별도로 중국 국제전자상거래센터EDI라는 회사를 세우고 마윈에게 조직 관리를 맡겼다. 마윈이 30%의 지분을, 경제무역부가 70%의 지분을 가졌다. 그러나 마윈에게는 봉급 외에 아무것도 남지 않았다. 시간이 흐르면서 마윈은 정부 일을 한다는 것에 많은 제약이 따른다는 사실을 발견했다. 사람들은 그를 중국의 '드림팀'이라고 추켜세웠지만 실제로는 마윈 스스로도 무슨 일을 하고 있는지 알 수 없는 경우가 많았다.

남에게 간섭받는 것을 싫어하는 마윈은 날마다 고민에 빠졌다. 다음에는 무슨 일을 할 것인가? 마윈 앞에는 두 가지 선택이 놓여 있었다. 베이징에 남을 것인가 떠날 것인가. 베이징에 있으면 기회는 많았다. 시나와 야후에서도 마윈과 손잡기를 원하고 있었다. 그러나 베이징의 인터넷업계는 너무 취약해서 일을 성사시키기 어렵다고 판단했다. 더구나 마윈은 정부기업에서 일하면서 사람을 속박하는 갖가지 규정들에 시달리고 있었다. 그러나 무엇보다, 중국의 인터넷 모델이 변화하고 있고 세계적으로 인터넷이 보편화되는 시대가 도래할 것을 직감한 마윈은 정부에 남아 있으면 천재일우의 기회를 놓칠 것이라고 판단했다.

베이징을 떠나기로 결심한 날, 마윈은 창업 멤버들을 불러 모았다. 이들은 베이징에서도 항저우에서와 다름없이 마윈 곁을 지키고 있었다. 그들은 마윈의 결심을 듣더니 아연실색했다. 마윈이 입을 열었다.

"나는 자네들에게 세 가지 선택권을 주겠네. 첫째 야후에 들어가는 것이네. 내가 추천을 해주겠네. 야후에서는 틀림없이 자네들을 써주고 대우도 좋을 거야. 둘째, 시나닷컴으로 가는 것이네. 물론 내가 추천해줄 것이며 좋은 대우를 보장하지. 세 번째 선택은 나와 함께 고향으로 가는 거네. 하지만 좋은 대우는 바라지 말게. 한 달 월급은 기껏해야 800위안이고 살 곳도 알아서 마련해야 하네. 그것도 우리 집에서 택시를 타지 않고 5분 거리에 있어야 하네. 근무지는 바로 우리 집이지. 3일의 시간을 줄 테니 결정이 되면 알려주게."

동료들이 우르르 밖으로 나가는 모습을 보며 마윈은 결코 자신의 결정을 후회하지 않았다. 그는 여전히 자신의 선택을 믿고 있었다. 3분이 지나자 나갔던 동료들이 들어왔다. 그리고 입을 열었다.

"마윈, 우리도 자네를 따라 고향으로 가겠네."

그렇게 해서 그들은 베이징을 떠나기로 하고 마지막으로 함께 만리장성을 갔다. 베이징에 온 지 벌써 1년이 지나도록 한 번도 놀러가지 못했다. 마윈이 제리 양과 만리장성에 한 번 다녀온 것을 제외하면 다른 사람들은 이번이 처음이었다. 만리장성에 오른 그들의 심정은 이루 말할 수 없을 정도로 복잡했다. 그토록 열심히 많은 일을 하고 회사에 많은 수익을 올려주었지만 한 푼도 벌지 못했고, 베이징에 발붙일 곳 하나 마련해놓지 못했다는 생각에 마음은 답답하기만

했다. 일행 중 누군가 갑자기 대성통곡을 하기 시작했다. 그는 만리장성에 대고 하염없이 외쳤다.

"우리가 어쩌다 이렇게 되었을까?"

베이징을 떠나기 전날 밤 마윈은 10여 명의 젊은이들과 베이징의 한 작은 술집에 모였다. 그날은 많은 눈이 내렸다. 다들 푸짐한 안주와 음식을 곁들여 술을 거나하게 마셨다. 그러고는 서로 머리를 껴안고 통곡했다. 그리고 「진심영웅眞心英雄」이라는 노래를 부르기 시작했다. 그 노래가 끝나자 옛 노래들이 잇달아 나왔다. 그들은 '이별'이라는 무거운 단어를 애써 피하고 있었다. 그날 밤 그들이 무슨 말을 나누었는지는 중요하지 않다. 그들은 자신들에게 어떤 생활이 기다리고 있는지 개의치 않았다. 이날만은 모든 것을 잊고 모처럼 실컷 마시고 노래했다. 그들이 목청 높여 불렀던 노래 「진심영웅」은 그 후로도 알리바바와 고난의 시기를 함께했다. 인터넷 시장이 침체일 때도, 전염병 사스SARS로 세상이 뒤숭숭할 때도, 알리바바인人들은 「진심영웅」을 들으며 베이징을 떠나기 전날 밤을 떠올렸다.

그때가 마윈이 두 번째 창업 실패를 맛본 1999년이었다. 그가 자신의 팀을 이끌고 항저우로 돌아가던 날은 공교롭게도 딩레이의 왕이가 베이징에 입성하던 날이기도 했다.

사업 실패, 그 후

태양을 마주하면 당신 앞에 빛이 놓이고 태양을 등지면 당신의 그림자가 생긴다. 성공은 마음에 달려 있으며, 그 마음가짐 또한 개인의 선택이다. 두 번이나 실패를 겪은 마윈의 심정은 참담했다. 하지만

'영웅은 시련을 많이 겪는 법'이라며 스스로 위로했다.

고개를 돌리면 적은 바로 내 뒤에 있고,

몸을 돌리면 앞에서 미소를 지으며 경쟁자를 포옹한다.

그대, 친구가 되었던 순간을 아직 기억하는가.

그대, 내 웃음이 소름이 끼치도록 차갑다고 했었지.

비록 피는 아직도 흐르고 독한 술로 상처를 소독하고,

가시로 찔러 다시는 어떤 실수도 하지 않으리라 다짐하지만

나는 여전히 싸우고 있네. 그것이 바로 내가 사는 이유라네.

내가 그토록 오래 기다린 것은 최후에 웃기 위해서지.

이 전쟁의 끝을 나는 벌써부터 알고 있었지.

내가 공을 세우고 자랑스러워했던 무기도 이미 녹이 슬었고,

지금은 내가 나서야 할 때라네.

그토록 오래 기다린 것은 최후에 웃기 위해서지.

그대여 핑계 댈 필요 없네. 그대는 원래 나의 적수가 아니었기에.

이제 무엇으로 나와 싸울 것인가!

가수 천쉬의 노래, 「최후에 웃다笑到最後」

대외경제무역부와 그 산하기관인 국제전자상거래센터에서 일하던 14개월 동안 마윈은 경제무역부, 온라인 중국상품거래시장, 중국 초상 등 일련의 정부 공식 사이트를 개발했다. 이때의 경험을 발판으로 마윈은 크게 도약했다. 마윈 자신도 이렇게 단언한다.

"그전까지만 해도 나는 항저우의 소상인에 불과했다. 이번에 정부

의 일을 맡아 하면서 국가의 발전 방향을 알게 되었고 거시적인 시각을 키웠다. 나는 더 이상 우물 안 개구리가 아니다."

차이나페이지의 성공과 항저우전신과의 결별을 겪으면서 마윈은 온라인사업에서 돈을 벌려면 구체적인 행동이 중요하다는 사실을 깨달았다. 그는 중국 인터넷의 급격한 변화의 물결이 다가오고 있음을 온몸으로 느꼈다. 모두가 앞 다퉈 인터넷 사업에 매달리는 가운데 마윈은 경험자의 시각으로 다음 단계에는 어떤 물결이 몰려올 것이며, 인터넷의 가장 큰 잠재력을 어디에서 찾을지를 생각했다.

1998년 말, 중소기업을 위한 전자상거래 B2B 모델에 대한 마윈의 구상은 점점 무르익었다. 그는 인터넷에서 기업 간 거래량이 기업과 소비자 간 거래량보다 훨씬 많은 것에 착안했다. 지난 5년의 경험을 통해 그는 국제 무역 시장과 국내 생산업체와 수출입기업들에 대해 많이 알게 되었다. 기업 중에서도 가장 전자상거래가 필요한 고객은 중소기업이었다. 마윈은 중요한 전략을 결정할 때 60%는 직감에 의존하고 나머지 40%는 이성을 동원하고 데이터를 분석했다. 그는 기업가란 무엇을 할 수 있느냐가 아니라 무엇을 해야 하며, 무엇을 하고 싶은지를 스스로 물어야 한다고 주장했다.

마윈은 중소기업을 대상으로 사업을 추진하기로 했다. 새우를 잡아서 부자가 된 사람은 들어봤어도 고래를 잡아 부자가 되었다는 사람은 보지 못했다. 오늘날 경제의 세계에서 대기업은 고래다. 고래는 새우를 잡아먹고 생존하며 새우는 고래가 먹다 남은 찌꺼기로 연명하는 상호의존관계다. 그러나 인터넷 세계는 개성적이고 독립된 세계다. 소기업은 인터넷에서 독립된 세계를 구축할 수 있으며 다양한 제품을 선보일 수 있다. 인터넷의 진정한 혁명성은 바로 여기에 있다.

마윈의 새로운 인생은 이때부터 시작되었다. 가장 멋진 공연의 막이 드디어 오른 것이다.

제3장
다르게 생각하고
행동하는 알리바바닷컴

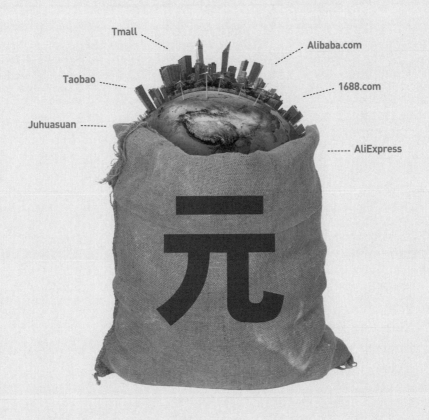

Tmall

Taobao

Juhuasuan

Alibaba.com

1688.com

AliExpress

alibaba

선비는 도량이 넓고 의지가 굳세지 않으면 안 된다. 임무가 막중하고 갈 길이 멀기 때문이다. 인仁을 자기 임무로 여기니 어찌 막중하지 않겠는가? 죽은 뒤에야 그치게 되니 그 어찌 멀지 아니한가?

증자의 이 말은 뜻을 세우고 적극적으로 세상에 뛰어드는 정신을 가리킨다. 대만 작가 리아오李敖는 영웅은 어찌 할 수 없는 상황에서 만들어지는 것이라고 했다. 막다른 길에 몰려 다른 것을 돌아볼 여유가 없을 때 영웅이 탄생한다. 마윈이 바로 이렇게 만들어진 영웅이다. 동쪽 울타리에서 국화를 따다 홀연히 남산을 바라보는 은둔자 생활은 마윈의 스타일이 아니다. 그는 가슴 뛰는, 역동적인 생활을 원한다. 그는 증자의 말을 신봉했으며, "침묵하고 사느니 할 말을 하고 죽겠다"는 리아오에 열광했다. 이렇게 알리바바는 세상에 등장했다.

소리 없이
강하고 날카롭게

"칼을 열심히 갈면 일을 그르치지 않는다", "시작이 반"이라는 말처럼 충분한 준비를 해두면 자신 있게 일을 진행할 수 있다.

천지를 개벽시켰다는 중국의 반고盤古 신화는 모든 창업자들이 표방하는 정신인지도 모른다. 다른 점이 있다면, 반고가 깨어났을 때는 주변에 모든 것이 갖춰져 있었지만 진정한 창업자들 주위에는 원대한 계획을 실행시킬 도구 하나 갖춰져 있지 않다는 것이다.

멍뉴그룹의 뉴건성牛根生 회장과 알리바바의 마윈의 창업 과정을 비교하는 사람들도 있는데 알리바바의 창업도 큰 고통과 시련 속에서 진행되었다는 것만은 확실하다.

알리바바를 만든 작은 발견

성공한 기업가치고 위대한 학습자가 아닌 사람이 없다. 그들은 무엇에든 열심히 귀 기울이고 불가능해 보이는 모든 것으로부터 놀라운 성과를 창조한다. 앞선 사업 실패로 마윈은 이루 말할 수 없는 고통을 겪었다. 그러나 하이보 통번역회사에서 차이나페이지, 그리고 대외경제무역부의 일에 이르기까지, 마윈은 눈앞에 닥친 큰 풍랑 앞에서 망연자실하지 않고 오히려 더 침착하고 강인해졌다.

1999년 1월 15일, 마윈은 일행과 함께 베이징에서 항저우로 돌아갔다. 그들을 기다리는 것은 영락없는 '백수' 생활이었지만 조금도 의기소침하지 않았다. 그들은 더 큰 꿈을 품고 있었기 때문이다.

베이징을 떠나기 전 둘러보았던 만리장성에서 마윈은 우연히 한 가지 사실을 발견했다. 만리장성의 벽은 '아무개 다녀가다!' 같은 낙서들로 어지러웠다. 문화재에 이렇게 낙서를 하는 것은 분명 부끄러운 짓이다. 그러나 마윈은 그것을 무언가를 써서 남기고 싶어 하는 중국인의 역사적 전통으로 받아들였다. 훗날 그는 "BBS는 만리장성의 낙서에서 비롯되었다"라고 술회했다.

두 번째 발견은 1999년 2월 싱가포르에서 개최된 아시아 전자상거래회의에서였다. 당시 중국 대외경제무역부 사이트 설계자로 온라인업계에 이름이 나 있던 마윈은 그 회의의 연사로 초청받았다. 사실 그 회의는 이름만 아시아 회의였을 뿐 참가자의 80%가 서양인이었다. 서양인들이 대거 참가했다고 회의 규모가 컸다고 할 수는 없었다. 최소한 아시아에 전자상거래가 아직 자리 잡지 않았다는 점은 확실했다. 그렇지 않고서야 개최측이 아시아의 사정을 잘 모르는 서양인들을 그토록 대거 초청하지 않았을 것이다.

서양인들이 내세우는 모델은 당연히 유럽식과 미국식 전자상거래였다. 그들은 이베이와 아마존에 대해 발표했다. 방청석에서 마윈은 조용히 생각에 잠겼다.

자신의 발표 순서가 되었을 때 마윈은 조금의 주저함도 없이 유창한 영어로 말했다.

"아시아 전자상거래는 잘못된 길로 들어섰습니다. 아시아와 미국은 엄연히 다른데 지금의 전자상거래는 순전히 미국 모델을 그대로 들여다 쓰고 있습니다. 아시아에 맞는 아시아만의 모델이 있어야 합니다."

마윈은 유창한 말솜씨를 자랑했다. 열 살 때부터 자기에게 필요한 것이 무엇인지를 익히 알고 있던 그였다. 그의 입에서 나오는 '광언'이라고 하는 것들도 사실은 심사숙고를 거친 것이었다.

"나는 늘 오랫동안 생각을 한다. 나는 결코 충동적인 사람이 아니다."

그러나 그때만은 자신의 발언에 마윈 자신도 놀랐다. 사실 이 역시 자신감의 발로였다. 그는 인터넷을 통해 소기업이 독립적 세계를 구축하는 인터넷 혁명을 일으켜 "무수한 중소기업의 구원자가 되어야 한다"라고 주장했다.

아시아의 독특한 모델이 무엇인지에 관해서는 당시 한 시간이나 발언했던 마윈도 밝히지 않았다. 그는 영리한 사람이었다. 회의에서 문제를 제기하고도 정작 구체적인 방안은 밝히지 않았다. 그것이야말로 당장 마윈이 착수할 일이었기 때문이었다. 그는 중국에도 없고 미국에서도 찾아볼 수 없는 새로운 모델을 창시하기로 했다.

"인터넷은 하이테크 산업이다. 사람들은 외국 MBA 출신을 신뢰하지, 항저우사범대학 출신이 활약하는 모습을 원치 않는다."

어떤 투자자가 했던 말이다. 그러나 마윈은 자신의 해외 문화에 대한 이해가 외국 유학파 못지않다고 여겼다.

"사람들은 중국에서 사업을 하며 많은 시간을 들여 중국 실정을 공부하고자 한다. 그에 비하면 나는 항저우 토박이로 중국에 대해 잘 알고 있다."

여느 IT 엘리트와 달리 마윈의 경력은 평범하기만 했다. 딩레이처럼 국내 명문학교 출신도 아니고 제리 양처럼 해외 유학 경력도 없었다. 그러나 이런 배경 때문에 그는 기존 전자상거래와는 다른 모델을 생각해낼 수 있었던 것이다. 그는 15%의 대기업을 위한 사업이 아니라 80%의 중소기업을 대상으로 하는 사업을 하기로 했다. 대기업은 전문적인 정보채널이 있고 거액의 광고비를 쏟아붓지만 소기업은 아무것도 가진 게 없다. 그들이야말로 인터넷을 필요로 하는 사람들이었다.

"기업을 부자와 가난한 자로 나눈다면 인터넷이야말로 가난한 자들을 위한 세상이 될 수 있다. 온라인에서는 대기업이든 소기업이든 몇 페이지를 사용해도 같은 가격이다. 나는 바로 가난한 사람들을 혁명으로 이끌겠다는 것이다."

마윈은 중소기업이 발달한 저장성에서 나고 자란 사람이다. 바닥에서부터 시작한 그는 착취당하고 압박받는 중소기업의 설움을 누구보다 잘 알았다.

"연필 한 자루를 시중에서 15달러에 파는데 월마트는 공급업체들에게 8달러라는 터무니없이 싼 가격에 팔 것을 요구한다. 그러나 주문량이 워낙 많기에 1000만 달러짜리 주문을 따내기 위해 공급업체들이 달려들지 않을 수 없다. 하지만, 월마트가 다음 해에 거래를 끊어버리면 그 공급업체는 끝장이다. 인터넷을 통하면 이러한 소규모 공급업체들이 전 세계를 시장으로 고객을 찾을 수 있다."

마윈은 어린 시절 빠져들었던 무협지에서 본 것과 같은 의협심을 이번에도 발동시켰다. 물론 이번에는 보다 현실적인 판단에서 비롯되었다.

"아시아는 수출로 경제를 견인한다. 전 세계 최대의 수출공급기지로, 중소 공급업체들이 밀집해 있다. 많은 소형 수출기업들이 판로를 개척하지 못해 거대 무역회사로부터 통제를 당하고 있다. 이들 소기업이 알리바바 사이트를 이용하면 미국과 유럽까지 자사 제품을 알릴 수 있다."

알리바바 창업 선언

1999년 2월의 항저우 호반화원, 간판 하나 없는 평범한 가정집에서 마윈의 알리바바닷컴은 조용히 닻을 내렸다. 마윈이 항저우를 선택한 이유는 간단하다. 베이징이나 선전의 IT 중심지로부터 멀리 떨어져 있어 인건비가 상대적으로 저렴했기 때문이다. 창업 초기에 홍콩 IT의 고수 토니가 알리바바에 입사하고 싶다는 의사를 밝혀온 적이 있었는데 마윈은 월급으로 500위안을 제시했다. 토니는 그 돈으로는 캐나다에 있는 여자 친구와의 통화료도 안 된다고 했다.

알리바바닷컴을 통해 마윈이 하고자 했던 것은 전 세계 중소기업의 수출입 정보를 한데 모으는 것이었다.

"중소기업은 마치 하나하나 흩어져 있는 모래알과 같다. 인터넷을 통하면 이 모래알들을 모두 모을 수 있다. 콘크리트로 붙인 모래는 그 위력이 대단해서 큰 바위와 맞먹는다. 닷컴경제의 특징은 작은 것으로 큰 것을 이기고 빠른 것으로 느린 것을 이기는 것이다."

빠른 것으로 느린 것을 이긴다는 생각은 마윈이 어릴 때 싸움을 하면서 느낀 것이다. 왜소한 몸집의 그가 덩치 큰 아이들과의 싸움에서 이길 수 있었던 것은 바로 이 점 때문이다.

싱가포르의 회의가 끝나자 마윈은 그 길로 항저우 행 비행기에 올랐다. 도착하자마자 전 직원을 소집해 회의를 열었다. 호반화원의 사무실에서 열린 첫 번째 회의는 그의 또 다른 창업을 본격적으로 알리는 선포식이었다. 마윈은 이 '중대 사건'을 모두 녹화하여 기록했다. 그는 그날의 회의가 역사적 사건이 될 것을 믿어 의심치 않았다. 어두침침한 실내에는 18명의 창업 멤버가 엄숙한 표정으로 앉거나 선 채로 잔뜩 상기된 마윈을 바라보고 있었다. 마윈은 탁자를 앞에 두고 빠른 말투로 격정 넘치는 연설을 시작했다.

"마침내 어둠을 뚫고 함성을 지를 때가 왔네. 내가 함성과 함께 전진할 때 자네들은 두려워하지 말고 나를 따라주게. 자네들은 큰 칼을 들고 있고, 모두 함께하는데 두려울 것이 뭐가 있겠나!"

마윈은 흥분된 어조로 이어갔다.

"창업에 동원되는 자금은 반드시 여유자금이어야 하네. 친지나 가족들에게 빌려온 돈은 안 되네. 우리는 최악의 경우를 반드시 대비하고 있어야 하네. 그러나 설사 마이크 타이슨Mike Tyson이 나를 쳐서 쓰러뜨린다 해도 완전히 죽지 않은 한 나는 다시 일어나서 계속 싸울 것이네."

마윈과 동료들은 저마다 주머니에서 돈을 꺼냈다. 50만 위안이 모였다. 그 자리에서 마윈은 동료들에게 한 가지를 당부했다.

"누구든 경력을 내세워 높은 자리에 앉을 생각을 하지 말게. 자네들은 중대장, 소대장급은 될 수 있지만 연대장급 이상에는 외부 전문가를 초빙할 것이네."

당시를 회상할 때마다 마윈의 얼굴에는 자랑스러운 미소가 감돈다.

"그날 나는 흡사 미친 사람 같았다. 동료들에게 가진 돈을 탁자 위에 올려놓게 했다. 최종적으로 6만 달러를 모았고 그것이 우리의 창업자금이 되었다."

이 장면은 진융의 작품 『천룡팔부天龍八部』에 나오는 한 장면을 연상케 한다. 마윈과 동료들에게는 더 물러설 곳이 없었다. 그들에게는 반드시 성공해야 한다는 목표만 있었다.

그 후 7년이 흘렀다. 온라인업계에 겨울이 찾아오기도 하고, 알리바바닷컴도 해외 시장에서 항저우로 철수하는 좌절을 맛보았다. 하지만 18명의 창업 멤버는 여전히 건재하다. 그들은 현재 알리바바의 핵심간부로 당당히 활동하고 있다.

창업을 선포하던 날에 일어난 작은 에피소드 하나를 소개한다. 회의를 하던 중 갑자기 벽지에 물이 스며들었다. 마윈은 벽에 붙일 만한 것을 찾아보겠다고 했다. 잠시 후 그는 헌 신문지 한 묶음을 들고 왔다. 다 같이 그것을 벽지로 하여 벽에 붙였다. 이렇게 창업 첫 날이 지나갔다. 나중에 벽지의 무늬를 통일하기 위해 마윈은 다른 방의 벽에도 신문지를 붙였다.

마윈은 창업을 선포하는 역사적인 순간 달변의 대가답게 격정적인 연설을 잊지 않았다.

우리가 세울 것은 전자상거래 회사이며, 우리에게는 세 가지 목표가 있다.

첫째, 우리는 102년간 생존할 회사를 세울 것이다.

둘째, 우리는 중국의 중소기업을 위한 전자상거래회사를 세울 것이다.

셋째, 우리는 세계 최대 전자상거래회사를 세우고 전 세계 사이트 10위 안에 진입할 것이다.

능력자들은 결코 경거망동하지 않고 행동하기 전에 신중히 생각한다. 날카로운 칼끝을 갈아 뭉툭하게 만드는 전략이 간혹 뉴스에서도 동원된다. 엉뚱한 뉴스를 톱뉴스로 다루어 정작 중요한 이슈를 묻어버리는 것이다.

세상살이에도 날카로움을 감추는 전략이 있다. 재주를 드러내지 않고 일부러 숨기지 않는 전략이다. 능력자는 결코 재주를 함부로 드러내지 않는다. 이것이 인생의 높은 경지이다. 마윈은 늘 '이빨을 드러내고 발톱을 휘두르는' 스타일이었다. 온순한 토끼처럼 조용한 마윈의 모습은 상상하기 어렵다. 그를 아는 사람들은 그가 조용히 침묵할 사람이 아니라고 말한다. 그는 언제나 드러내 보이는 스타일이었다. 평소 요란한 행동으로 주목받던 마윈도 조용히 숨죽여 지낸 시절이 있었으니, 그때가 알리바바 창업을 준비하던 시기였다.

보물창고를 여는 주문

직원들은 마윈이 제시한 세 가지 목표를 위해 열심히 일했다. 그들은 마윈의 지시에 따라 한동안 공공장소에서 말을 아꼈다. 자금이 부족했던 그들은 사무실 얻을 돈도 없어 마윈의 집을 사무실로 삼았으며, 한방에 많게는 35명까지 비좁게 붙어 앉아 일했다.

마윈은 계속해서 직원들을 격려했다.

"발포 명령이 떨어지면 상대가 어떻게 뛰는지 살펴볼 시간이 없다. 무조건 미친 듯이 뛰어야 하네."

"가장 큰 실패는 포기하는 것이며, 가장 무서운 적은 자기 자신이지. 우리의 가장 강력한 경쟁자는 시간이라네."

그들은 하루에 16~18시간을 미친 듯 일했다. 밤낮을 가리지 않고 사이트를 설계하고 아이디어 회의를 거듭했다. 그러다 졸리면 그 자리에 쓰러져 새우잠을 잤다. 젊은이들이 떼를 지어 아침 6시나 7시에 마윈의 집을 떠나 오후 3시나 4시에 다시 돌아오는 것을 보고 이웃들은 이상하게 생각했다.

노력이 있으면 반드시 수확이 있는 법. 항저우에 봄의 향기가 물씬 풍기던 1999년 3월, 마윈의 알리바바닷컴이 정식으로 세상에 첫 선을 보였다.

책을 쓰거나 뉴스 제목을 붙이는 사람들은 제목의 중요성을 알 것이다. 알리바바라는 이름이 나오게 된 경위를 보면 마윈이 얼마나 선견지명이 있었는지를 알 수 있다. 비록 50만 위안의 창업자본만으로 시작한 회사지만 큰 비전을 지녀야 한다고 마윈은 생각했다. 이름도 부르기 좋고 눈에 잘 띄며 국제적으로도 통해야 했다. 이름을 두고 마윈은 오랫동안 고민했다. 그러던 중 미국의 한 레스토랑에서 밥을 먹다가 기발한 착상이 떠올랐다. 마윈이 종업원을 불러 '알리바바라는 이름을 아느냐'고 물으니 그는 '물론 안다'고 대답했다. 그뿐 아니라 알리바바가 보물창고 문을 열 때의 주문인 '열려라 참깨!'까지 외워 보였다. 그 후 여러 사람에게 같은 질문을 한 결과 『알리바바와 40인의 도둑』은 전 세계 사람들이 알고 있다는 사실을 알았다. 더욱이 언어가 달라도 '알리바바'라는 발음은 어떤 나라에서나 거의 일치했다. 그리하여 마윈은 알리바바를 회사 이름으로 확정했다.

절묘한 이름을 생각해내고 마윈이 흥분해서 도메인을 신청하자 뜻밖에도 알리바바라는 이름은 이미 주인이 정해져 있었다. 마윈보다 앞서서 도메인 네임 알리바바를 사들인 주인공은 한 캐나다 사람이었다. 마윈의 손에는 적자를 메우기 위한 창업자금 50만 달러밖에 없었다. 하지만 그는 조금의 주저함도 없이 거금 1만 달러를 주고 그 캐나다 사람으로부터 도메인 네임 알리바바를 사들였다. 사람들은 그의 행동을 이해할 수 없다는 반응을 보였다. 그러나 이는 마윈의 인생 전반에 흐르는 이상주의에서 비롯된 행동이었다. 사실 구글이 백만 달러라는 거금을 투척하여 압류된 두 개의 CN 도메인 네임을 되찾아온 것에 비하면 마윈의 행보는 아무것도 아니었다.

2005년 4월, 인터넷 검색사이트의 세계적 거두 구글은 CN 도메인 역사상 최고가 백만 달러를 주고 다른 사람이 선점한 'google.com.cn'과 'google.cn'을 사들였다. 이 두 개의 도메인 네임은 몇 년 전 베이징궈왕北京國網이 선점한 것이었다. 구글 측은 'google.com.cn'이라는 도메인을 가져가려고 중국 국제경제무역중재위원회에 분쟁 신청을 하였으나 기각되었다. 그러자 구글은 아예 백만 달러 이상이라는 천문학적인 돈을 내놓고 사들여버렸다. 그날의 거래 사건은 도메인 투자계에 적잖은 파문을 일으켰다.

마윈이 거액을 투척해 도메인 네임을 사들인 것은 결과적으로 현명한 처사였다. 구글이 그랬던 것처럼 백만 달러나 드는 중재비용과 중재에 투입되는 소중한 시간을 아낀 셈이었다. 마윈은 여기에 그치지 않고 발빠르게 알리마마닷컴alimama.com과 알리베이비닷컴 alibaby.com이라는 도메인 네임을 등록해두었다. '알리바바', '알리마마', '알리베이비'는 원래부터 하나의 가족이라는 마윈의 긴 안목에서 비롯된 행보였다. 그러나 그가 모든 것을 주도면밀한 계획 하에 추진했다고 생각하면 오산이다. 현실은 오히려 그와 반대다.

"계획을 하면 반드시 실패하게 되어 있다."

마윈이 하버드대학에서 한 이 말은 하버드 학자들의 연구 사례가 되기도 했다.

알리바바의 등장

마윈은 기존의 모든 전자상거래는 대기업을 위한 것이라고 주장하며 아시아의 독특한 전자상거래는 기업간 B2B가 아니라 상인과 상인들의 B2B라고 주장한다. 이것은 아시아의 독창적인 모델이다. 알리바바는 중소기업에게 무료로 정보를 등록하게 해주었으며 앞으로도 무료 모델을 고수할 것이라고 선언했다. 그는 의리를 중시하던 어린 시절로 돌아간 듯했다. 이는 장사꾼으로서 이해가 안 가는 행동이다. 이에 대해 마윈은 주저 없이 이렇게 대답한다.

"그렇다. 나는 장사꾼이 아니라 기업가다."

마윈의 주장대로 알리바바는 인터넷 토론장 BBS를 업종별로 분류했다. 이는 마윈이 만리장성에 올랐을 때부터 구상했던 것이다. 직원들은 무료 모델에 동의하지 않았다. 동료들과의 의견 차이에도 불구하고 알리바바닷컴은 우여곡절 끝에 마윈의 구상대로 모양을 갖춰갔다. 몇 달의 준비 단계를 거쳐 마침내 'www.Alibaba.com'이 세상에 선을 보였다.

효과는 즉각 나타났다. 해마다 한국으로부터 설비를 들여오는 칭다오의 상인이 있었다. 그는 설비가 중국에서도 생산될 것이라고 짐작했다. 백방으로 수소문했지만 중국에서 그 설비를 생산하는 회사를 찾을 수가 없었다. 그러던 중 우연히 알리바바닷컴을 알게 되었고 구매를 원한다는 정보를 올려놓았다. 기대도 하지 않았는데 며칠 후 그 설비를 생산하는 중국 회사가 연락을 해왔다. 게다가 그 회사가 같은 칭다오에 있다는 것이 아닌가!

또 다른 사례가 있다. 휘장이나 배지 같은 소형 제품은 대부분 저장성에서 생산된다. 이들 기업이 둥베이 지역에 있으면 사업이 잘될 리가 없다. 소형 제품은 저장성의 강점이라 업체들이 저장성에 모여 있다. 둥베이 지역 제품은 조악해서 사람들이 찾지 않기 때문이다. 그런데 둥베이 지역에 있는 한 기업이 인터넷을 이용해서 해마다 이우, 원저우에 있는 기업의 최신 제품 도안들을 수집했다. 그러고는 둥베이에서 그대로 생산해 알리바바에서 바이어를 찾았다. 이 회사는 1년 만에 46명의 바이어와 거래를 했으며, 그중 44명은 알리바바닷컴을 통해 연결되었다.

이렇게 입에서 입으로 소문이 퍼진 알리바바닷컴은 순식간에 유명해졌다. 그러나 마윈은 아직도 갈 길이 멀었다고 생각했다. 그때까지만 해도 중국사람들에게 전자상거래라는 개념은 낯선 것이었다. 사람들은 전자상거래란 선진국에서나 이용하는 방식으로 알고 있었다. 또한 외국과의 무역을 위해서는 수익을 크게 올릴 수 있는 '대어'를 공략해야 했다. 그래서 알리바바는 '중국 공급상中國供應商'이라는 전문 코너를 만들어 중국 중소수출가공기업의 상품 정보를 전 세계에 무료로 공급했다.

칼끝을 드러내지 않는 조용함

1999년 설립한 알리바바닷컴은 한동안 소리 소문 없이 조용히 묻혀 지냈다. 이상하리만치 조용한 그들의 침묵은 당시 떠들썩하던 온라인업계의 분위기와는 어울리지 않았다.

그 당시 인터넷 기업의 기세는 어느 때보다 드높았다. 전국 340개 주요 방송국과 360개 주요 신문사의 통계를 보면 1999년부터 2000년까지 중국 인터넷업계가 방송과 신문에 쏟은 광고비 총액이 1억 5000만 위안을 넘어섰다. 그중 시나닷컴과 차이나닷컴www.china.com의 TV 광고액이 가장 컸다. 구매사이트 8848의 지면광고 점유율은 11%를 차지하면서 전국 최고를 기록했다. 옥외광고에도 인터넷업체의 광고가 대대적으로 등장했다. 그해 베이징, 상하이, 광저우에는 차이나런ChinaRen, 소후, e롱왕www.eLong.net, 이취, 시나닷컴의 광고가 자주 등장했다.

2001년에 발표된 이 보고서는 당시 포털사이트의 눈부신 활약을 단적으로 보여준다. 그런 분위기 속에서 알리바바의 질식할 듯한 차분함은 베이징, 상하이, 광저우 같은 번화한 지역의 사이트들과는 사뭇 대조적이었다.

1999년에 알리바바는 무엇을 하고 있었을까?

"우리는 6개월 동안 외부에 드러내지 않고 조용히 사이트를 구축하는 중이었다."

괴짜 마윈이 이번에도 보통 사람으로서는 이해하기 어려운 행보를 보인 것이다. 그야말로 칼끝을 드러내지 않는 조용함이었다. '군자는 재주를 드러내지 않는다'는 말처럼 알리바바는 인터넷 기반이 취약한 항저우에서 조용히 성장하고 있었다. 그는 결코 서두르지 않고 차분하게 앞으로 나아갔다.

마윈은 안목이 탁월한 기업가지만 매체와 대중심리에 능통한 '심리학자'에도 가까웠다. 다른 업체와는 정반대의 행보를 보이며 홍보에 소극적인 IT계의 신생업체 알리바바는 언론의 민감한 후각을 묘하게 자극했다.

1999년 5월 항저우의 한 매체에 "세계 무역을 계획 중인 알리바바가 인터뷰를 거절하다"라는 제목으로 짧은 기사가 실렸다. 알리바바의 신비주의 전략은 더 많은 매체의 호기심을 자극했다. 해외언론도 큰 관심을 보이기 시작했다. 처음으로 항저우에 인터뷰를 하러 온 언론는 미국의 〈비즈니스위크〉였다. 말을 아끼던 알리바바닷컴은 마침내 신비주의를 벗고 인터뷰에 응했다. 〈난화조보〉가 그 뒤를 이어 인터뷰를 했다. 〈비즈니스위크〉의 기자는 항저우 주택가의 알리바바를 찾아갔을 때의 광경을 이렇게 묘사했다.

"크지 않은 주택의 비좁은 공간에서 20여 명의 직원이 일하고 있었다. 바닥에는 침구들이 펼쳐져 있었으며, 실내 공기에는 신발 냄새가 묻어났다." 그 광경에 기자는 아연실색했다. 이런 내용이 〈비즈니스위크〉에 보도된 후 마윈과 알리바바닷컴은 미국과 유럽 지역에 알려졌고, 해외 회원들도 폭발적으로 늘어났다.

결과적으로 마윈은 한 푼 안 들이고 국내는 물론 외국의 무수한 언론에까지 회사를 홍보한 셈이었다. 일찍이 소후의 장자오양이 도배하다시피 광고를 하고 TV프로까지 출연해서 되려 반감을 샀던 것과는 대조적이다. 당시 여기저기 얼굴을 내미는 장자오양에게 사람들은 "저러고 다녀서야 어떻게 회사를 제대로 경영할 수 있겠어?" 하고 비아냥거렸다. 장자오양은 2003년에 출연한 대담 프로에서 직접 언론플레이에 나선 배경에 대해 해명했다.

"소후는 포털사이트로서 인기가 필요했다. 그러나 돈이 별로 없어서 지금처럼 스타를 광고 모델로 내세울 수 없었다. 그래서 하는 수 없이 내가 나선 것이다."

장자오양의 고충도 이해되지 않는 것은 아니다. 그러나 마윈은 아예 언론매체의 울타리를 뛰어넘어버렸다. 그는 차이나페이지를 설립하면서 베이징에서 언론기자들과 접촉하며 겪었던 아픈 기억이 있다. 그런 그가 이번에는 최강의 공략방식인 수비를 선택함으로써 기자들을 오히려 주무르는 격이 되었다. 마윈의 밀고 당기기 전략으로 알리바바가 절약한 광고비가 어디 백만, 천만 위안뿐이었을까!

알리바바는
자금이 부족하지 않다

"경쟁은 마치 전쟁과 같다. 이기고 지는 것은 미래의 시장을 누가 선점하고, 자본 수요에 얼마나 빠르게 대처하느냐에 달려 있다."

GE의 전 CEO 잭 웰치가 남긴 유명한 말이다. 마윈에게 어떤 매력이 있고 그의 경쟁력이 무엇인지 투자자들은 알고 있었다. 알리바바가 아직 큰돈을 번 것은 아니었지만 돈이 부족한 상황은 아니었다. 닷컴기업 경영에는 막대한 비용이 필요하지만 다행히 마윈은 세계를 돌며 순회연설을 한 덕에 고객 유치는 물론 벤처투자 유치까지 일거양득의 효과를 볼 수 있었다. 전자상거래라는 처녀지를 개척하려면 시장과 자본, 둘 중 어느 하나도 소홀하면 안 된다. 그 둘을 다 갖춰야 마음 놓고 사업을 전개할 수 있다.

AK-47, 알리바바를 구원하다

현대사회에서 자본은 기업의 생사를 좌우하는 중요한 요소다. 인터넷의 규모 효과는 다른 어떤 업종보다 크기 때문에 더 절실히 자본을 갈구할 수밖에 없었다.

1999년 7월, 자금조달은 이미 알리바바가 시급히 해결해야 할 중요한 문제로 떠올랐다. 알리바바는 회장인 마윈이 돈을 빌려 직원들의 월급을 줘야 할 정도로 재정이 악화되어버렸다.

불행 중 다행인지, 이때 알리바바가 미국 최고의 경제지 〈비즈니스위크〉의 주목을 받았다. 누군가 알리바바에 AK-47소총을 판매한다는 정보를 올렸다는 내용의 기사였다. 이 소식은 마윈을 긴장시켰다. 그러나 인터넷을 아무리 뒤져도 소총을 판매한다는 정보를 찾아낼 수 없었다. 마윈은 당시를 회고하며 이렇게 말했다.

"그것은 애초부터 불가능한 일이었다. 그동안 경험을 통해 우리는 인터넷의 가장 큰 문제가 신뢰도임을 인식했었고, 알리바바에 올리는 모든 정보는 검열을 거쳐야 한다는 규정을 정해놓았었다. 이 규정은 무료회원 시절부터 지금까지 이어지고 있다. 따라서 이런 일은 결코 발생할 수 없었다. 그럼에도 불구하고 〈비즈니스위크〉 같은 경제지에 그런 내용이 보도되었다는 것에 적잖이 긴장했다. 왜냐하면 그 잡지가 오보를 낼 확률이 거의 없었기 때문이다."

AK-47 관련 오보는 확실히 알리바바의 경영에 일정 부분 영향을 미쳤다. 하지만 그 사건은 전화위복의 결과를 가져왔다. 알리바바는 외신 기자들의 폭발적인 관심을 불러일으켰으며, 외국 투자자들의 문의가 줄을 이었다.

굶어 죽을망정 던져주는 음식은 먹지 않겠다

비록 재정난을 겪고 있던 마윈이었지만 정작 벤처투자자들의 돈에는 무관심했다. 경제 전문 기고가 정쭤스鄭作時가 알리바바 부총재를 지낸 적 있는 펑레이를 인터뷰한 기록을 보면 이 점이 더욱 확실해진다.

1999년 7월 어느 날, 마윈 회장의 사무실에 전화 한 통이 걸려왔다. 통화를 끝낸 마윈 회장은 회계담당이었던 나를 대동하고 투자자를 만나러 갔다. 나는 평범한 노트 하나만 들고 있었고 마윈 회장 역시 빈손이었다. 나는 상대가 한 투자회사의 상하이 지점장이라는 것만 기억할 뿐 투자회사의 이름조차 기억하지 못했다. 저쪽은 모두 세 사람이었고 항저우 세계무역호텔에 묵고 있었다. 그들은 호반화원의 알리바바닷컴을 방문해 조사를 하고 이미 본사에 보고를 마친 상태였다. 그들은 투자 여부와 규모를 결정할 권한을 가지고 있었기 때문에 협상만 잘되면 그 자리에서 바로 자금을 넘겨받을 수 있었다.

투자자들이 묵고 있는 호텔 방에 모인 사람은 모두 다섯이었다. 나와 상대 측 한 사람이 각각 일인용 소파에 앉고 마윈 회장은 침대에 걸터앉았다. 그러나 곧 그는 가만히 있지 못하고 계속 방 안을 왔다갔다했다. 나머지 두 사람은 또 다른 침대에 앉았고 한 사람은 등받이가 없는 간이의자에 앉아 협상을 진행했다. 의례적인 인사가 끝나고 본격적으로 협상에 들어갔다. 수백만 달러가 오가는 협상이었지만 이미 서로에 대해 잘 알고 있었기에 분위기는 가벼웠다. 투자자 측에서 돈 액수를 제시했다. 이 액수는 곧 알리바바에서 그들이 차지하는 지분을 의미했다. 마윈 회장이 동의만 하면 그들은 즉시 결정을 내릴 수 있었다. 그러나 마윈 회장은 지분 비율이 불만인 듯했다. 그는 알리바바가 매우 가치 있는 회사라는 점을 강조하면서 투자자가 제시한 금액으로는 그만큼의 지분을 줄 수 없다는 뜻을 간접적으로 내비쳤다. 협상은 더 이상 진행되지 않았고, 마윈 회장은 잠시 휴식시간을 갖자고 제의했다.

우리는 엘리베이터를 타고 아래층으로 내려갔다. 작은 산책로에서 마윈 회장은 침묵한 채 앞만 보고 걸었다. 한참이 지나자 마윈 회장이 갑자기 입을 열었다.

"어떻게 했으면 좋겠어?"

나는 그의 질문이 나의 의견을 구하고자 하는 것이 아님을 알았다. 마윈 회장은 이런 일에 대해서는 생각이 확고했다. 질문은 우리 사이의 어색한 침묵을 깨기 위한 것에 불과했다. 그러나 회사가 자금난에 시달리고 있음을 잘 알고 있던 나로서는 그가 어지간하면 양보를 하고 투자를 받았으면 하는 생각이었다. 그래서 나는 이렇게 대답했다.

"회장님, 회사에 돈이 없어요."

마윈 회장은 묵묵부답이었다. 그렇게 한참을 더 걸었다. 이윽고 그가 입을 열었다.

"그만 돌아가지."

호텔 방으로 돌아온 그는 투자자들에게 말했다.

"알리바바의 가치에 대한 우리의 생각과 여러분의 생각이 차이가 너무 큰 것 같습니다. 그래서 투자를 받아들일 수 없습니다."

이렇게 해서 투자협상은 결렬되었다. 우리가 엘리베이터를 타는데, 상대방 중 한 사람도 함께 탔다. 그 사람이 매우 유감이라는 듯 우리에게 말했다.

"당신들은 좋은 기회를 놓쳤소."

거물급도 아닌 알리바바가 벤처투자에 이토록 까다로운 데는 이유가 있었다. 첫 벤처투자 조건이 향후 더 많은 벤처투자와 해외자원들을 유치할 때 영향을 미치기 때문이다. 이런 이유로 마윈은 38개 투자업체의 투자를 모두 거절했다.

직원들에게 그러하듯 마윈이 벤처투자에 내세우는 조건은 까다로웠다. 이는 최고만을 추구하는 그의 성격에서 비롯된다. 창업 초기부터 까다로운 조건을 내세우는 것을 나쁘다고 할 수 없다. 그렇게 함으로써 알리바바는 독특한 기업철학과 기업문화를 형성했다. 알리바바가 더 커진 이후에도 마윈은 이러한 가치관을 고집했다.

골드만삭스의 엔젤펀드

1999년 달아오른 중국 인터넷업계는 많은 해외 벤처투자기관의 관심을 끌었다. 그해 타이거펀드, 골드만삭스, 소프트뱅크를 위시하여 해외 유명 벤처투자자들이 중국의 포털과 전자상거래 사이트에 거액을 투자했다. 시나닷컴은 월든인터내셔널로부터 1600만 달러의 벤처투자를 받았다. 소후도 이에 질세라 두 번에 걸쳐 각각 600만 달러와 3000만 달러의 투자를 받았다. 그 후 채 2년이 되지 않아 중국의 3대 포털사이트는 나스닥 시장에 진출했으며, 투자자들도 고액의 수익을 챙겼다.

이렇게 뜨거운 투자 열기 속에서도 마윈은 마음에 맞는 투자처가 없어 계속 거절만 하고 있었다. 그는 한때 벤처투자 매니저로 일했던 차이충신蔡崇信과 자금을 구하려고 동분서주했지만 구미에 맞는 투자처를 찾지 못했다. 그러던 1999년 8월, 알리바바는 골드만삭스로부터 첫 투자금을 받았다. 이 투자는 차이충신의 지인 미스 린林을 통해 이루어졌다. 하버드대학 유학 시절 차이충신은 대만행 비행기에서 골드만삭스 홍콩지역 투자매니저 미스 린을 알게 되었다. 전공이 같은 두 사람은 가끔 연락을 하고 지냈는데, 미스 린이 중국 인터넷 사업에 투자하겠다는 골드만삭스의 의향을 전한 것이다. 지금까지 전통업종에만 관심을 가져온 골드만삭스는 첨단산업에 투자 경험이 없었다. 따라서 이번에 알리바바가 투자를 받을 수 있을지는 미지수였다. 그러나 골드만삭스는 알리바바에 대한 조사를 끝내고 흡족해서 돌아갔고, 마윈과 차이충신의 마음은 무거운 돌을 내려놓은 듯 홀가분했다.

"솔직히 말해 당시 알리바바는 투자자와의 협상에서 결코 유리한 입장에 있지 않았다. 인터넷 열풍이 불고 있었다지만 자금이 바닥을 드러내고 있었고, 더구나 골드만삭스 같은 대형 투자자와는 흥정하고 말고 할 처지가 아니었다. 이후 두 번째 협상에서는 자금 여유가 있었기에 협상에 여유를 가지고 임할 수 있었다. 하지만 당시 골드만삭스가 내세운 조건은 그동안 접촉했던 투자자들보다 훨씬 까다로웠다. 마윈과 나는 10분 정도 의논한 끝에 그들의 요구를 들어주고 투자를 받기로 했다. 골드만삭스는 미국의 유명한 투자기업이기 때문에 우리가 미국 시장을 개척하는 데 큰 도움이 되리라고 판단했다. 또 규모가 큰 기업이라 어떤 일이든 장기적 안목으로 대처할 것 같았다."

차이충신은 이렇게 당시를 술회했다. 그의 말은 당시 알리바바의 어려움을 말해준다기보다는 마윈이 골드만삭스 같은 투자자의 브랜드를 중요시했음을 보여준다.

마윈의 관심은 골드만삭스의 강한 시장 영향력과 호소력에 집중

되었다. 이 점도 훗날 마윈이 자금을 조달할 때 중요한 고려사항이 되었다. 자금원에 대한 마윈의 조건은 이렇게 좀 더 높은 수준으로 업그레이드되었다. 비록 수학에 약해서 두 번이나 대학 입시에서 낙방했지만 자금조달과 관련해서 마윈의 머리는 누구보다 비상하게 돌아갔다. 그는 타인에게 많은 지분을 넘기면 어떤 심각한 결과가 초래되는지 알고 있었다. 또 자신이 지분을 차지해서 생기는 문제에 대해서도 알고 있었다. 돈에 대해서 마윈은 무관심한 듯한 태도를 취했지만 실제로는 돈을 매우 중요시했다. 그는 투자자의 지분을 최대한 적게 책정하려고 애썼다. 언젠가 골치 아픈 문제가 터질 수도 있기 때문이었다. 마윈은 자기 혼자 주식지분을 차지하지 않고 어려운 시기에 고락을 함께한 동료들과 수익을 나눴다. 즐거움을 함께하고 어려움을 나누는 것이 마윈이 친구들과 사업하면서 지켜온 철학이었다.

골드만삭스를 위시한 투자은행들은 알리바바에 500만 달러를 투자했다. 이는 알리바바가 받은 첫 번째 엔젤펀드로 세상을 떠들썩하게 한 중대 뉴스이기도 했다. 이로써 재정문제에 시달리던 알리바바는 날로 커지는 인터넷 시장에서 비로소 날개를 펼칠 수 있게 되었다.

손정의, 6분 만에 알리바바를 선택하다

거액의 벤처투자금을 손에 넣은 알리바바닷컴은 항저우 원산로 477호 화싱 과학기술 빌딩 3층으로 이전하여 제대로 갖추어진 사무실을 갖게 되었다. 시간은 빠르게 흘러 1999년이 눈 깜짝할 새에 지나갔다. 그 한 해 동안 마윈은 조용히 알리바바를 경영했다. 알리바바는 골드만삭스가 제공한 비옥한 토양에서 영양분을 흡수하며 빠르게 성장했다. 이 모든 상황은 당시 중국인들의 눈에 띄지 않았다.

2000년이 되자 알리바바는 새로운 도약의 계기를 맞았다. 21세기가 도래하면서 자금의 필요성은 더 커졌다. 알리바바는 두 번째 자금조달에 나섰다. 투자를 받은 경험이 있었고 회사 경영이 순조로워 이번에는 훨씬 여유를 가지고 협상에 임할 수 있었다.

두 번째 투자협상 대상은 투자업계의 전설적인 인물 손정의였다. 업계에서 손정의의 이름은 NBA의 마이클 조단이나 야오밍만큼이나 유명했다. 그는 마윈과 비슷한 점이 많았다. 두 사람 모두 왜소한 체구라서가 아니라, 그들 사이에는 지혜가 통했다. 마윈은 머리 좋은 사람과 대화하기를 좋아했다. '똑똑한 사람과는 많은 말을 하지 않고도 통한다'는 마윈, 그의 눈에는 손정의가 바로 그런 사람이었다.

손정의는 1957년 8월 11일 생으로 할아버지가 한국에서 일본으로 건너와 광부로 일하며 '야스모토'라는 일본 성씨를 취득했다. 부모는 일본 규슈에서 파친코를 경영했다. 손정의는 고등학교 때 미국 북 캘리포니아로 건너갔다. 공부를 잘했던 그는 2주 만에 고등학교 3년 과정을 마치고 캘리포니아대학 버클리 캠퍼스 경제학부를 졸업했다.

20세가 되었을 때 손정의는 사업으로 100만 달러를 벌었다. 21세에 대학을 졸업한 뒤 회사를 정리해 일본으로 돌아가 모든 것을 다시 시작했다. 43세가 되자 그는 자산 3조 엔에 달하는 아시아 최고의 갑부로 성장했다. 그의 목표는 30년 안에 마이크로소프트와 인텔을 따라잡는 것이다. 2005년에는 〈뉴스위크〉가 선정한 올해의 아시아 화제의 인물에 뽑혀 일본의 '빌 게이츠'로 불렸다. 그는 한 손으로도 일본의 인터넷업계를 쥐락펴락할 수 있는 사람이다. 손정의는 굴곡 많은 경력의 소유자이기도 하다. 어린 시절에는 쓰레기통을 뒤지고 돼지를 키우며 생활하기도 했다. 그는 사회의 가장 밑바닥에서부터 성장했다. 아버지는 그가 어릴 때부터 "너는 천재다"라는 말로 아들을 격려했다. 그는 꿈이 많았고 이를 하나씩 실현했다. 그는 이렇게 말한다. "나의 모든 성취는 많은 꿈과 전혀 근거 없는 자신감에서 시작되었다."

전설적인 인물 손정의와 기인 마윈은 첫 만남부터 예사롭지 않았다. 마윈은 손정의를 만나자마자 뜻하지 않은 수확을 얻었다.

1999년 여름이 가고 가을에 접어들면서 베이징의 날씨는 점점 서늘해지기 시작했다. 바쁘게 지내던 마윈은 모건스탠리 아시아 지역 베테랑 애널리스트 서닐 굽타Sunil Gupta의 전화를 받았다. 그는 알리바바의 자금 상황에 대해 물었다. 4주 뒤 마윈은 서닐 굽타로부터 '어떤 사람이 비밀리에 만나기를 원한다. 그 사람은 당신에게 반드시 유용할 것'이라는 내용의 이메일을 받았다.

그러나 서닐 굽타는 그 약속이 두 사람만의 것이 아니라 실은 대규모 프로젝트 평가회라는 사실을 미리 말해주지 않았다. 자신에게 유용할 것이라는 사람의 실체를 알고 마윈은 깜짝 놀랐다. 바로 소프트뱅크의 손정의 회장이었던 것이다. 마윈은 그날 손정의와 약속이 되어 있던 수많은 사람 중 하나일 뿐이었다. 이 평가회는 왕즈둥, 장자오양, 딩레이 같은 인터넷업계의 거물들에게도 매우 중요했다.

찾아온 사람이 많은 관계로 손정의는 프레젠테이션 시간을 한 사람당 20분으로 제한했다. 마윈의 차례가 되어 화면에 알리바바 사이트가 떠오르자 마윈은 벌떡 일어나 알리바바의 개요, 현재 진행 중인 사업, 향후 사업에 대해 몇 분 동안 소개했다. 마윈은 손정의가 똑똑해서 한마디만 해도 알아들었다고 전한다. 그뿐 아니라 손정의의 '나는 이렇게 하겠다, 저렇게 하겠다' 식의 말투도 자기와 상당히 일치한다는 것이다.

마윈이 발표를 시작한 지 6분 만에 손정의는 그의 말을 중단시켰다. 그리고 그 자리에서 강력한 투자 의사를 밝혔다. 그는 마윈에게 얼마가 필요하냐고 물었다. 그러자 마윈으로부터 뜻밖의 대답이 돌아왔다.

"우리 회사는 자금이 부족하지 않습니다."

"자금이 부족하지 않다면 여기는 왜 온 겁니까?"

"내가 선생을 찾아온 게 아니라 날 만나보겠다는 사람이 있다기에 온 겁니다."

마윈의 성격이 다분히 드러나는, 아이 같은 대답이었다. 이런 식의 대화는 지금 보면 매우 극적이다. 마윈이 골드만삭스로부터 500만 달러의 투자를 받았지만 인터넷 투자 붐이 한창이던 시절에 500만 달러 투자쯤은 예사였다. 닷컴기업들이 더 많은 자금을 구하기 위해 투자자들에게 어떻게든 자기 매력을 보여주려고 애쓰는 분위기에서 마윈은 예외였던 셈이다.

마윈이 정말 자금이 충분해서 그렇게 말한 건지 아니면 손정의의 흥미를 끌기 위한 전략이었는지 단정할 수는 없다. 그것은 마윈 자신만이 알 것이다. 마윈은 투자자들을 어떻게 대해야 하는지 알고 있었다. 그는 투자자들이란 결국 다 똑같다고 여겼다. 돈벌이가 될 것 같은 회사에는 어떻게든 돈을 대려 하고 돈이 안 되는 곳에는 절대로 투자하지 않는 것이 그들의 속성이다.

얻을 수 없으면 더 갖고 싶은 법, 마윈의 대답은 오히려 손정의를 자극했다. 그는 마윈에게 일본에서 심층면담을 하자고 제안했다.

손정의와 첫 만남을 가지고 20일 후 마윈은 약속대로 차이충신과 함께 일본 도쿄에 가서 손정의를 다시 만났다. 손정의는 인사도 없이 다짜고짜 본론부터 꺼냈다.

"우리가 투자할 테니 30%의 지분을 주시오."

단도직입적인 그의 태도에도 마윈은 전혀 당황하는 기색이 없었다. 협상은 빠르게 진행되었다. 손정의는 알리바바에 3000만 달러를 투자하고 30%의 지분을 요구했다. 마윈은 5~6분을 생각하더니 고개를 끄덕였다.

협상이 체결되기까지 차이충신은 여러 차례 반대 의견을 내놓았다. 그는 손정의에게 훗날 인터넷업계에 유명해진 '노No'라는 대답을 했다.

"손정의에게 '노'라고 말하는 데는 용기가 필요했다. 그는 여태까지 거절이라고는 당해보지 않은 사람이었다. 인터넷업계에서 그가 야후에 투자한 일화는 이미 사람들에게 전설로 남아 있다. 그 당시 자금에 아직 여유가 있었기 때문에 나는 그에게 세 번이나 '노'라고 말할 수 있었다."

차이충신은 다음과 같이 말을 이었다.

"첫 번째는 그가 가격을 제시했을 때다. 나는 아무 반응을 보이지 않고 즉각 '노'라고 말했다. 게다가 매우 단호하게 말이다. 나는 '당신이 제시한 가격은 우리 회사 이사회를 통할 필요도 없이 거절당할 것'이라고 잘라 말했다."

당시 손정의 앞에는 커다란 계산기 하나가 놓여 있었다. 첫 번째 거절을 당한 후 그는 계산기를 이리저리 두드려가며 한바탕 계산을 하더니 다시 가격을 제시했다. 두 번째로 제시한 가격은 알리바바로 서는 여전히 받아들이기 어려운 조건이었다. 이번에도 거절당한 손정의는 다시 계산기를 두드리더니 잠시 후 절충한 가격을 내놓았다. 결국 세 번이나 거절당한 뒤에 가격이 마윈과 차이충신이 받아들일 수 있는 수준에 이르렀을 때야 쌍방은 의견일치를 보았다. 이렇게 해서 결정한 금액이 3000만 달러였다.

차이충신이 전한 상황을 통해 협상 과정이 몹시 힘겨웠으리라 짐작할 수 있다. 3000만 달러의 투자를 받는 것은 사실 쉽지 않은 일이다. 그러나 귀국 후 마윈은 뜻밖에도 이를 번복했다. 돈이 적어서가 아니라 오히려 투자를 너무 많이 받았다는 이유에서였다. 욕심을 부리지 않는 마윈다운 처사였다.

마윈은 손정의의 비서에게 말했다.

"우리는 쓰기에 부족하지 않을 정도의 자금만 있으면 됩니다. 2000만 위안이면 충분합니다. 더 많아도 좋지 않습니다."

손정의의 비서는 자신의 귀를 의심했다. 있을 수 없는 일이 눈앞에 벌어지고 있었기 때문이다. 손정의의 투자금이 너무 많아서 싫다는 사람이 세상에 어디 있겠는가? 황당해하는 비서를 다독인 뒤 마윈은 즉시 손정의에게 이메일을 보냈다.

"선생과 손잡고 인터넷 사업을 해보고 싶습니다. 파트너가 될 인연이 아니라면 좋은 친구로라도 남고 싶습니다."

5분 후 마윈은 손정의 답장을 받았다.

"기회를 줘서 고맙습니다. 알리바바를 야후와 견주어도 손색없는 세계적 사이트로 만들어 봅시다."

손정의는 마윈의 뜻에 따랐다. 단지 6분의 프레젠테이션으로 마윈은 2000만 달러의 소프트뱅크 투자를 따낸 것이다. 알리바바 경영진은 여전히 절대 지분을 소유하게 되었다. 이번 벤처투자 협상 결과를 두고 차이충신은 손정의 투자 역사상 가장 많이 양보한 경우라고 평했다.

주겠다는 돈을 기어이 마다한 이유는 무엇이었을까? 마윈은 이 질문에 이렇게 대답했다.

"나는 도박을 한 것이다. 그러나 나는 확실한 자신감이 있을 때만 도박을 건다. 내 밑에 있던 직원은 60명이 안 되었다. 내가 관리할 수 있는 돈은 많아야 2000만 달러다. 그보다 많으면 돈은 그 가치를 상실해버린다. 이는 회사에 결코 이롭지 않다. 그래서 나는 결정을 번복하지 않을 수 없었다. 능력 있는 기업가들은 눈 하나 깜짝하지 않고 수십억의 투자를 결정하지만, 아낄 때는 아낄 줄도 안다. 그들은 돈의 가치를 존중하기에 투자금의 가치를 최대화할 수 있는 것이다."

이 비현실적인 일화에 대해 사람들은 "그게 그렇게 간단한가?"라고 끊임없이 의문을 제기한다. 그러면 마윈은 "실제 그렇게 간단하다!"라고 대답한다.

또한 마윈은 CCTV의 한 프로그램에서도 솔직한 심정을 토로했다.

"나는 무슨 일을 하든 이익만 염두에 두지 않는다. 이익만 생각하면 모든 것을 돈으로 보고 입만 열면 돈 이야기가 튀어나오게 된다. 사람들은 그런 사람과의 협력을 꺼린다."

마윈은 알리바바를 제2의 야후로 성장하도록 돕겠다는 손정의의 약속에 자기 생각을 밝혔다.

"투자자의 소중한 돈을 신중히 다룬다는 원칙을 고수할 것이다. 야후는 오늘날 세계에서 가장 돈을 아껴 쓰는 회사가 되었다. 우리 역시 어떻게 하면 적은 돈으로 큰 효과를 낼 수 있을지 고민한다."

마윈은 손정의가 자기와 같은 부류의 사람이라고 여겼다.

"손정의는 너무 영리해서 오히려 약간 멍해 보였다. 그는 미라 같은 표정에 영어도 몹시 어색하며, 불필요한 말은 하지 않는다. 그 모습은 흡사 무협지 속 인물을 연상케 한다. 6분 만에 나는 그가 어떤 사람인지 파악했다. 첫째, 그는 신속한 결단을 내리는 사람이다. 둘째, 큰일을 하는 사람이다. 셋째, 나와 그는 둘 다 자신의 아이디어를 실천하는 사람들이다."

마윈은 이렇게 말한다.

"손정의가 내게 호감을 느꼈다고 믿는다. 사실 모든 투자자들이 내게 호의적이다. 나는 어떤 일을 하겠다고 솔직히 밝히고, 그 결과로 반드시 많은 돈을 벌 수 있다고 자신 있게 말한다. 그들이 보는 것은 나의 자신감에 찬 눈빛이다. 이 세상에 돈 많은 사람은 널렸다. 그러나 알리바바를 경영할 수 있는 사람은 많지 않다. 이것이 내 자신감의 근원이다. 그 투자자가 아니라도 돈 댈 사람은 많다. 내가 원하는 투자자를 선택할 것이다. 세상에 많은 투자자가 있지만 마윈은 전 세계를 통틀어 오직 나 하나다. 그러니 어쩔 수 없다.”

골드만삭스로부터 큰 투자를 받아 여유자금이 있던 알리바바의 입장에서 2000만 달러의 투자유치가 최선의 선택이었다고는 할 수 없었다. 알리바바의 거래량이 폭증하고 지명도도 하루가 다르게 올라가던 상황이었다. 이런 상황이라면 새로운 투자를 늦게 받을수록 회사의 가치를 올려 받기에 더 유리할 것이었다. 그러나 손정의에게 호감을 느낀 마윈은 작은 손해쯤은 충분히 감수할 각오가 되어 있었다. 결과적으로 그 결정으로 알리바바는 더 큰 행운을 잡게 되었다. 2000년 4월부터 나스닥 지수가 폭락하고 미국 증시가 2년이나 침체를 벗어나지 못하는 바람에 중국의 인터넷 기업은 단 한 푼의 투자도 받지 못했다. 유일하게 알리바바만이 풍부한 자금으로 걱정 없이 경영을 할 수 있었다.

중국 인터넷 사상 최대 규모의 투자

2004년 2월 17일 세계 최대 B2B 전자상거래 사이트 알리바바가 8200만 달러의 전략투자를 받았다고 발표했다. 이 투자금은 중국 인터넷업계 사상 가장 큰 규모였다. 이번 투자자에는 소프트뱅크, 푸다富達창업 투자부, GGVGranite Global Ventures와 TDF벤처투자 유한공사가 포함되었다.

지난 4년간 소프트뱅크, 푸다와 TDF벤처투자가 알리바바에 투자를 유지하고 있었으며, 실리콘밸리에 본부를 둔 GGV는 신규 투자자였다. 이번 투자자 모집에는 소프트뱅크가 앞장섰다. 소프트뱅크는 알리바바에서 줄곧 두 번째로 큰 주주로서 위상을 지키고 있다.

알리바바의 최대 주주는 여전히 회사의 경영층과 직원들이다.

소프트뱅크 회장 손정의는 이렇게 말했다.

"이번 추가 투자로 알리바바의 위상을 굳히는 데 일조할 수 있어 기쁘다. 이번 투자가 시장을 선도할 기업에 이루어졌다는 점에서 그동안 소프트뱅크가 추구해온 투자전략과도 일치한다."

마윈은 투자를 받아들인 이유로 투자 목적이 장기적 고속발전을 추구하는 알리바바의 전략적 방향과 맞았다는 점을 들었다. 그는 중국의 인터넷이 비즈니스 외적인 부분에 치중해 있어 전자상거래 발전이 상대적으로 늦었다고 주장했다. 앞으로는 이런 판도에 변화가 일어나서 새로운 인터넷 이용자 집단인 인터넷 창업가들이 그 중심에 설 것이며 알리바바는 그들의 대변자로서 인터넷 창업가 시대를 이끌어야 하는 사명을 안고 있다고 말했다.

누군가 악의 없는 만화를 그렸다. 깡마른 마윈이 아랍 복장을 하고 아이처럼 이를 드러낸 채 천진난만하게 웃으며 한 손에 커다란 돈 보따리를 들고 다른 손으로 그 돈 보따리에 한 움큼씩 돈을 집어넣고 있는 그림이었다. 사실 이 그림은 조금도 과장되지 않았다.

2000년 말 알리바바 회원은 매일 1000~2000명의 속도로 불어났다. 매일 3500건의 상품 정보를 접수했고 700여 종의 상품 정보가 종류별, 국가별로 분류되었다. 1000개의 배드민턴 채를 사려는 미국인은 알리바바에서 수십 개의 중국 공급업체를 검색해서 다양한 가격과 계약조건을 비교할 수 있다. 티벳과 아프리카 가나에 있는 고객이 알리바바 사이트를 통해 거래를 하는 모습은 인터넷 시대에서나 볼 수 있는 광경이다.

2001년 12월 27일, 알리바바의 중국 공급업체 회원은 100만 명에 달해 전 세계에서 회원 수가 가장 많은 B2B 사이트로 성장했다. 또한 그해에 처음으로 손익분기점을 넘어섰다. 다시 말해 알리바바가 그때부터 돈을 벌어들이기 시작한 것이다. 이것은 매우 역사적인 사건이었다. 마윈은 이로써 자신이 만든 B2B 모델의 가능성을 전 세계에 확실히 증명해 보였다.

이를 계기로 알리바바는 세계에서 가장 우수한 B2B 사이트임을 업계에서 인정받았다. 국내외에서 알리바바를 모방한 사이트가 우후죽순으로 생겨났다. 알리바바 사이트를 그대로 베껴 쓰는 사이트도 수두룩했으며, 심지어 '문제가 있으면 알리바바에 문의바랍니다'라는 안내문까지 그대로 쓰는 웃지 못할 촌극도 벌어졌다. 이날이 있기까지 마윈은 족히 6년을 분투했다.

"강직하면 쉽게 부러지고 부드러우면 실패하지 않는다."

6년간의 고생과 말 못할 우여곡절은 마윈 자신만이 알 것이다.

그때부터 알리바바는 승승장구를 거듭했다. 마윈은 세계 각국을 순회하며 뛰어난 언변을 자랑했다. 그는 연단 아래 경건하게 앉아 있는 백인들을 향해 '광언'을 쏟아냈다.

"지금 기업에서 컴퓨터를 켤 때 보이는 화면은 윈도우 화면입니다. 그러나 장차 그들이 보게 될 화면은 알리바바가 될 것입니다! 알리바바는 그들이 필요한 모든 서비스를 제공할 것입니다. 알리바바는 무역과 동의어가 될 것입니다!"

알리바바를 떠받치는
두 개의 기둥

2002년 3월, 두 개의 손이 악수를 하고 있는 푸른 로고가 알리바바 사이트 일부 회원의 영업 페이지에 나타났다. 이름하여 '청신퉁誠信通'이었다. 청신퉁은 주로 중소기업을 대상으로 하는 서비스로 무료 회원과 차별성을 두어 신용이 우수한 회원을 확보한다. 마주 잡은 두 손은 단순한 로고에만 그치지 않았다. 청신퉁의 탄생과 함께 인터넷 신용 시대가 도래했음을 선포한 것이었다. 그 후 4년이 지나 청신퉁의 회원은 초기 300개 기업에서 16만 개 기업으로 늘어나서 신용이 우수한 상인들의 커뮤니티가 되었다.

2003년에는 중소기업과 비즈니스 종사자들을 위한 실시간 채팅 프로그램 마오이퉁이 탄생했다. 500만에 이르는 중소기업은 마오이퉁貿易通을 통해 온라인 상담을 받을 수 있게 되었으며, 현재 회원 수도 꾸준히 증가세에 있다.

신용을 최우선시하는 청신퉁

상거래에서 가장 중요시되는 요소는 신용이다. 2002년 3월 10일,

청신통

기업의 신용도를 보여주는 다섯 항목

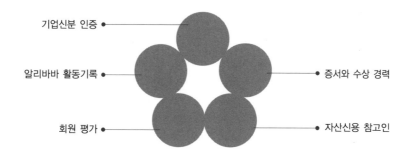

기업신분 인증

알리바바 활동기록

회원 평가

증서와 수상 경력

자산신용 참고인

알리바바닷컴은 청신통을 개통하면서 인터넷 무역의 신용 문제를 해결했다. 또 중소기업을 겨냥한 맞춤서비스로 발전하면서 더 우수한 서비스와 거래 기회를 제공했다.

청신통이 출범한 후부터 회원들은 보다 안전하고 실질적인 정보와 서비스를 이용할 수 있게 되었다. 알리바바에 등록된 구매자는 487만 명이며 구매 정보는 두 시간 단위로 업그레이드된다. 이 정보는 청신통 회원만을 위해 개방된다. 매월 신규 가격 조회가 343만 건에 이른다. 청신통 회원은 매월 한 건의 정보를 받아보고·평균 6~7건의 바이어 피드백을 받아볼 수 있다.

청신통은 국내 거래에 더욱 주력한다. 등록된 판매자는 제3자의 평가, 알리바바에서의 거래 기록을 통해 구매자의 신뢰를 쌓아갈 수 있다. 회비는 매년 2300위안이며, 현재 청신통의 등록 판매자 수는 16만이 넘는다. 청신통 서비스는 온라인과 오프라인으로 나뉜다.

온라인 서비스

- 유일무이한 제3자 신분 인증, 청신통 신용파일을 보유해 바이어의 신뢰를 얻는다.
- 청신통 기업 사이트를 보유하고 제품을 홍보한다.
- 강력한 검색 기능을 제공하여 43만 바이어의 정보를 독자적으로 보유하고 주문을 확대한다.
- 판매정보를 공개하고 우선 추천으로 바이어의 관심을 얻는다.
- 정보를 관리하여 검색과 관리를 편리하게 해준다.
- BBS 피드백으로 주문의 가격조회를 실시간으로 받아볼 수 있다.
- 낮은 정가를 발표할 권리를 부여받아 수급정보에서 우선순위를 차지하는 데 더욱 유리하다.
- 알리페이를 통해 결제할 수 있어 안전하다.

오프라인 서비스

- 전시회 : 직접 가지 않고도 알리바바의 전시 대행 서비스를 통해 전국에 물건을 전시하여 기업과 제품을 홍보할 수 있다.
- 구매상담회 : 국내외 세계적 대형 바이어들과 상담할 수 있다.
- 교육 : 인터넷 무역 기술을 전해주고 성공 사례를 소개한다.
- 교류 : '이상회우以商會友' 커뮤니티에서 가장 화제가 되는 업계 정

보와 토론 내용을 제공하여 회원들에게 온라인 사업 노하우를 알려준다.

- 전문 컨설팅 : 하루 8시간 연중무휴로 전문 컨설팅 서비스를 제공한다.

청신인증마크는 청신통 회원을 일반회원과 확연히 구분함으로써 바이어들로부터 더 큰 신뢰를 얻을 수 있게 한다. 신용도가 높을수록 우선적으로 정보가 소개되므로 고객을 더 쉽게 끌어들일 수 있다.

청신통의 가치

청신통은 출시되자마자 인기 폭발이었다. 알리바바 사이트는 "바이어는 청신통 회원을 우선적으로 선택하여 거래할 수 있습니다"라며 청신통 사용을 적극 추천했다.

청신통이 인터넷 창업자에게 제공하는 서비스를 소개해본다. 첫째, 바이어들이 회원을 선택할 수 있게 한다. 청신통 회원은 제품 사진과 매매정보를 올려놓아 온라인 공간을 충분히 이용해 제품을 홍보할 수 있으며, 알리바바라는 큰 시장에서 각종 혜택을 우선적으로 누릴 수 있다. 청신통 회원은 상품 정보를 우선적으로 소개하고 바이어 정보를 독점할 수 있다. 또 온라인 연결을 통한 고객관리 툴을 무료로 사용할 수 있다.

둘째, 청신통은 기업신분 인증을 제공하여 바이어가 안심하고 물건을 살 수 있도록 한다. 기업신분 인증기관이 기업이 합법적으로 존재하는지, 그리고 실제 해당 기업에서 기업신분 인증을 신청한 것이 맞는지 여부를 검증해준다.

셋째, 청신통 회원은 알리페이를 이용해 결제하므로 안전장치가 확실하다.

마오이퉁 천하

마오이퉁은 전문 상업용 온라인 상담 창구로 설계되었다. 비즈니스 거래 정보, 비즈니스 레터 구독, 온라인 영어 번역 등의 콘텐츠를 맞춤 서비스로 제공하며, 고객관리 시스템을 이용해 고객정보를 완벽하게 보관한다. 이런 서비스를 통해 기업은 비용 부담 없이 언제 어디서나 고객관리를 할 수 있다.

마오이퉁은 출시한 지 불과 2년 만에 시장과 고객 수요에 따라 차별화된 서비스를 제공하는 데 성공했으며 마오이퉁 실시간 통신 서비스 다운로드 수는 QQ와 MSN의 뒤를 이었다. 2006년 6월 6일 저녁 6시, 중국 '10대 히트 프로그램 평가대회'가 세계 최대 다운로드 엔진 쉰레이Thunder와 중국 최고 권위를 자랑하는 리서치 기업 아이리서치의 공동주최로 열렸다. 주최 측은 전문가들로 평가단을 구성하고 심사기준을 발표했다. 고객이 실제로 다운로드한 데이터 양을 기준으로 하여 심사한 결과, 많은 중소기업이 보편적으로 이용하는 마오이퉁이 영예로운 수상자로 결정되었다.

시상식에서 주최 측은 인사말에서 이렇게 밝혔다.

"마오이퉁은 정부, 비즈니스, 기업을 포함한 사회 각계에 소통의 장을 제공했다. '10대 히트 프로그램 평가대회'의 결과는 소프트웨어 발전을 반영하는 성적표이며, 마오이퉁 담당자들의 노력에 주어지는 대가다. 이를 계기로 각계각층이 중국 소프트웨어 산업의 발전에

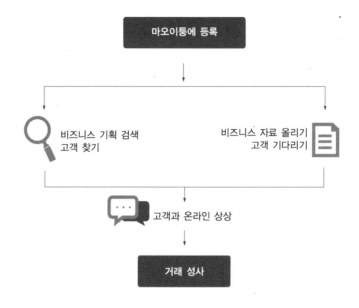

기여하기 바란다."

마오이퉁의 충성도 높은 고객들은 수상의 기쁨을 각자의 방식으로 표현했다. 아래는 한 고객이 올린 글이다.

이 글은 마윈을 위한 홍보글이 아니며, 나는 그의 편도, 라이벌도 아니다. 그저 마오이퉁을 이용하면서 느낀 나의 감상을 여러분과 공유하고자 한다.

1. 출장비가 절약된다. 평소 사업을 하다보면 이곳저곳 다니느라 바쁘다. 1년이면 출장비가 꽤 든다. 마오이퉁을 사용하고부터 이러한 지출이 훨씬 줄어들었다.

2. 전화요금이 절약된다. 그동안 업무상담을 할 때 장거리 전화를 이용

해야 했다. 전화 이용이 많은 나는 한 달 전화요금이 1000위안 이상이었다. 그런데 마오이퉁을 이용하고부터 한 달 전화 요금이 절반으로 줄었다. 이 점을 마윈 사장께 감사드린다.

3. 나는 이산화망간의 2차 가공업에 종사하는데, 평소 고객과 제품에 관한 자료를 찾기가 무척 번거로웠다. 그런데 알리바바 사이트에는 전국 각지의 거래처와 자료가 일목요연하게 정리되어 있다. 정말 편리하기 이를 데 없다.

4. 이곳에서는 여자 친구를 사귈 수도 있다. 여기는 QQ, MSN보다 훨씬 진실하다. 여기 나오는 주소, 전화, 개인정보는 대체로 진짜다.

인터넷
창업가 시대를 열다

2004년, 마윈은 새로운 명제를 하나 내놓았다.

"올해 전자상거래 최대 성과는 바로 인터넷 창업가 집단의 탄생이다. 바야흐로 인터넷을 통한 인터넷 상거래 시대가 열릴 것이다."

그의 명제는 알리바바를 포함한 인터넷업계가 나아갈 방향이 인터넷 창업가 시대라는 점을 제시해주었다.

마윈의 비밀 프로젝트, 중국 공급상

인터넷 창업가를 논할 때 '중국 공급상'을 빼놓을 수 없다. 중국 공급상은 어떤 개인 혹은 기업을 지칭하는 것이 아니라 마윈이 내놓은 프로젝트명이다. 아직은 출범 초기 단계이고, 조용히 프로젝트를 진행하는 마윈의 스타일 때문에 잘 알려지지 않았으며, 심지어 2002년에 출시한 청신통과 혼동하는 사람도 많다.

물론 이런 것들은 중요하지 않다. 현재 알리바바의 중국 공급상을 사용하고 있거나 앞으로 사용할 상인들이 만족하기만 하면 되는 것이다. 중요한 것은 중국 공급상이 없으면 인터넷 창업가도 없으며,

인터넷 창업가 시대도 열릴 수 없다는 사실이다. 사실 알리바바 사이트는 이미 2000년부터 비밀리에 중국 공급상 프로젝트를 운영하고 있었다. 정확하게 말해 중국 공급상은 알리바바가 내세우는 대표 상품이라고 할 수 있으며, 이 상품을 사용하는 중국의 모든 중소기업이 '국제 공급상'이 되도록 하는 데 그 목적이 있다.

중국은 질 좋고 값싼 제품으로 국제 시장에서 승부한다. 중국이 세계의 제품공급기지라는 사실은 의심의 여지가 없다. 특히 장쑤, 저장성 일대에서 생산하는 소형 제품들은 외국으로 많이 팔려나간다. 유수의 다국적기업들이 중국에서 현지 구매를 하는 경우도 흔하며, '메이드 인 차이나'는 이제 글로벌 메이커가 되었다.

그러나 질 좋고 값싼 제품들을 만들어 직접 외국에 수출하고 그들의 구미에 맞추는 것이 중소기업으로서는 쉽지 않았다. 필요한 정보를 제때 입수하기가 어려울 뿐 아니라 기업 규모도 걸림돌이 되었다. 상품 박람회인 광저우 교역회 참가 시 10만 위안에서 많게는 수십만 위안이나 드는 전시장 부스 대여료와 인건비도 큰 부담이었다. 그런 부담을 안고 중소기업이 광저우 교역회에 참가할 가능성은 지극히 희박하다. 그러나 마윈의 알리바바닷컴을 이용하면서 중소기업의 수출길도 훤히 뚫렸다. 중국 공급상 프로젝트는 중소기업을 한데 모아 그들의 정보 관련 문제를 해결해주었고 세계에 진출하려는 중소기업의 꿈을 이루어주었다.

중국 공급상 서비스는 주로 수출기업을 대상으로 한다. 온라인 무역 커뮤니티를 통해 바이어들에게 중국의 수출업체를 추천해주고 수출업체는 외국으로부터 오는 주문을 받을 수 있다. 이 서비스는 독립적인 중국 공급상 계정과 비밀번호가 포함된 영문 사이트를 구축해 주고 세계 220개 국가 680만 바이어들에게 기업 정보를 제공한다.

중국 공급상 서비스는 세 가지로 요약할 수 있다. 첫째, 회원기업과 제품을 소개한다. 여기에는 기본 서비스인 이미지 전시와 고급 옵션 서비스인 동영상 전시가 있다. 둘째, 회원기업의 제품들을 알리바바가 각종 국제전시회에 출품한다. 셋째, 기본적인 외국인 응대 예절 및 관련 지식을 교육한다.

이 몇 가지만 보아도 중국 공급상이 중소기업에 많은 도움을 주는 것을 알 수 있다. 비용 대비 효과 면에서 볼 때 최소한 10만 위안 이상이 드는 광저우 교역회와 맞먹는다. 마윈은 중국의 중소기업을 세계 무대로 인도하는 위대한 사업을 하고 있는 것이다. 이렇게 국제 시장에 진출한 중소기업들은 4~12만 위안에 달하는 연회비를 조금도 아까워하지 않는다. 오늘날 중국 공급상 프로그램은 수만 명의 회원이 이용하고 있고 마윈에게 해마다 수억 위안에 달하는 거액의 수입을 안겨주고 있다.

알리바바의 미래, 인터넷의 미래

2000년도를 전후하여 중국에서의 인터넷 사용은 주로 이메일 보내기, 뉴스 보기, 정보 검색에 집중되었다. 이 시기를 초기 인터넷 이용자들을 지칭하던 용어를 딴 '왕민網民(네티즌)' 시기라고 할 수 있다. 2002년 이후에는 문자메시지, 실시간 통신, 친구 사귀기, 게임을 많이 이용되면서 다양한 커뮤니티가 형성되었다. 이때는 인터넷이 엔터테인먼트 기능을 하고, 서비스 제공자들이 돈을 버는 '왕유網友(인터넷 친구)' 시기라고 할 수 있다. 이 두 시기에 인터넷 이용자는 소비자의 역할을 담당했다. 인터넷 기업의 주요 수익 모델은 문자메시지와 인터넷 광고였다. 그때까지만 해도 인터넷은 수동적인 상업도구였다. 2004년 이후부터 인터넷은 수동적인 역할에서 벗어나 인터넷 창업가라는 새로운 수익 모델을 창조했다.

마윈은 인터넷 창업가란 전자상거래 도구를 활용하여 인터넷에서 상업 활동을 하는 상인과 기업가를 지칭한다고 설명한다. 알리바바닷컴의 조사에 따르면 현재 중국에 있는 1100개 중소기업 중 4분의 1이 전자상거래를 이용한 적이 있거나 이미 익숙하게 이용 중이라고 전한다. 약 1억에 가까운 네티즌 중 이미 600만 명이 인터넷 거래를 시작했다. 앞으로 전자상거래가 더 널리 보급되고 인터넷 창업가라는 신생 인터넷 사용 집단의 개념이 보편화되면서 '왕민', '왕유'의 뒤를 이은 '인터넷 창업가' 시대가 열릴 것이다.

마윈이 이런 주장을 내세울 수 있었던 데는 2004년 인터넷 환경의 개선이 큰 역할을 했다. 그해 중국의 인터넷 사용자는 1000만 명이 늘어나 9000만 명을 돌파했다. 중국 총인구의 7%나 되는 사람들이 인터넷을 하게 된 것이다. 각종 어플리케이션을 사용할 수 있는 비옥한 토양이 마련된 셈이다. 여기에 전자서명법이 등장한 것도 인터넷에서 각종 사업을 펼칠 수 있는 환경을 마련해주었다.

인터넷 창업가라는 새로운 개념은 전자상거래, 특히 중국 전자상거래의 변화와 발전 방향을 제시했다. 널리 보급된 인터넷을 기반으로 모든 인터넷 사용자가 전자상거래의 편리함을 누리게 하는 것이다.

알리바바와 타오바오닷컴에서 상인과 기업가들은 B2B, B2C의 매력을 인식하기 시작했으며, 사람들은 자유롭고 개방적인 C2C 사이트에서 헤어날 줄 모르게 되었다. 인터넷 창업가 집단은 빠른 속도로 늘어나고 있다. 마윈은 많은 돈을 투입하여 알리바바와 타오바오닷컴의 무료 거래 플랫폼과 안전확보장치 알리페이 서비스를 제공했다. 이것들은 인터넷 무역과 인터넷 창업을 원하는 사람들에게 새로운 기회를 주었다.

마윈은 알리바바와 타오바오닷컴을 만들었으며, 이를 통해 인터넷 창업가 시대를 열었다. 그러나 모든 사람이 전자상거래를 이용하는 진정한 인터넷 창업가 시대를 꽃피우려면 반드시 신용이 확보되어야 한다. 그러기 위해 전자상거래는 긴 발전 과정을 거쳐야 한다. 정보, 신용, 거래 문제 등이 해결되어야 하며, 특히 은행 및 물류기업과의 공조가 중요하다.

알리바바의 목표

알리바바의 목표는 전 세계 사업자들의 사업방식을 변화시키고 전 세계 네티즌들을 인터넷 창업가 시대로 인도하는 것이다. 이러한 알리바바가 글로벌 기업으로 발전하는 것은 당연한 결과다.

마윈은 목표 정하기를 좋아하는 사람이다. 그가 정하는 목표 중에는 실현이 불가능해 보이는 것이 태반이다. 심지어 그와 함께 일하는 회사 경영진들도 어렵다고 반대하고 나서기 일쑤다. 내기를 좋아하는 마윈은 그들과 내기를 걸곤 한다. 결국 내기에 이기는 쪽은 언제나 마윈이다.

마윈은 2003년 알리바바의 하루 매출을 100만 위안으로 올린다는 목표를 세웠고, 2004년에는 하루에 100만 위안의 영업이익을 낸다는 목표를 제시했다. 또 2005년에는 하루에 100만 위안의 세금을 낸다는 목표를 세웠다. 다방면에 걸친 마윈의 노력으로 이 목표들은 모두의 예상을 깨고 조기달성되었다.

2003년의 하루 매출액을 100만 위안으로 올리겠다는 목표를 세운 2002년 당시만 해도 알리바바의 하루 영업액은 겨우 13만 위안이었다. 그러한 상황에서 과도한 자신감을 보이는 마윈을 두고 경영진 여섯 명 중 두 명은 우려를 표시했다. 결국 그들은 '목표를 달성하지 못한다'에 한 사람당 1만 위안씩 걸고 내기를 했다.

"연말이 되자 그 돈은 내 것이 되었다."

마윈은 유쾌하게 당시를 회상했다. 내기에 진 두 사람은 순순히 결과에 승복하고 1만 위안씩을 내놓았다. 마윈은 의기양양해하며 그 돈으로 두 사람에게 전복을 곁들인 식사를 대접했다고 한다.

마윈의 성공비결은 강력하고 효율적인 추진력에 있다. 마윈은 알리바바를 '생각하는 집단이 아닌 행동하는 집단'이라고 표현한 바 있다. 그는 "때로는 잘못된 결정이라도 추진하는 것이 우물쭈물 결정 못하고 있는 것보다는 낫다"고 주장한다. 그렇게 하면 추진 과정에서 잘못된 것을 발견하고 개선할 기회가 있기 때문이다. 마윈은 자신의 경영철학을 이렇게 밝힌 바 있다.

"90%의 사람들이 찬성하는 방안은 반드시 쓰레기통에 갖다 버린다. 많은 사람들이 좋다고 하는 계획이라면 분명 많은 사람들이 시도했을 것이고 우리에게 기회는 없을 것이기 때문이다. 50%의 사람들이 반대하는 방안은 시도해볼 만하다."

포커스 미디어의 장난춘 대표도 "아이디어를 생각해내는 사람은 많지만 그것을 실천에 옮기는 사람은 매우 드물다"라고 말한다. 마윈과 손정의도 비슷한 이야기를 나눈 적이 있다. 두 사람은 '일류 아이디어에 삼류 수준의 추진력보다는 삼류 아이디어라도 일류 수준으로 추진하는 것이 낫다'는 결론을 내렸다.

2006년 마윈의 다음 목표는 무엇이었을까?

지구 전체를 무대로 뛰는 마윈은 글로벌 전략에 속도를 가하기로 했다. 알리바바를 앞서가는 글로벌 기업으로 키워 세계인이 알리바바를 사용하는 인터넷 창업가 시대를 꽃피우는 것이 그의 목표였다.

알리바바의 글로벌 인연

마윈의 사무실 벽에는 그와 한 오스트레일리아 부부가 함께 찍은 사진이 붙어 있다. 사진 속 나이 지긋한 부부는 마윈이 호텔에서 아르바이트를 하던 학생 시절 알고 지내던 데이비드 몰리의 부모다. 몰리 부부는 훗날 마윈의 대부가 되어 서구문화를 전해주었다.

몰리 집안은 마윈에게 완벽한 서구사상을 심어주었다. 이는 영어 공부에 도움을 주는 데 그치지 않고 마윈으로 하여금 서구적인 사고방식으로 인생과 세상, 사람을 대할 수 있게 해주었다. 서구 비즈니스 사회는 신비한 동양 시장에 흥미를 느끼고 있었다. 많은 해외 유학파들이 이런 분위기에 편승해 외국 기업의 대리인이 되거나 스스로 창업의 기회를 찾았다. 서구의 사고방식을 접할 수 있었던 마윈은 해외 유학 경험이 전혀 없이도 사업에서 경쟁상대에 결코 뒤지지 않았다.

1999년 아시아 전자상거래대회에 참가한 마윈은 거대한 기회가 오고 있음을 직감했다. 그 기회란 해외 바이어와 중국 공급업체를 연결해주는 전자상거래 사이트의 구축이었다. 그러나 그때만 해도 중국은 본격적으로 산업이 발달하지 않았고 성공한 비즈니스 모델의 핵심 요소는 해외에 집중되어 있었다. 당시 분위기로는 중국 회사라고 밝히는 것도 꺼릴 정도였다. 회사명 '알리바바닷컴'도 중국 기업이라는 느낌을 풍기지 않으려고 오랜 고심 끝에 지은 것이었다. "사람들은 중국에 우수한 인터넷 기업이 있을 리 없다고 여겼다. 월마트, 까르푸 같은 초특급 바이어는 서구에 있었다. 인터넷 핵심 기술과 핵심 기업도 모두 서구에 있었으며, 인터넷 투자자금도 모두 서구에 있었다."

어떻게든 기회를 찾아야 한다고 생각한 마윈은 외국인들을 공략하기로 결론을 내렸다. 그러기 위해서 알리바바 사이트는 반드시 세계인을 대상으로 한 글로벌 사이트를 표방해야 했다. 국내만을 대상으로 한다면 살 사람은 없는데 팔 사람만 있는 사이트로 전락할 것이었다.

1999년, 마윈은 알리바바의 본사를 홍콩으로 정했다. 국제도시 홍콩은 알리바바가 해외 시장을 개척하는 데 안성맞춤이었다. 처음부터 회사를 아예 외국에 세우지 그랬느냐고 묻는 사람도 있지만 마윈은 알리바바가 중국에 남아 있기를 고집했다. 그는 반드시 성공해서 알리바바가 중국인이 만든 회사라는 사실을 세계에 알리고 싶었다. 글로벌 기술인재를 유치하기 위해 마윈은 미국에 기술기지를 세우고 런던에 지사를 설립했다.

전 세계를 누비는 '마케팅 기계'

알리바바의 세계 진출을 위한 가장 중요한 작업은 세계 시장에서 바이어를 불러들이는 일이었다. 1999년부터 2000년까지 마윈은 '공중을 나는 사나이'로 불렸다. 그는 비행기에 몸을 싣고 세계 각지로 날아가서 활발한 활동을 했다. 특히 경제가 발달한 나라의 비즈니스 포럼에 참석하여 '광기 어린' 강연을 했다. 그는 타고난 언변으로 최초의 B2B 개념을 전 세계에 홍보하고 알리바바를 알렸다.

마윈은 자신이 하나의 마케팅 기계라고 생각했다. 그는 한 달 동안 유럽을 세 차례, 일주일 동안 일곱 개 국가를 돌며 강연했다. BBC에서는 생방송으로 강연하기도 했으며, MIT공대, 와튼경영대학원, 하버드대학, 세계경제포럼, 아시아상업협회에서도 강연했다. 그는 장작개비같이 야윈 팔을 휘저으며 연단 아래에 있는 청중들을 향해 외쳤다.

"B2B 모델은 전 세계 수천만 상인의 사업방식을 바꾸고 세계 수십억 인구의 생활을 변화시킬 것입니다."

이렇게 해서 마윈과 알리바바는 빠른 속도로 미국과 유럽에 이름을 알렸다. 외국에서 사이트를 방문하는 횟수와 회원 가입률이 폭발적으로 증가했다. 그뿐 아니라 〈포브스〉와 〈포춘〉 같은 주요 경제지도 그에 대해 관심을 보였다.

아리스토텔레스는 "우수한 것은 일종의 습관이다"라고 말했다. 마윈은 특출한 매력으로 세계를 정복하고 천하를 얻었다. 마윈은 미국과 유럽의 명문학교에 가서 강연하는 것도 마케팅의 일부로 보았다.

"와튼, 하버드대학 MBA 과정을 공부하는 학생은 5년 뒤 대기업

고위층이 되어 있을 것이다. 그들의 머릿속에 알리바바의 씨앗을 심어주면 5년 후 싹이 트고 자랄 것이다."

마윈은 알리바바에서도 여전히 과거의 '마 선생님'의 역할을 도맡았다. 컴퓨터 지식이 깊지 않았던 그였지만 관리와 강의에는 큰 재능을 발휘했다. 이상하게도 마윈이 '광인' 같은 말을 토해낼수록 연단 아래 청중은 그에게 빠져들었다. 마윈은 뛰어난 지혜와 입담으로 하버드대학에 초청되어 강연했으며, 훗날 35명의 하버드 MBA 졸업생들이 그의 회사에 입사했다.

마윈이 처음 하버드대학에 강연하러 갔을 때 어떤 교수가 질문을 했다. "존경하는 마 선생, 자료에 나와 있는 것 말고 다른 경력을 소개해주실 수 있습니까?"

하버드대학에서 학생들에게 배포한 자료에 마윈의 경력이 소개되어 있었다. 이 교수는 그 외의 것을 요구한 것이었다. 갑작스런 질문에 마윈은 기지를 발휘했다.

"10년 전 하버드에서 강연을 하고 싶어 신청했으나 세 번이나 거절당한 경력이 있습니다. 나를 보지도 않고 거절하더군요."

마윈의 기지에 찬 유머는 학생들로부터 호감 어린 반응을 얻었다. 이어서 마윈은 그가 성공할 수 있었던 비결 세 가지를 소개했다. '첫째 돈이 없었다. 둘째, 기술을 몰랐다. 셋째, 계획을 세우지 않았다'였다. 학생들이 어리둥절하자 마윈이 말을 이었다.

"여러분이 거짓말을 듣고 싶다면 허위 사실을 들려드릴 수 있습니다. 그러나 여기 계신 모든 분이 진실을 원하리라 믿습니다. 세상에서 가장 어려운 것이 진실을 말하는 것입니다. 하지만, 가장 쉬운 것도 진실을 말하는 것입니다."

그의 말에 학생들은 더욱 열광했다.

"나는 하버드에 갈 때마다 MBA들을 비난한다. 그들을 아끼기에 욕을 하는 것이다. 아끼지 않으면 비난할 필요도 없다."

'광기 어린' 마윈은 항상 꿈을 간직하고 있다. 그의 '글로벌' 꿈이 실현되어 알리바바가 세계인의 공동 '재산'이 될 날이 반드시 올 것이다.

마윈 리더십

"깊은 못 속의 고기를 보고만 있지 말고 돌아가 그물을 짜라臨淵羨魚, 不如退而結網." 진융이 친필로 쓴 이 문구는 '광명정光明頂'이라는 이름의 알리바바의 회의실 벽에 걸려 있다.

마윈의 태극권 솜씨는 수준급이라고 알려져 있다. 그는 '조용함으로 움직이는 것을 제압한다'는 태극이론을 인터넷 사업에 적용했다. 요란함에서 조용함으로 돌아갔다가 다시 본래의 모습을 보여주는 것이다. 〈포브스〉로부터 4년 연속 세계 최우수 전자상거래 사이트로 선정된 후에도 알리바바는 조용히 주머니에 돈을 챙겨 담기 바빴다. 그러나 위기는 예고 없이 찾아왔다.

죽음의 계곡에서 살아오다

마윈은 '끝까지 버티는 것이 이기는 것'이라고 늘 강조했다. 그의 경영능력과 언변에 의심을 품은 사람은 아무도 없었다. 그러나 2000년의 무리한 확장은 자본이 충분했던 알리바바에도 치명적 위기를 불러왔다. 골드만삭스와 소프트뱅크의 투자금 2500만 달러를 손에 넣은 마윈은 일을 한번 크게 벌여보자고 다짐했다. 그러나 그때부터 재앙의 시작이었다. 알리바바는 설립하고 2년 내내 적자만 보게 된다.

2000년에 알리바바는 미국의 실리콘밸리와 한국에 지사를 설립하고, 런던과 홍콩에서도 사업을 빠르게 확장했다. 이때 마윈은 갑자기 경영이 뜻대로 되지 않는 느낌이 들었다. 그의 밑에 있는 직원들은 하나같이 세계적인 엘리트들이며, 저마다 이론과 노하우를 가지고 있었다. 알리바바 미국 실리콘밸리 R&D센터의 직원은 기술이 가장 중요하다고 주장했다. 500대 기업의 부대표를 지냈던 사람이 대표를 맡은 홍콩본부에서는 자본시장의 활용이 가장 중요하다고 주장했다. 세계적 엘리트들이 각자 자기 주장을 내세우는 바람에 마윈은 누구의 말을 들어야 할지 혼란에 빠졌다. 그는 밤잠을 설치면서 고민했다. 알리바바는 설립 1년 만에 글로벌 기업으로 발전했지만 13개국에서 온 직원들을 어떻게 관리할지가 문제였다.

"50명의 똑똑한 사람들을 한자리에 모아놓은 자체가 세상에서 가장 고통스러운 일이었다." 마윈은 훗날 이렇게 술회했다.

잘못된 전략의 결과는 더욱 참혹했다. 그는 알리바바의 영문 사이트를 실리콘밸리에 설치했다. 그런데 이 결정이 크게 잘못되었음을 깨닫는 데는 그리 많은 시간이 걸리지 않았다. 실리콘밸리는 첨단 분야의 인재가 모이는 곳이다. 인터넷 거래 업무를 담당하는 무역 인재들은 뉴욕과 샌프란시스코 쪽에 집중되어 있었다. 그들이 비행기를 타고 실리콘밸리로 출퇴근하는 비용이 만만치 않았다.

"세계 각지에 있는 사람들을 실리콘밸리로 근무하러 날아오게 하다니, 바보가 아니고서야 어떻게 그런 어처구니없는 짓을 하겠는가!"

나스닥 증시가 침체의 길을 걷는 가운데 인터넷 기업들이 잇따라 쓰러졌다. 알리바바의 실리콘밸리 센터도 덩달아 경영에 영향을 받았다. 과감한 조치를 취하지 않으면 알리바바닷컴 전체가 위험한 상황이었다. 2000년 말, 마윈은 마침내 세계적인 감원을 선포했다. 마윈은 이를 '중국으로 돌아왔다'고 간단하게 표현한다.

충격적인 감원 조치에다가 설립 후 줄곧 적자 상황까지 더해져 알리바바 직원들의 사기는 말이 아니었다. 실망감과 비관주의가 회사 전체를 뒤덮었다. 이때 마윈은 뛰어난 말 솜씨와 관리능력을 발휘해 인재 유출 사태를 막았다.

중국으로 철수한 이후 알리바바 기업의 질을 전면적으로 높이는 것이 급선무였다. 2001년 1월, 마윈은 GE에서 16년 동안 근무한 관밍성關明生을 알리바바의 COO로 영입했다. 그리고 그의 보좌 아래 이름하여 '옌안정풍운동', '항일군정대학', '난니만개척캠페인'을 전개한다.

"알리바바의 목표는 80년 동안 계속 발전하는 기업이 되는 것, 세계 10대 사이트에 진입하는 것, 모든 상인이 알리바바를 이용하게 하는 것이다. 알리바바 직원이라면 이 세 가지 목표를 중심으로 매일 업무에 임해야 한다. 이런 내가 미쳤다고 생각하는 사람은 회사를 떠나기 바란다. 회사가 상장할 날만 기다리는 사람도 떠나기 바란다. 회사에 도움이 되지 않는 개인적 목표만 바라보는 사람 역시 회사를 떠나기 바란다. 조급한 마음을 가지고 있는 사람이라면 회사를 떠나도 좋다."

그의 말에 직원들은 마음을 다잡고 일에 전념했다.

살아 있음이 곧 희망이다

2000년 말 인터넷 경기가 침체되자 마윈은 미국에서 철수해 고향 항저우로 돌아갔다. 모두가 인터넷 거품이 꺼진다고 말했지만 마윈은 미련을 버리지 못했다.

"좋은 사이트를 만들려면 지혜와 단결이 필요하다. 그렇지 않으면 돈이 아무리 많아도 다 써버릴 것이다."

다른 전자상거래 사이트들이 반짝 호황을 누리다 어느새 사라지는 것에 비하면 자신은 다행이라고 생각했다.

"얼어붙은 '인터넷의 겨울'에 우리가 내세운 구호는 '끝까지 버티는 것이 곧 승리'였다. 우리는 인터넷 경제가 반드시 다시 살아날 것을 믿는다. 살아서 버티는 한 희망은 있다."

편집증에 가까울 정도로 지기 싫어하는 마윈의 성격이 사업에서 큰 힘을 발휘한 것이다.

2001년부터 2003년까지는 알리바바에게 가장 큰 시련의 시기이자 중요한 시기였다. 그 3년 동안 마오쩌둥이 주창한 당원활동 쇄신운동을 경영에 도입했다.

"알리바바는 첫째, 옌안정풍운동을 통해 인터넷에 대한 통일된 가치관을 세우고 자신감을 강화했다. 둘째, 항일군정대학을 세워 간부를 양성했으며 셋째, 난니만개척캠페인을 추진하여 남에게 기대지 않고 스스로 부를 축적하는 운동을 벌였다."

옌안정풍운동을 추진하면서 마윈은 직원들에게 모질게 대하기도 했다. 그는 공동의 가치관이나 사명감이 없는 사람을 회사에서 내보내는 등 대대적인 개혁을 추진했다. 항일군정대학은 회사 간부의 관리능력을 키워주고, 가장 앞선 가치관과 사명감을 바탕으로 강한 정규군팀을 배양하는 것이 목적이었다. 그뿐만 아니라 마윈은 '예스 Yes 이념'을 제창했다.

> 돈을 먼저 벌 것인가, 교육을 먼저 할 것인가?
> -Yes, 우리는 돈도 벌고, 교육도 시킬 것이다.
> 고분고분한 직원과 능력 있는 직원 중 어떤 타입을 원하는가?
> -Yes, 고분고분한 직원도, 능력 있는 직원도 다 원한다.
> 명분을 중요시하는가, 실리를 더 중요시하는가?
> -Yes, 우리는 명분도, 실리도 다 중요시한다.
> 제도와 사람 중 어떤 것이 더 중요한가?
> -Yes, 제도도, 사람도 다 중요하다. 각각의 직원에게 요구하는 것이 다르므로 그들의 자질은 달라야만 한다."

난니만개척캠페인에서는 판매원이 고객을 응대할 때 갖춰야 할 자세와 방법을 가르쳤다.

"일반기업은 고객의 주머니에 있는 5위안을 손에 넣는 것만 생각한다. 난니만 개척이 추구하는 것은 고객의 5위안을 50위안으로 늘려주고 그중에서 우리가 5위안을 취하는 것이다."

마윈은 이를 위해 많은 자금을 투입했다. 그는 "전자상거래 분야에 집중했기에 오늘날 성공을 가져왔다"고 말한다.

"밖은 '인터넷의 겨울'이 왔지만 우리 회사는 공부하고 노력하느라 열기가 넘쳐흘렀다."

이런 마윈을 집념과 긴 안목이 있는 사람이라고 평가하는 사람도 많았지만 그를 이해하지 못하는 사람들은 그가 신경질적이며 정상이 아니라고 생각했다.

"사람들이 나를 어떻게 보는지 신경 쓰지 않는다. 그랬다면 알리바바의 오늘은 없었을 것이다."

끝으로 마윈은 '알리바바를 102년간 지속적으로 발전시키는 규정'을 회사의 최고 원칙으로 삼았다.

> 제1조 유일하게 변하지 않는 것은 변화한다는 것이다.
> 제2조 돈 버는 것을 첫째 목표로 하지 않는다.
> 제3조 공평하고 합리적으로 이윤을 창출한다.

이러한 모든 노력 끝에 회사에 실질적인 변화가 찾아왔다. 직원들도 고객도 함께 성장했으며 신규회원이 급증했다. 회사는 안정적이고 빠르게 발전했다. 알리바바는 마침내 작은 소총밖에 없던 유격대에서 현대화 무기를 갖춘 정규군이 된 것이다. 기업 내부관리도 성공적이었으며 마윈은 마음껏 사업을 펼칠 수 있었다.

그는 자신이 옳다고 생각하는 방향을 향해 미친 듯 질주했다. 강력한 추진력으로 회원들을 이끌었다. 회원들은 정보 및 비즈니스 이념 외에도 그들의 희노애락을 '이상회우以商會友', '정감세계情感世界', '상해침부上海沉浮', '여유천지旅游天地' 같은 알리바바의 사이버 커뮤니티에서 공유했다. 이곳에서 마윈과 직원들, 회원들은 마음을 터놓고 자유롭게 교류했다.

더 중요한 것은 알리바바의 영리 모델이 점점 확실해졌다는 것이다. 투자자부터 마윈, 그리고 직원에 이르기까지 영리 모델에 대한 자신감이 가득했다. 그들은 큰 플랫폼에 많은 자료를 수록하여 더 많은 바이어와 셀러들의 눈길을 끌었다. 또 해외 시장에서의 끊임없는 홍보를 통해 많은 바이어를 유치했다. 중국 공급상은 알리바바의 가장 큰 수입원이었다.

알리바바의 하루 정보량이 유엔무역발전기구의 4배, 세계 최대의 경쟁자 이베이 이취의 5~8배에 이르자, 인터넷 거래를 원하는 기업들은 자연스레 알리바바닷컴으로 몰려왔다. 회원이 내는 6만 위안의 연회비로 알리바바는 영리를 실현했다. 2003년 알리바바의 중소기업 회원 수는 210만에 달해 중국 시장점유율 90%를 차지했다. 알리바바가 개최한 공급자 판매대회에서 500대 기업 중 100여 기업이 이들 회원기업들의 제품을 구매했다.

저장성 상인이 중국에서 가장 돈을 잘 번다는 조사 결과가 있다. 저장성 상인들은 머리 회전이 빠르고 기회를 잘 포착하기로 정평이 나 있다. 이 점은 인터넷업계에도 그대로 적용되어 딩레이, 마윈, 쳰중화錢中華, 그리고 후발주자 천톈차오陳天橋 모두 저장성 출신이다. 저장성 사람들은 부지런하고 근검절약하며 생활력이 강하다. 저장성 출신답게 마윈도 '자기 돈을 소중히 여기고 타인의 돈을 조심스럽게 다뤄야 한다'는 금전관을 가지고 있다.

알리바바 사무실 복사기 위에는 저금통이 놓여 있고 그 위 벽에 복사지 사용규정이 붙어 있다. '개인 용도의 복사는 한 장에 5위안을 자발적으로 낼 것', '회사 내부문서는 이면지를 사용할 것', '150장 이상 복사시 외부에 위탁하고 총무부에 제출하여 처리할 것' 등의 내용과 상세한 설명이 빼곡하게 적혀 있다.

2004년부터 복사기 뒤에 있는 문앞은 투자자들과 돈을 넣기 위해 늘어선 사람들로 늘 북새통을 이루었다.

"2004년부터 인터넷업계에는 우리가 허풍을 떤다는 말이 떠돌았다. 사람들로 하여금 우리에게 돈이 많다고 믿게 하고 싶지 않다."

이 말을 하는 마윈의 커다란 눈에는 의기양양한 빛이 스쳤다.

"2004년에 다른 회사에 이루어졌던 많은 투자금들이 사실 먼저 우리 회사의 문을 두드렸던 자금들이다. 우리는 타이거기금을 비롯한 자금들을 모두 다른 기업에 추천해주었다."

끊임없이 몰려드는 투자자들로 마윈은 골치가 아플 정도였다.

"우리는 돈이 필요하지 않다. 정말 자금이 필요하다면 회사를 상장해 자금을 끌어들이거나 사모를 발행하는 두 가지 길이 있다. 알리바바가 돈을 필요로 하지 않는 현 상황에서는 사모 발행이 기업 상장보다 낫다. 상장이 자연스러운 과정이기는 하나 이것이 우리의 목표는 아니며, 우리가 원하는 결과도 아니다. 자칫하면 상장을 위한 상장이 되어버린다."

충분한 자금을 기반으로 마윈은 적당한 M&A를 고려했다. 그러나 기업 전략과 문화가 서로 보완되는 회사를 찾는 것도 쉬운 일이 아니었다.

"사모를 발행하면 전략을 수립하거나 인재를 채용할 때 상장의 압박 없이 긴 안목을 가지고 진행할 수 있다. 3대 포털사이트가 한 분기 앞을 바라본 경영전략에만 급급할 때 우리는 충분한 자금을 바탕으로 3년 후를 대비할 수 있다. 상장을 하지 않으면 투자자 다섯 명만 상대하면 될 것을, 상장하면 5000명의 투자자를 상대해야 한다. 그런 상황이 두렵다는 것이 아니라 아직 그럴 시기가 되지 않았다는 것이다."

중국 인터넷 기업 사이에서 일고 있는 나스닥 상장 열풍에 대해 언급하자 마윈은 담담하게 말했다.

"우리는 남이 하는 일은 하지 않는다. 우리는 남이 가지 않은 길을 간다."

삼장법사 리더십, 알리바바의 인재 관리

송나라 홍매洪邁가 지은 『용재수필容齋隨筆』에 보면 '선비 한 사람이 구정九鼎(중국 우왕禹王 때 구주에서 금을 모아 만든 솥. 하, 은 이래 천자에게 전해지는 보물)보다 중요하다'는 말이 나온다. 고대 성현이 난세를 다스리는 방법으로 덕으로 다스리는 '왕도王道', 힘으로 다스리는 '패도覇道', 억지로 다스리려고 하지 않는 '무도無道'를 들었는데, 이것들은 '인심을 얻는 자가 천하를 얻는다'는 한마디로 귀결된다.

쇠가 자석에 붙는 것처럼 사람의 마음을 끄는 힘이 있어야 한다. 사업의 성과는 사람에 달려 있으며, 인재야말로 가장 큰 자산이다. 알리바바의 발전을 위해서도 전문적인 인재가 필요하다. 마윈의 인재관리는 업계에서도 미담으로 내려올 정도로 유명하다.

사람들은 『서유기』를 재미로 읽는다. 그러나 마윈은 『서유기』에서 비결을 찾았다. 그는 스스로 기술에는 문외한이라고 평가한다. 그러나 알리바바는 기술형 인터넷 기업으로 포지셔닝을 했다. 기술형 기업에는 숫자에 능통한 인재들이 집중되어 있다. 마윈은 감성적인 언어와 문화로 이성적인 사람들을 이끌고 기업을 경영한다.

"똑똑한 사람들이 있을 때 어수룩한 사람에게 리더를 맡겨야 한다. 한 팀이 모두 과학자일 때 농민이 그들의 리더가 되는 것이 가장 이상적이다. 왜냐하면 그들과 사고하는 방향이 다르기 때문이다. 다양한 각도로 생각을 하는 것이 때로는 매우 유리하다."

오래전부터 마윈은 『서유기』에서 '삼장법사의 리더십'이라는 개념을 이끌어냈다. 그는 삼장법사가 이끄는 팀이 천하에서 제일가는 창업 집단이라고 주장했다. 삼장법사는 특별한 재주가 없지만 매우 굳은 의지의 소유자로 반드시 불경을 구해오고야 말겠다는 결의로 꽉 차 있다. 손오공은 재주는 많지만 머리에 삼장법사의 주문에 따라 움직이는 띠를 쓰고 있어 제멋대로 행동할 수 없는 처지다. 기업에 손오공 같은 사람이 없어서도 안 되지만 너무 많아도 곤란하다. 저팔계는 능력에는 한계가 있지만 충직하여 위기의 순간 삼장법사를 보호한다. 사오정은 8시간 근무를 지키며, 그에게는 시간에 맞춰 할 일을 하는 고지식함이 있다. 그러므로 이들 중 누구도 빠져서는 안 된다. 모두가 손오공이라면 결코 경전을 가져올 수 없다.

알리바바가 꿈을 실현하기 위해서는 인재들의 능력이 중요하다. 스스로 '바보'라고 칭하는 마윈은 이렇게 말한다.

"우리는 엘리트만 찾지 않고 보통 사람도 찾는다. 모든 것을 할 줄 아는 엘리트들은 '요괴'로 변해버린다."

그 밖에도 '직원제일주의'로 불리는 마윈 식의 가치관이 있어야 한다. 직원이 즐거워야 고객도 기뻐하며, 고객이 기뻐해야 기업에 이윤이 생긴다는 개념이다. 다시 말해, 이 이론은 '고객제일주의'의 또 다른 해석이다. '직원제일주의'라면 많은 우수한 인재들이 모여들게 된다.

마윈은 좋고 싫음이 분명한 사람이다. 마윈은 자신의 가치관을 분명하게 알리고, 자신과 가치관이 같은 사람들과 일하고 싶어 한다.

"하나의 가치관이 사람들의 행동에 영향을 미치면 그것은 곧 큰 역량으로 집결된다. 인터넷 사업을 하려면 모두가 힘을 모아야 한다. 그 누구도 정해진 틀에 따라서만 일할 수 없다. 인터넷 기업을 운영하려면 각 부문 간 협력이 필요하며 역량을 모아야 한다."

마윈은 조직 전체의 능동적 태도가 거의 모든 것을 결정한다고 주장한다.

즐거운 기업문화로 인재를 모으다

돈을 사용하는 데 있어 알리바바는 매우 '쩨쩨한' 회사다. 수억에 달하는 자금이 있지만 대규모 광고를 한 적도 없으며 기자간담회도 크게 열지 않는다. 또, 직원들의 임금도 매우 적다.

알리바바가 이렇게 하는 이유는 무엇일까? 첫째, 벤처투자로 끌어온 자금이기 때문에 반드시 절약해야 하기 때문이다. 둘째, 알리바바는 손을 뻗으면 창출할 수 있는 이익으로 인재를 유인하지 않고 기업문화를 내세워 인재들을 불러 모으려고 하기 때문이다. 마윈 스스로도 알리바바는 "한 번도 다른 인터넷 기업의 담 밑을 판 적이 없다"고 말한다.

마윈은 알리바바의 돈을 고객 서비스와 직원 교육에 투자한다. 알리바바가 고객 서비스에 쓰는 돈은 한 사업당 500만 위안에 달한다. 마윈은 직원 교육에 많은 돈을 들여 그들을 발전시켜야 고객이 만족할 수 있다고 주장한다. 그는 수중에 돈이 들어오기만 하면 인재를 찾아 나섰다. 높은 임금을 제시하지는 못하지만 그가 내세우는 것은 회사의 비전과 열정이다. 그는 훌륭한 비전이 있어야 우수한 사람을 끌어올 수 있다고 믿고 이 방면에 온힘을 다했다.

알리바바에 새로 들어온 직원이 전에 다니던 회사에서 8000~9000위안을 받았다가 3000위안으로 감봉되는 일이 다반사였다. 마윈 회장은 직원들에게 허심탄회하게 밝혔다. "주식은 순전히 사람을 속이는 짓이다. 회사가 망하면 주식은 휴지조각이 된다. 그러나 회사가 성공하면 모두 직원들에게 간다."

그의 사고방식은 돈을 뛰어넘은 것이었다. 언젠가 한 직원이 "마윈 회장은 모든 사람과 놀라우리만치 거리를 두지 않는다"라고 말했을 정도로 마윈은 퇴근할 때 모든 직원에게 일일이 인사를 하고 신입직원을 찾아가 자신의 마음을 허심탄회하게 터놓기도 한다.

"알리바바는 '옷을 입지 않는' 회사다. 여러 겹으로 되어 있어 벗겨도 벗겨도 계속해서 또 다른 겹이 나오는 다른 회사와는 달리 우리는 한눈에 모든 것을 볼 수 있다."

이는 알리바바를 가장 정확하게 요약한 말이라고 할 수 있다.

국내 어떤 업종을 막론하고 알리바바의 직원들이 하나같이 '가장 즐거워' 보이는 것도 당연한 결과인 것 같다. 2005년 CCTV에서 실시한 '올해의 고용주'를 뽑는 조사에서 직장인들이 뽑은 10대 '즐거운 직장'에 알리바바닷컴이 단연 1위에 선정되었다.

"알리바바에서 어그부츠를 신고 근무한다고 나무라는 사람 없고, 직원들은 회장인 내 방에 언제라도 드나들 수 있다. 결론은 알리바바는 직원들을 즐겁게 일하도록 하는 곳이다."

수상 소감에서 웃음 띤 얼굴로 마윈은 이렇게 말했다.

현재 알리바바의 핵심 인재 중 많은 사람들이 마윈과 함께 성장했다. 알리바바의 COO 리치, 타오바오닷컴 사장 쑨퉁위, 알리바바 부대표 진젠항 등은 모두 알리바바의 창업에 참여한 이른바 '18나한羅漢'의 일원이었다. 마윈은 "그들도 나도 특별히 똑똑한 사람들은 아니다. 그러나 우리는 줄곧 함께하면서 빠르게 성장했다"고 말한다.

마윈의 회사에는 기적 같은 개인들의 성장 사례가 많다. 안내 데스크의 직원이 어느 날 고객 서비스 총책임자로 성장해 있기도 하고 호텔 로비 매니저가 알리페이의 부사장 자리에 오르기도 한다. 마윈은 조직이 건강한 기업에서는 열정과 경쟁의 기회가 주어졌을 때 평범한 사람도 빠르게 성장할 수 있다고 믿는다. 그의 핵심 간부 중 특이한 이력의 인물들도 있다. 야후 검색엔진의 특허 발명자이자 현재 알리바바의 CTO(최고기술경영자)로 있는 우중吳炯과 GE의 고위 관리직으로 일하다 현재 알리바바대학교 총장으로 있는 관밍성关明生이 그들이다. 우중의 회고를 들어보자.

"2005년 5월 귀국했을 때 지나는 길에 마윈 회장을 방문했다. 창업 멤버들이 모두 마윈 회장의 집에 옹기종기 모여 일하고 있었다. 그들은 주머니를 털어 회사에 투자하고 겨우 기본적인 생활비만 월급으로 받아갔다. 게다가 밤낮을 가리지 않고 일을 하고 있었다. 이러한 사명감은 야후보다 더했으면 더했지 덜하지 않았다. 그래서 나는 이 회사에 들어오기로 결심했다."

우중은 야후의 절반밖에 안 되는 월급을 받게 되고 일곱 자리 수에 달하던 야후의 주식 수입을 잃는 것도 감수했다. 분명 알리바바의 '즐겁게 일하는' 문화에는 인재를 끌어당기는 매력이 있다.

카리스마로 인재를 모으다

사회학에서 카리스마는 대중을 이끄는 리더의 초인적인 자질, 조직 구성원을 복종하게 만드는 강한 매력이나 능력을 의미한다. 마윈은 독특한 인격적 매력으로 깐깐한 창업 멤버 18나한을 단결시켰을 뿐 아니라 많은 우수한 인재들을 불러들였다. 차이충신의 입사도 마윈의 카리스마를 입증하는 대표적 사례이다.

대만 출신의 차이충신은 예일대학 법학과에서 석사를 따고 유명 벤처투자기업 Invest AB의 아시아 대표로 있다가 지금은 알리바바의 수석재무관으로 근무 중이다. 마윈은 차이충신의 능력에 대해 이렇게 평가한다.

"차이충신은 투자자와의 대화를 전담한다. 주주의 이익과 관련해 어떤 중대한 생각이 떠오르면 차이충신에게 말 한마디만 하면 된다. 그는 투자자를 찾아가 확실하게 말을 한다."

이를 통해 차이충신이 알리바바와 마윈에게 얼마나 중요한 위치를 차지하는지를 알 수 있다. 그러나 외국의 명문대학을 졸업하고 다국적 기업에서도 일한 경력이 있는 차이충신이 높은 연봉과 풍족한 생활을 포기하고 어떻게 쥐꼬리만 한 월급을 받으면서 알리바바에 오게 되었는지 그 배경이 궁금하지 않을 수 없다. 차이충신과 마윈의 만남은 어느 투자 상담 자리에서 이루어졌다.

그 당시 마윈은 알리바바에 대한 벤처투자를 찾고 있었다. 차이충신은 투자자의 입장으로 항저우에 와서 마윈과 상담을 했다. 그때 차이충신은 Invest AB의 아시아 대표였다. 그는 알리바바에 대한 이야기를 듣자마자 항저우로 날아가 투자상담을 요청했다. 한바탕 허심탄회한 대화를 나눈 뒤 차이충신은 갑자기 "마윈 회장님, 제가 알리바바에 들어가면 안 될까요?"라고 말했다.

예상 밖의 제안에 마윈은 깜짝 놀랐다.

"말도 안 됩니다. 나는 월급으로 500위안밖에 못 드립니다!"

두 달 후 가족을 설득시키는 데 성공한 차이충신은 기쁜 마음으로 알리바바의 수석재무관으로 입사했다. 나중에 그의 부인은 마윈에게 "만약 내가 알리바바의 입사를 만류했다면 남편은 평생 나를 용서하지 않았을 겁니다"라는 말을 했다. 차이충신은 그 일에 대해 이렇게 말한다.

"이곳에는 일을 하는 사람들이 재밌어 보이는 일을 하고 있었다. 그래서 입사를 결심하게 된 것이다."

차이충신의 알리바바 입사는 불가해한 사건으로 보인다. 높은 연봉을 받고 있었고, 야후 등 미국 상장기업의 스톡옵션 수입이 짭짤했다. 그러나 알리바바에는 사람과 가치관을 빼면 아무것도 없었다고 해도 과언이 아니다. 차이충신의 수입은 당시 알리바바를 수십 개는 사들일 수 있는 정도였다.

홍콩에서 수만 달러의 월급을 받던 젊은 매니저가 1999년 4월 겨우 500위안의 월급을 받으며 알리바바로 떠나버리자 차이충신을 투자자로 보낸 투자기관에게는 이번 투자가 그야말로 '게도 잃고, 구럭도 잃은' 사건이 되고 말았다.

핵심 철학 : 사명감, 가치관, 그리고 신용

우수한 기업이 되려면 먼저 반드시 우수한 기업문화가 있어야 한다. 마윈은 자신의 신념대로 한 걸음씩 알리바바의 독특한 기업문화를 창조해나갔다.

2001년 마윈은 뉴욕에서 클린턴 부부의 조찬에 참석하여 유쾌한 대화를 나누는 행운을 잡았다. 클린턴은 "사람들은 미국 대통령인 자신이 경제, 정치적으로 전 세계 최고인 미국을 어떻게 이끌며, 어떤 힘으로 전진하게 하는지 궁금해한다"며, "사실 답은 간단하다. 사명감으로 그 추진력을 발휘하는 것"이라고 말했다.

마윈은 이에 크게 깨달은 바가 있었다. 그는 중국의 인터넷 기업들이 모두 야후, 아메리카 온라인, 아마존을 모방했다는 데 생각이 미쳤다. 그렇다면 알리바바닷컴은 결코 타인의 복제품이 되어서는 안 된다고 생각했다. 왜냐하면 알리바바는 자신의 사명감이기 때문이다.

"우리는 사명감을 가져야 한다!"

마윈은 즉각 회사의 사명을 '천하에 하기 어려운 장사가 없게 한다'로 정하고 회의에서 이를 통과시켰다. 고객이 편리하다고 느낄수록 고객 수는 늘어날 것이다. 이런 사명감을 바탕으로 알리바바는 독특한 가치관을 확립했다. "알리바바에서 가치관은 모든 것을 결정하는 잣대이다. 인재유치, 인재양성, 인사고과에 이 원칙을 철저히 적용해야 한다." 이때부터 열정적이던 알리바바에 좀 더 새로운 방향 감각이 생겼다.

마윈은 젊은 엘리트 군단을 이끌고 있었다. 그들을 힘차게 단결시키는 기업문화가 필요했다. 이는 마윈과 알리바바의 눈앞에 놓인 가장 시급한 현실적인 문제였다. 알리바바는 야후 차이나를 넘보는 인터넷 기업들은 무시했지만, 야후 차이나의 개국공신과 인재들이 떠나는 것에는 민감했다. 그리하여 알리바바와 야후 차이나의 친선을 도모하는 활동을 벌이기로 했다. 2005년 9월 21일, 베이징에서 항저우로 가는 Z9호 특급열차는 거의 알리바바 회사 전용차로 변해버렸다. 600명이나 되는 승객은 모두 야후 차이나의 직원들이었다. 그들은 합병으로 이제는 자기 회사가 된 알리바바의 본부에 견학을 가는 길이었다. 알리바바는 환영식에서 '한 가족을 아끼고 사랑하자!' 라는 플래카드를 붙여놓았다. 2005년 9월 23일, 항저우 인민대회당에서 마윈은 알리바바와 야후의 마크가 그려진 티셔츠를 입은 채 3200명의 직원들 앞에서 강연을 했다. 연단 아래 2500명의 알리바바 직원들과 베이징에서 온 700명의 야후 차이나 직원들이 앉아 있었다. 알리바바가 야후 차이나를 합병한 이후 처음으로 한자리에 마련한 모임이었다. 현장의 분위기는 극도로 흥분되어 있었다. 마윈이 한 가지 목표를 제시할 때마다 연단 아래에서 우레 같은 박수와 함성이 터져나와 실내를 요동시켰다.

동료 여러분, 나는 여러분의 말을 귀담아듣는 한편 여러분에게 나의 생각을 알릴 것입니다. 나를 이해하는 것은 쉬운 일이라고 생각합니다. 그런데 나를 안다고 알리바바를 다 아는 것은 아닙니다. 사실 알리바바는 특유의 문화를 가진 매우 강한 집단이며, 우리는 줄곧 항저우에 있었기 때문에 외부에 많이 알려지지 않았습니다. 외국뿐 아니라 국내에도 우리에 대해 많이 알려지지 않았습니다. 따라서 사람들은 알리바바가 곧 마윈이라고 여기기도 합니다. 저는 그런 시선이 곤혹스럽습니다. 내가 여러분의 공로를 가로채는 느낌입니다. 이 회사는 내가 만든 것이 아니라 우수한 많은 직원들이 열심히 노력하여 일군 것입니다. 나는 여러분이 하는 일을 다른 사람들에게 말한 것에 불과합니다. 베이징에 계신 직원들은 나에 대해서만 알고 있습니다. 그러나 이 회사와 우리 직원들과 회사의 문화, 그리고 알리바바의 발전과 떼려야 뗄 수 없는 도시인 항저우에 대해서도 알아야 합니다. 그래서 나는 여러분을 이곳에 모신 것입니다. 이는 문화의 소통이자, 기업의 소통이기도 한 매우 중요한 일입니다. 여러분은 활기 넘치는 사람들입니다. 이 기업과 이 도시를 느끼십시오.

마윈이 추진한 B2B는 외국의 모델과는 다르다. 외국의 B2B는 기업에 시간과 돈을 절약시켜주는 것인 반면 마윈의 목표는 중소기업이 돈을 벌게 도와주자는 것이다. 마윈은 B2B 분야에서 승부를 결정짓는 것은 자금이나 기술이 아니라 '신용'이라고 주장한다.

이에 2002년 3월 마윈은 중국 공급상과는 별도의 전문 커뮤니티 청신퉁을 구축하고 신용관리기관과 손잡고 인터넷 창업가 신용인증 서비스를 시작했다. 이는 알리바바가 또 한 번 시도한 질적 도약이었다. 사실 이 서비스의 내용은 무척 단순하다. 매매 당사자는 거래를 하기 전에 청신퉁에서 상대방의 '청신' 파일을 검색한다. 그 안에는 기업의 신용도를 증명하는 상세한 정보가 수록되어 있다. 수상 내역에서부터 법원 판결기록, 회원들의 평가까지 다양하다. 물론 다른 사람에 대해 평가한 내용은 자신의 신용기록에도 동시에 나타난다. 이러한 기록은 좋은 내용이든 나쁜 내용이든, 평생동안 회원을 따라다닌다. '나쁜 짓을 한 회원에게는 죽는 것보다 더 큰 괴로움을 주겠다!'는 기치를 내걸고 철저히 감독을 하므로 회원들은 자신의 신용관리를 철저히 할 수 밖에 없다. 해외 회원은 세계적인 신용조사기관 던 앤 브래드스트리트와 ACP로부터 까다로운 인증절차를 거친 이후에 가입이 가능하다. 이어서 마윈은 '신용 있는 사람만이 부유해질 수 있다'라는 구호를 내걸고 알리바바 회원에 대해 제한적 유료 제도를 실시했다. '중국 공급상' 회원의 연회비는 계속 올라서 처음 1만 5천 위안이었던 회비가 4만 위안, 6만 위안으로 올랐다. 청신퉁 신규 회원은 2003년 폭발적 증가세를 나타내서 알리바바는 직원들을 더 뽑아야 했다.

알리바바의 거대한 업무 구역에는 셀 수 없이 많은 사람들이 이어폰을 끼고 앉아 전국, 전 세계 각지의 회원들의 문의에 열성적으로 응하는 모습이 보인다. 왁자지껄하고 빠르고 거대한 소리의 움직임이 사방에 울려 퍼진다. 알리바바는 청신퉁의 전화를 통해서만 매월 100만 위안의 매출을 올린다. 마윈은 "이것이 바로 내 든든한 백이다"라고 말한다. 마윈의 사무실 벽에는 직원들과 친구들과 함께 찍은 사진들이 붙어 있다.

"그들이 알리바바를 창조했다."

진융이 써준 '깊은 못 속의 고기를 보고만 있지 말고 돌아가 그물을 짜라'는 문구는 그가 고개를 들면 보이는 곳에 걸려 있다. 마윈은 '나에 대한 경고'라며 그 문구를 무척 아끼며 관리의 기본으로 삼는다.

제4장
온라인 경매시장의 일인자,
타오바오닷컴

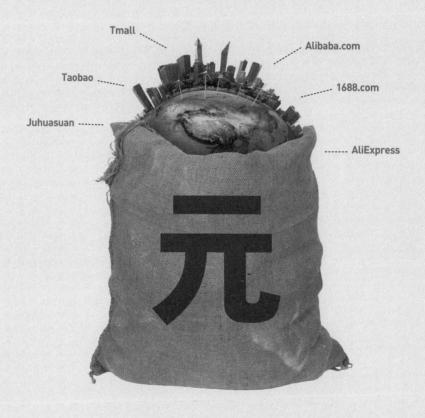

Tmall

Alibaba.com

Taobao

1688.com

Juhuasuan

AliExpress

alibaba

　　권위에 대한 도전은 더 높은 곳으로 향하는 자신감이며, 큰 용기를 필요로 한다. '남성 호르몬'이 넘치는 마윈은 이러한 용기가 가득하다. 그래서 그는 이베이가 중국 C2C 시장의 거두를 자처할 때 반격을 개시했다. "중국 전자상거래의 구도에 큰 변화가 발생할 것이다." 한 국제회의에서 마윈이 던진 이 한마디에 사람들은 어안이 벙벙했다. 그 자리에 있던 무역협상 전문가 룽융투龍永圖가 그 말의 뜻을 물었더니 마윈은 웃기만 할 뿐 대답이 없었다. 그 후 얼마 안 있어 마윈은 신비한 수수께끼 같은 예언에 대한 답을 내놓았다.

상식을 깨고
빈틈을 노리다

알리바바의 기적을 이룬 마윈은 또 하나의 기적을 준비하고 있었다. 그것은 기존 비즈니스 모델의 상상력을 뛰어넘는 것이었다. 타오바오닷컴의 출시는 그야말로 모험의 결과물이었다.

마윈에게 타오바오닷컴은 절대 실패해선 안 되는, 반드시 성공해야만 하는 존재였다. 이 사업은 알리바바를 통해 업계에서 수년간 쌓아올린 모든 명성을 걸고 시작한 큰 도박이었다.

막연히 장사가 잘될 것만 생각하고 도박판을 벌인다면 그건 어리석은 행위다. 마윈 자신도, 그에게 투자한 벤처투자자도 이번 도박이 위험하다는 것을 알고 있었다. 타오바오닷컴이라는 도박의 '패'가 무엇인지 전혀 알 수 없었다. 그야말로 결과를 예견할 수 없는 큰 도박이었고, 경쟁상대인 이취는 너무 멀리 앞서 있었다. 그저 마윈의 타고난 도박사 기질을 믿어 보는 수밖에 없었다.

호반화원의 지하당
2003년 5월, 알리바바 내부 사이트에 게시물 하나가 떴다.

알림 : 알리바바와 지극히 비슷한 사이트가 빠르게 인기를 얻고 있다고 함. 이름은 '타오바오' 라고 함.

이를 두고 직원들은 의견이 분분했다. 웹에서 시작된 논란이 오프라인까지 이어졌다. 알리바바의 임원진들이 이 일에 무관심하다며 분노하는 직원도 있었다. 위력적인 사이트가 나타났다는데 회사에서 아무 조치도 하지 않고 있다니 말이나 되는가!

2003년 7월, 알리바바는 1억 위안을 투자해 중국 최대 개인 거래 사이트 타오바오닷컴을 기획했다. 알리바바의 직원들은 나중에야 타오바오닷컴이 자회사이며, 자신들의 수장 마윈의 걸작이라는 사실을 알았다. 마윈은 비밀리에 이 작업을 추진했고 모든 것은 철저한 보안 속에서 은밀히 진행되었다.

그러나 사실 마윈의 진정한 비밀무기는 조직 자체였다. 회사는 직원 모두에게 내부 조직에 대해 외부에 비밀을 발설하지 못하게 입단속을 시켰다.

"우리 조직은 회사의 핵심 경쟁력이다. 시행착오를 겪고 교훈을 통해 형성된 것이다."

마윈은 자신의 신중함에 대해 이렇게 설명했다.

"나는 시나닷컴이 어떻게 운영되고 조직이 어떻게 돌아가는지 알고 있다. 상대를 뻔히 알고 있다면 그만큼 공략하기도 쉬울 것이다."

2003년 4월 7일, 마윈은 약 10명의 알리바바 직원들을 소집해 긴급회의를 열었다. 참석자들은 회의 내용을 기밀에 붙인다는 각서에 서명했다. 그때부터 알리바바닷컴 초창기 '풍수의 명당'으로 유명하던 호반화원에서 타오바오닷컴의 개발 작업이 시작되었다. 세상을 뒤흔들었던 사스의 유행으로 개발팀이 어쩔 수 없이 격리되는 일도 있었지만 긴박한 상황에서도 마윈은 5월 초 타오바오닷컴의 출범을 알렸다.

승산을 굳힌 큰 도박

타오바오닷컴은 경매업계의 신화로 불린다. 아무것도 없이 출발해서 2년이라는 짧은 시간 안에 국내 인터넷 경매의 일인자로 군림하게 되었다.

타오바오닷컴의 영광은 하루아침에 이루어진 것이 아니다. 모든 성취는 시장을 정확히 읽는 능력과 밤낮 없는 노력의 결과였다. 세계 최대 인터넷 무역 시장을 보유한 알리바바닷컴은 인터넷업계가 가장 어려울 때 타오바오닷컴의 서막을 조금씩 열어 보였다.

알리바바닷컴이 타오바오닷컴 출범을 선언했을 당시 '인터넷의 겨울' 그림자가 아직도 무겁게 드리워 있었다. 타오바오닷컴의 투자는 2001년부터 2003년까지 불황이 이어져 '인터넷의 겨울'을 보낸 인터넷업계에서 처음으로 이루어지는 대규모 투자였다. 타오바오와 유사한 인터넷 서비스업체 이취는 이미 중국 시장의 80% 이상을 점령한 상태였다. 이베이가 2002년에 3000만 달러를 투자해 이취의 지분 3분의 1을 사들였고 2003년에는 1억 5000만 달러를 들여 나머지 지분마저 사들였다. 그리고 투자를 계속 늘리겠다고 공언하면서 중국 시장에서의 절대적 위치를 굳혔다.

알리바바의 CEO 마윈이 이런 시기에 C2C 시장 진출을 시도하자

일부 매체에서 '비이성적', '미친' 행위, '큰 도박'으로 묘사했다.

이베이 이취의 소유자 이베이 글로벌 총재 휘트먼은 타오바오닷컴이 "길어야 1년 반도 못 버틸 것"이라고 공공연하게 말할 정도였다. 2005년 1월, 이베이 이취의 COO 정시구이鄭錫貴는 "우리는 100년 계획으로 중국에서 '지구전'을 펼칠 것이다"라고 선언했다.

마윈도 지지 않고 "나는 알리바바가 다른 회사와 달랐으면 한다"라고 응수했다. 마윈은 늘 세상의 상식을 뛰어넘는 말과 행동으로 눈길을 끌었다. 타오바오닷컴을 운영하는 방식도 특이했다. 그러나 이런 점은 알리바바 직원들이 늘 봐오던 것이었다.

"모두가 기회라고 생각할 때 우리는 그 기회를 버린다. 모두가 아직 준비하지 않을 때, 심지어 그것을 피하려고 할 때가 때로는 가장 큰 기회가 된다."

타오바오닷컴에 투자할 생각도 2003년 초부터 가지고 있었다. 당시 마윈은 개인 전자상거래 시장이 점점 성숙기에 접어들 것을 예견했다. 알리바바의 경영도 상대적으로 안정되어 있어서 더 긴 안목으로 계획을 세워야 했다.

"이베이 이취는 당시 중국에서 막강한 파워를 자랑하고 있었다. 하지만 그들에게도 많은 약점이 있었으며, 고객들의 불만이 날로 커지고 있었다. 이것이야말로 우리의 기회였다."

타오바오닷컴 사장 쑨퉁위는 이렇게 말한다. 당시 그는 타오바오닷컴 프로젝트 책임자였다. 그가 말하는 이베이 이취의 중요한 약점 하나는 이베이 이취가 고수하는 유료 서비스 원칙이었다.

"아직은 유료 모델을 내세우기에 시기상조라고 생각했다. 우리는 시장 육성을 목적으로 일단 돈을 받지 않기로 결정했다."

상대의 약점을 겨냥해 120일이라는 짧은 시간에 쑨퉁위가 이끄는 10인의 창업팀은 상세한 시장조사부터 시작해 모든 창업 준비를 완료했다. 2003년 5월 10일, 타오바오닷컴이 정식으로 출범했다. 20일 뒤 타오바오닷컴은 회원 1만 명 돌파에 성공했다.

광고 홍수의 틈새에서 살아남기

장사꾼은 이윤이 있는 곳을 향하도록 되어 있다. 시장경제의 특징은 충분한 자본이 있는 사람에게는 진입문턱이 낮다는 것이다. 구글과 바이두는 검색엔진 시장을 거의 잠식하여 철옹성 기반을 다졌고, 야후 차이나와 시나닷컴은 여전히 왕성한 '식탐'으로 수익모델을 찾아 헤매고 있었다. B2B 시장에는 알리바바닷컴과 후이총慧聰이 있었고 C2C 분야는 이베이 이취가 버티고 있었다. 이런 상황에서 타오바오닷컴이 출범한 것이다.

아무리 좋은 물건이라도 광고를 하지 않으면 잘 팔리지 않는다. 아무리 서비스가 훌륭해도 광고는 필수다. 2004년 7월 말 후이총은 1천만 위안을 광고에 투입했다. 목표는 분명했다. 경쟁상대인 알리바바였다. 알리바바도 B2B 전자상거래 사업 초기에 수백만 위안을 TV 광고에 쏟아 잠재 바이어를 유치하는 효과를 거둔 바 있었다.

"우리는 광고에 아낌없이 돈을 쏟아부을 것이다. 앞으로도 알리바바와의 광고전은 계속될 것이다."

벌써부터 중국 C2C 시장의 광고전은 화약 냄새가 진동했다. 이베이의 투자를 유치한 이베이 이취는 주요 사이트와 배타적 광고계약을 체결했다. 이들 사이트는 이베이 이취 경쟁자의 광고를 싣는 즉시 거액의 위약금을 배상해야 했다. 그들이 지목한 경쟁자들은 왕이 경매 사이트, 야바오닷컴雅宝网, 이비더易必得, 자더온라인嘉德在线, 야후 경매, 그리고 타오바오닷컴이었다. 타오바오닷컴이 주류 포털사이트에서 광고할 가능성은 이미 거의 없었다. 어쩌다 광고를 며칠만 올려도 이베이 이취는 두세 배의 광고비를 주고 그 사이트의 인터넷 광고를 독점해버렸다. 인터넷에 광고를 올릴 수 없었던 타오바오닷컴은 하는 수 없이 버스나 엘리베이터, 지하철에 광고를 해야 했다.

"타오바오닷컴의 지명도를 높이기 위해 광고비 수천만 위안은 필요했다."

타오바오닷컴 사장 쑨퉁위는 이렇게 말한다. 타오바오닷컴이 광고를 실을 매체를 찾는 것은 낙타가 바늘구멍 뚫기만큼 어려웠다. 그러나 '최고의 홍보는 입소문'이라는 말을 입증이라도 하듯, 입소문을 듣고 오는 회원들은 충성도가 다른 사이트보다 훨씬 높았다. 출범 초기, 타오바오닷컴은 광고할 길이 막힌 상황에서 모든 홍보를 입소문에 의존하면서 C2C 거래에 뜻을 가진 충실한 회원들을 조용히 불러 모았다.

경쟁이란 양날의 칼과 같다. 경쟁자의 견제 속에서도 틈은 보였다.

"전에는 우리가 개척해야 하는 일이 많았다. 이제 다른 회사에서 하는 대로 따라하니 훨씬 부담이 적다."

마윈의 말처럼 타오바오닷컴이 입소문에 의지한 것도 어쩔 수 없는 선택이었다. C2C 광고를 실을 수 있는 가장 좋은 장소는 포털사이트였다. 그러나 이베이 이취가 이미 다른 포털사이트와 배타적 광고협의를 한 상태라 타오바오닷컴에게는 그림의 떡이었다. 그 대신 이베이 이취가 미처 신경 쓰지 않은 소형 사이트에 싼 가격으로 광고를 냈다. 중국 시장 특성상 타오바오닷컴이라는 존재가 사람들에게 받아들여지려면 일정한 적응기가 필요했다.

입소문을 통해 회원이 된 기업들은 충성도를 자랑하며 타오바오닷컴이 좀더 발전하는 데 든든한 기반이 되어주었다. 홍보 제1단계가 입소문이었다면, 제2단계 홍보전략은 1949년 중국 공산당혁명 때 농촌에서 세력 기반을 얻어 도시를 포위공격한 마오쩌둥식 전략이었다. 당시 정부당국은 문자메시지에 대한 규범을 강화하고 있었다. 문자메시지 서비스 제공으로 생존하는 중소형 사이트와 개인 사이트는 수익원을 잃고 더 이상 생존이 어려운 상황이었기 때문이다. 그래서 인프라를 갖춘 이후 타오바오닷컴은 이들 사이트에 대규모 홍보를 진행했다. 핵심적인 제2단계 홍보의 성공으로 오늘의 시장을 굳히게 된 것이다.

2003년 말부터 2004년 초까지는 제3단계 홍보가 진행되었다 할 수 있다. 이 시기에는 업계의 인식도 많이 달라졌다. 타오바오닷컴은 야후, MSN과 제휴를 맺으면서 배타적 독점 구도를 파괴해버렸다. 타오바오닷컴은 이미 중국 최대 구매사이트 중 하나로 성장해 있었다. 다른 인터넷업체들도 타오바오와 합작을 원했다. 이러한 합작에서 누가 돈을 더 많이 투자하느냐는 중요하지 않았다. 모든 것은 미래의 비전을 담보로 했다. 당시 유수의 경매 사이트들이 MSN에 타오바오보다 높은 가격을 제시했지만 MSN은 모두의 예상을 깨고 타오바오를 선택했다. MSN이 중국 외 지역에서 이베이를 파트너로 선택한 것을 고려하면 지극히 예외적인 사건이었다.

타오바오닷컴은 유사 사이트와는 다른 광고전략을 세웠다. 지면 광고, TV매체, 옥외매체, 심지어 시내버스의 손잡이에까지 타오바오닷컴의 광고가 등장했다. 이베이 이취가 광고 경로를 거의 봉쇄한 가운데 포위망을 뚫고 나온 것이다.

사방이 가로막혀 꼼짝할 수 없는 상황에서 마윈은 과감히 도박을 하며 근성을 키웠다. 그는 3년 안에 타오바오닷컴을 중국 최대의 C2C 사이트로 키울 것이라고 여러 번 강조했다. 그의 말은 경쟁업체의 경계심을 자극했다. 업계 관계자는 타오바오가 경쟁자로부터 받은 견제는 타오바오의 빠른 성장만큼이나 특별한 사례로 남을 것이라고 지적했다.

눈앞의 이익은 버리고
'무료 모델'로 승부하다

사업가는 모든 자원을 투입해 이익을 내야 한다. 큰 이익을 내야 성공할 수 있다. 또한 이익뿐만 아니라 천하의 마음도 얻어야 한다. 상도는 투기하는 것이 아니라 인심에 투자하는 것이다. 진정한 상도는 돈만 버는 것이 아니라 인심을 사는 것 또한 중요하게 여긴다. 타오바오닷컴이 성장하기 위해서는 돈 되는 것보다는 일단 인심을 얻어야 했다. 타오바오닷컴은 '국면을 이용해 세력을 배치하고 작은 힘으로 큰 세력을 키운다'를 신조로 삼았다. 그 결과, 무에서 유를 창조하고 약자에서 강자로 우뚝 서는 드라마를 만들어냈다.

고객제일주의로 승부하다

알리바바는 B2B, 타오바오닷컴은 C2C로 서로 주력 분야가 다르지만 서비스업이라는 본질은 같다. 서비스란 곧 비즈니스다. 양질의 서비스는 제품의 판매과정에서 결정적인 작용을 한다. 마윈은 소비자를 잡아두려면 좋은 서비스로 그들을 만족시켜야 한다는 이치를 알고 있었다. 타오바오닷컴에서 내세운 것도 알리바바닷컴의 '고객

제일주의'였다. 타오바오닷컴은 회원들과 소통하고 그들이 진정 바라는 것이 무엇인지 파악했다. 토론방에서는 한 가지 문제를 놓고 직원들과 회원들이 늦은 밤까지 토론을 벌이곤 했다. 직원들은 '내 공을 연마한다'는 말을 입에 달고 살았다. 그들은 회원들에게 다가가 그들의 상황을 알아보는 방법을 연구했다. 그리고 800만 종의 상품 중에서 가장 짧은 시간 안에 그들이 필요한 물건을 찾을 수 있도록 도와주었다.

타오바오닷컴은 알리바바닷컴의 운영모델을 빌려왔다. 알리바바는 전자상거래 5년 경영 노하우로 고객이 무엇을 원하는지 잘 알고 있었다. 타오바오도 연구를 게을리하지 않고 아마존의 전임 수석 기술자를 초빙해 강의를 듣고 연구를 했다. 이를테면 제품을 과학적으로 분류하는 방법에서 한 페이지에 전시할 제품의 위치를 세밀하게 변경함으로써 얻게 되는 영향까지 모두 그들이 연구하는 범위였다. 양질의 세심한 서비스는 타오바오닷컴이 출범한 지 얼마 안 되어 선풍적인 인기를 끌었다. 한 회원은 친구들과 친구들의 친구들에게까지 타오바오닷컴을 추천하는 1314통의 이메일을 보내 평생 변치 않을 충성도를 과시하기도 했다.

3년간 수익 창출 금지

언제나 화약 연기로 가득 찬 전쟁터 같은 비즈니스 세계에서 수익 창출은 모든 기업이 존재하는 이유다. 따라서 기업가들은 수익을 내기 위해 전략을 짠다. 수익을 내는 기업만이 건강하게 발전할 수 있으며, 주주와 직원들에게도 성과를 돌려줄 수 있다.

이러한 경영이념이 주를 이루는 가운데서도 마윈은 그와는 반대의 길을 고집했다.

"중국에서 개인 인터넷 거래는 아직 걸음마 단계다. 따라서 완전한 무료 모델을 시행해야 한다. 앞으로 1년간 타오바오는 무료 정책을 계속 고수할 것이다. 다시 말해 3년 안에 수익을 고려하지 않을 것이다."

그의 '기인' 행보는 또 한번 대중의 눈길을 붙잡았다. 많은 사람이 그의 결정에 이해하기 어렵다는 반응을 보였다. 돈만 쏟아붓는 이 방식은 찬성하기 어려운 것이었다. 그러나 마윈의 남다른 점은 그의 긴 안목과 독특하고도 예리한 생각에 있었다. 그런 방법만이 타오바오닷컴의 고객에 대한 수익을 극대화할 수 있었다. 3년 동안 시행한 무료 모델이 대중의 인기를 끌자 사람들은 비로소 마윈의 용의주도함을 헤아릴 수 있었다.

그의 마음에는 이미 계산이 서 있었다.

"우리는 많은 현금을 투입해 싸움에 대비해야 했다."

그의 살기등등한 말을 통해 무료 모델이 도전하는 목표가 무엇인지 확실해졌다. 그는 몇 년 동안 시장을 키워 그동안 수수료로 짭짤한 수익을 챙긴 이베이 이취와 경쟁하고자 했다. 이베이 이취가 무료 모델을 채택하지 않는 한 고객 대부분은 수수료를 받지 않는 타오바오닷컴으로 몰려갈 것이다. 이처럼 무료 모델을 내세운 타오바오닷컴은 국내 최대의 C2C 거물 이베이 이취에게는 위협적 존재였다.

그것은 마윈이 원하던 바였지만 최종 목표는 아니었다. 물론 수익을 추구하는 것이 기업의 생리이며, 타오바오닷컴도 예외가 될 수 없다. 그럼에도 불구하고 비영리 사이트를 고수하는 것은 어쩔 수 없는 상황에서 선택한 우회 전략이었다.

유료 모델이 고객에게 받아들여지지 않고 기업에도 충분한 수익을 창출하지 못한다면, 그것은 잘못된 전략이다. 알리바바와 타오바오닷컴은 회원을 가장 큰 재산으로 삼고 매매 수요와 소비력을 갖추는 데 전력을 다했다. 마윈은 타오바오닷컴이 장차 큰돈을 벌어다줄 것을 굳게 믿었다.

타오바오닷컴의 수익 창출 능력을 둘러싼 주변의 추측과 의혹에 마윈은 이렇게 답변했다.

"우리는 대규모 유료화 시기가 아직 도래하지 않았다고 본다. 현재 C2C 사이트가 내세우는 유료 모델은 중국 실정에 적합하다고 볼 수 없다. 물론 우리는 충분한 기반이 있고 자신감도 충분하다. 알리바바의 현재 수익 창출 능력과 현금 보유 상황은 타오바오닷컴 하나쯤은 더 만들 수 있을 정도로 충분하다. 알리바바닷컴도 유료화 이전에 3년이라는 무료 기간이 있었다."

타오바오닷컴은 출범부터 지금까지 수익을 창출해야 한다는 압박이나 현실적 지표도 제시하지 않고 있다. 운영팀의 목표는 더욱 간편하고 쉽게 사용할 수 있는 사이트를 만들어 더 많은 회원에게 다가가는 것이다. 기술 측면에서는 가장 안전한 쇼핑몰을 표방하며, 홍보 측면에서는 온라인 쇼핑이라는 개념을 강조해 더 많은 사람들이 참여하게 한다.

"우리는 돈을 '쓰는 것'과 '버리는' 것을 확실하게 구분한다. 이익에만 집착하지 않고 노력하다 보면 저절로 적정한 규모와 영리 모델을 갖출 수 있게 된다."

사람들이 알아주지 않고 비웃어도 마윈은 의연하게 자기의 길을 갔다.

사실 핵심 간부들은 유료화를 언제쯤 실시할지 스케줄을 이미 정해놓은 상태였다. 하지만 일반 직원들은 영리를 추구하는 문제에 지나친 관심을 가질 필요가 없었다.

"이익만 생각하는 사람은 모든 것을 돈으로 보고 입만 열면 돈 이야기가 튀어나온다. 이런 사람은 고객의 니즈를 최우선 순위에 놓지 않는다."

마윈은 늘 이렇게 강조했다. 회원 절대다수가 돈을 벌어야 타오바오닷컴도 비로소 대규모 수익을 낼 수 있다는 것이다. 그러나 눈앞의 수익에 급급한 상거래 사이트들은 무슨 수를 써서라도 경쟁상대를 무너뜨리고 새로 뛰어드는 후발업체들이 발을 붙이지 못하게 견제하여 자기만 큰 수익을 독식하려고 했다. 이 틈에서 살아남기 위해서 마윈은 기지를 동원했다.

B2C의 기치를 들다

옛말에 '궁하면 통한다'고 했다. 기존 B2C 모델이 고전을 면치 못하고, 제조업은 낮은 이윤과 혁신의 부재로 문제가 많았다. 그러나 이때야말로 마윈이 전통 B2C 모델을 뒤집을 수 있는 절호의 시기였다. 전통적인 B2C 모델은 창고시설 및 배송센터가 필요하여 중간비용이 많이 들었다. 그러다 보니 이윤은 겨우 5%를 유지하는 수준이었다. 마윈은 문제가 많은 기존 B2C 모델을 외면했다.

"완벽한 배송센터와 물류 인프라를 갖춘 미국에서도 아마존의 이윤은 5%밖에 안 된다. 중국의 B2C 시장도 성숙했으나 쥐웨卓越, 당당當當은 고전을 면치 못하고 있다. 이런 현상들은 B2C 모델에 문제가 있음을 시사한다."

그래서 2006년 알리바바닷컴은 아시아 최대 규모의 온라인 쇼핑몰 타오바오닷컴에서 새로운 B2C 서비스를 시작했다. 이 모델은 아마존 등 기존 B2C와는 완전히 다른 모델이었다. 2004년 마윈은 "미래의 전자상거래는 B2B와 B2C의 구분이 없어질 것이다. 그리고 마치 수도꼭지를 틀면 물이 나오듯 사용이 편리해질 것이다"라고 단언한 바 있다.

"각종 전자상거래 형태가 융합되어 하나의 큰 플랫폼에서 운영될 것이다. B2B와 C2C가 통합되면 완전히 새로운 B2C 모델이 등장할 것이다."

마윈의 구상에 따라 2005년부터 알리바바와 타오바오의 회원들은 링크를 타고 자연스럽게 상대 사이트를 이용할 수 있게 되었다. B2B와 C2C의 구분도 자연스럽게 무너져버렸다.

이에 대해 타오바오닷컴 사장 쑨퉁위는 이렇게 말했다.

"기존 B2C의 수익모델은 생산업체의 가격을 낮게 책정하여 구입가와 판매가의 차이를 이용한 것이었다. 새로운 B2C 모델은 생산자가 판매자 역할까지 도맡아 직접 소비자와 연결하므로 더 많은 이윤을 얻을 수 있다. 또 더 많은 자금을 기술과 제품 혁신에 투입하므로 소비자에게도 이익이 돌아간다. 새로운 B2C 모델은 중간비용을 최대한 줄여 생산자와 소비자 모두 원-원하는 결과를 가져올 수 있다."

새로운 B2C 모델은 알리바바와 타오바오닷컴의 높은 인기와 안전한 결제 시스템을 기반으로 오랜 구상 끝에 출범했다. 상인과 제조업체에게 이익을 돌려주고, 기업의 활력을 높여 궁극적으로 더 많은 소비자들에게 골고루 혜택을 주는 것이 그 목적이다.

중국 B2B 시장점유율 80%인 알리바바와 C2C 시장 70% 이상의 점유율을 자랑하는 타오바오닷컴의 선두우위와 노하우에 힘입어 알리바바그룹의 B2C 모델은 출시하자마자 선풍적인 인기를 끌었다. 기업의 입장에서 효과적으로 경쟁력과 이윤을 높일 수 있는 기회였다. 알리바바 1500만 기업회원과 타오바오 2000만 개인회원은 거대한 소비력으로 광활한 미개척 시장을 형성했다.

타오바오닷컴의 B2C 모델은 B와 C를 완전히 융합한 'B2B2C' 모델이었다. 이는 모든 전자상거래가 나아갈 방향이기도 했다. 전체 공급 체인은 부가가치를 창출하는 가치 전환 과정이다. 알리바바는 생산, 유통에서 최종 소매에 이르기까지 자원을 전면 통합함으로써 서비스 능력을 크게 강화하고 고부가가치 서비스를 제공할 수 있을 것이다. 가전업계의 거란스格蘭仕, 오토바이업계의 룽신隆鑫이 이미 알리바바에서 구매와 판매를 진행하고 있었으며 하이얼은 훨씬 전부터 알리바바와 타오바오닷컴에 가입되어 있었다. 시기가 무르익으면 모든 제조업체가 거래 사이트를 타오바오닷컴으로 옮겨 소비자를 직접 상대할 가능성이 충분했다.

'사실은 강한 설득을 능가한다.' 타오바오닷컴의 새로운 모델이 등장하자마자 모토로라, 노키아, 하이얼, 렌샹, 창청 컴퓨터, 아이궈저, 리닝, 아디다스, 지오다노, 유티 스타컴, 애플 아이팟 등 국내외 유명업체들이 타오바오닷컴에 온라인 점포를 개설했다. 아수스 컴퓨터, 디즈니 가전, 마크페어웨일 등은 타오바오의 B2C 플랫폼 전용 제품까지 내놓았다.

새로운 B2C 모델의 등장은 비즈니스의 혁명이었다. 마윈이 구상 중인 전자상거래 제국은 이렇게 첫 단추를 꿰었다.

타오바오와 소후의 제휴

2005년 4월 12일 소후닷컴과 타오바오닷컴은 전략적 제휴를 발표했다. 쌍방은 각자가 보유한 활동적이고 방대한 고객군을 공유하기로 했다. 또한 온라인과 오프라인에서 협력해 중국 온라인 거래와 온라인 경매의 발전을 이끌겠다는 포부를 밝혔다. 이로써 3대 포털과 3대 경매 사이트 간의 제휴 구도가 형성되었다.

소후는 다양한 사이트를 운영하고 있었다. 포털사이트 소후닷컴과 중국 최대 청년 커뮤니티 차이나런, 중국 최대 온라인게임 포털 17173, 베이징에서 가장 영향력이 큰 부동산 중개사이트 팡찬왕房產網이 있었으며, 중국 내 선두를 달리는 휴대폰 무선 응용 규약 WAP 포털 지페이얼吉菲爾과 3세대 쌍방향 검색엔진 써우거우왕搜狗網도 운영 중이었다. 소후는 이러한 6대 사이트를 기반으로 타오바오닷컴과 제휴를 맺었다.

타오바오와 소후는 전략적 제휴를 맺어 상호보완성을 갖추고 자원을 공유하게 되었다. 중국 최대 인터넷포털 소후는 수만 명의 회원과 방문자 수를 자랑하고 있었으며, 콘텐츠와 검색에서 독보적인 위상을 차지했다. 중국 최대 C2C 사이트 타오바오닷컴은 동종 사이트 중 단연 선두를 달리는 브랜드 및 기술 우위를 보유했다. 타오바오는 소후의 전문화된 온라인 플랫폼을 이용해 상당한 구매력을 갖춘 회원을 자사 사이트로 유도할 수 있었다. 소후의 회원들은 타오바오 사이트에서 '보물찾기'의 즐거움을 만끽할 수 있었다. 그들은 타오바오에서 '보배를 사들이고', '온라인에서 사업하며', '경매의 성취감'과 '커뮤니티 활동'을 체험했다. 그런가 하면 소후닷컴은 타오바오의 인기 경매 정보와 시장성을 이용해 더욱 풍부해진 콘텐츠로 고객에게 더 많은 부가 서비스를 제공했다. 그 결과 충실한 소후의 이미지를 더욱 굳힐 수 있었다.

소후의 대표 장차오양은 타오바오와의 합작에 매우 적극적이었다.

"이번 합작으로 풍부한 비즈니스 기회가 있는 C2C 산업에 참신한 합작 모델을 제공했다. 타오바오와의 합작을 통해 소후의 고객은 안전하고 보장된 온라인 거래 장소를 제공받게 되었다. 이는 두 회사의 이미지 제고는 물론 전자상거래의 빠른 발전을 위해서도 좋은 일이다. 그동안 결제 문제는 줄곧 중국 전자상거래 발전을 가로막는 걸림돌이었다. 타오바오의 알리페이를 통해 온라인거래에 안전한 솔루션을 제공할 수 있게 되어 기쁘다. 우리는 알리페이에 지속적으로 관심을 가질 것이며, 앞으로도 계속 협력할 것이다."

마윈도 합작에 대한 소감을 밝혔다.

"타오바오닷컴은 중국 최대의 C2C 사이트로, 2005년 현재 530만 명에 가까운 회원과 600여 건의 상품을 보유하고 있다. 우리는 소후가 포털 분야에서 갖는 강력한 우위에 주목했다."

타오바오닷컴의 사장 쑨퉁위도 한마디 했다.

"타오바오닷컴은 안전하고, 이용자 중심으로 운영하는 구매 플랫폼을 표방한다. 전자상거래 집단의 주요 구성원은 교육 수준이 높은 젊은이들이다. 그들은 기존 소비집단과는 다른 유형이다. 소후는 온라인에서 활발하게 활동하는 고객층을 보유하고 있다. 그들은 타오바오의 주요 목표 고객이기도 하다. 소후는 뉴스, 스포츠, 경제 같은 핫 이슈와 메일, 문자메시지, 채팅, 검색, 게임, 온라인 쇼핑을 포함한 20종에 달하는 다양한 인터넷 포털을 제공한다. 또 자체 소유권이 있는 3세대 검색엔진을 보유하고 있다. 이러한 모든 요건이 타오바오가 소후를 선택한 배경이다."

소후와 제휴를 맺고 나서 타오바오닷컴은 급속도로 성장할 것이 분명하다. 이 협력이 갖는 상징적 의미도 무시할 수 없다. 중국 관영 시장조사기관인 CCID 컨설팅 관계자는 '비즈니스에서 협력은 일종의 게임과 같다'고 소개했다. 그는 소후가 이베이를 버리고 타오바오닷컴을 선택한 이유로 토종기업인 타오바오닷컴의 현지 경쟁력과 기술 혁신, 안전한 결제 시스템을 들었다.

타오바오와 소후의 제휴는 중국 인터넷이 전통적 경제 모델에서 통합 경제 모델로 가는 과도기의 전형적인 모습이기도 했다. 인터넷 경제 모델은 주의력 경제 모델, 전통 경제 모델, 통합 경제 모델의 3단계를 거쳐 왔다. '주의력 경제 모델'이란 네티즌의 주의를 최대한 끄는 것을 말하며, 주로 온라인 소식이나 인터페이스, 또는 검색서비스 제공으로 이를 구현한다. 대표적으로는 야후와 아메리카 온라인이 있다. '전통 경제 모델'은 전통적인 경제 형태를 인터넷에 활용하며, 주로 B2C 개념을 이용한다. 이 모델은 인터넷을 이용해 직접 또는 간접적으로 비즈니스 활동에 종사하는 것이 특징이다. 대표적 성공사례로는 아마존이 있다. '통합 경제 모델'은 온라인과 오프라인의 자원을 통합하고 시장 자원을 통합해 고부가가치를 실현한다. 인터넷은 흥미를 끌면서 실용적인 면도 있어야 한다. 이제 인터넷은 네티즌이 시간을 보내는 단계에서 인터넷 창업을 하는 단계로 발전하고 있다. 이는 인터넷이 성숙한 단계로 나아가고 있다는 반증이기도 하다.

타오바오닷컴은 합작 파트너를 선택할 때 상대방과의 조화를 중요시했다. 또 합작을 통해 어떤 성과를 창출할 것인지, 쌍방이 자원의 우위를 공유할 수 있을지도 고려했다.

이베이를 몰아낸
물구나무서기 발상

업계에서 두 거물급 기업이 경쟁하는 사례는 셀 수 없이 많다. 코카콜라와 펩시, 맥도날드와 KFC의 경쟁을 둘러싼 얘깃거리는 끊이지 않는다. 중국에서는 이베이 이취 하면 자연스럽게 타오바오닷컴을 함께 떠올린다.

혹자는 이렇게 말한다.

"이베이가 중국 C2C 시장 정복에 흡족해하고 있을 때 타오바오닷컴이 느닷없이 도전장을 내밀었다. 중량급 거물 이베이 이취와는 비교도 안 되는 작은 기업 타오바오닷컴이 이베이와 경쟁한다는 것 자체가 대담한 행동이었다. 다행히 아직까지는 타오바오닷컴이 승세를 굳히고 있어 마윈은 승리의 웃음을 지을 수 있다."

타오바오닷컴은 이베이 이취라는 거대기업에 독특한 전략으로 맞섰다. 이른바 '물구나무서기 전략'이다. 마윈은 직원들을 격려하며 "물구나무서기를 한 채 보는 각도를 달리하여 경쟁에 임하라. 이베이 이취는 두려워할 상대가 아니다"라고 강조했다. 마윈은 물구나무서기는 일종의 도전이며 '나는 할 수 있다'고 자신을 믿어야 한다고 주장한다.

"이베이가 바다의 상어라면, 우리는 양쯔강의 악어다. 바다에서 싸우면 악어가 불리하지만 강에서라면 가볍게 이길 수 있다."

이베이 이취의 글로벌 전략에 맞서 타오바오닷컴은 고도의 현지화 마케팅으로 예상 밖의 수확을 올렸다.

이베이 이취가 유료를 고수할 때 타오바오는 무료 모델을 출시했다. 이베이 이취는 매매 당사자 간에 직접 접촉을 금지했다. 거래수수료를 챙기지 못할까봐 우려한 것이다. 그러나 무료인 타오바오닷컴에서는 그럴 걱정이 없었다. 매매 쌍방은 구매자와 판매자가 쉽게 접촉해 직접 거래할 수 있도록 한 타오바오닷컴의 메신저 서비스인 '타오바오왕왕淘寶旺旺'을 이용해 가격을 흥정하고 상품 전달 방식을 상의할 수 있었다. 상품 소재지가 어디 있는지 직접 검색하여 가까운 지역에서 물건을 살 수 있도록 편리를 도모하고 매매 당사자들의 별도 거래를 허용하는 등 중국인들의 입맛에 맞는 서비스로 타오바오의 인기는 빠르게 올라갔다.

월마트 매장 10개에 맞먹는 이베이 이취

중국의 C2C 시장은 그동안 유명 온라인 쇼핑몰 이취가 독점하다시피 했다. 오늘날까지도 이취는 절대적 위상을 차지하고 있다. 이베이 이취가 발표한 2004년 2분기 실적 자료를 보면 총 거래액이 5억 위안에 달한다. 한 관계자는 전자상거래가 빠르게 발전하면서 온라인 거래액도 오프라인 상점을 바짝 뒤쫓고 있다고 전한다. 당시 발표한 '중국 인터넷 발전 상황 통계보고'에 따르면 중국 네티즌 수는 8700만 명에 이르며, 그중 16.7%가 최근 1년 안에 온라인에서 물건을 산 경험이 있다고 한다. 이들은 온라인 쇼핑을 택하는 이유로 시간과 비용이 절약되고 조작이 간편하다는 점을 들었다.

이베이 이취의 CEO 사오이보邵亦波는 매일 300만 명이 이베이 이취에서 물건을 사며 3만 5000건의 상품이 거래된다고 전한다. 이베이 이취의 분기 성장률을 50%로 계산한다면 1년간 거래액은 20억 위안에 달하며 중국 내 월마트 10곳의 2003년 1년 영업액과 맞먹는다.

"이렇게 되면 월마트가 존재할 이유가 없어진다. 전자상거래가 판로 문제를 해결한다면 소규모 점주도 소기업과 직접 연결할 수 있다. 월마트가 소기업에게 판매가를 수십 배나 낮추도록 압력을 가할 명분도 없어진다."

마윈의 말처럼, 이베이 이취가 지금까지 중국 인터넷 경매 사이트의 왕좌를 지키는 이유는 여기에 있는지 모른다.

인터넷 경매시장의 3강 구도

인터넷 경매시장에 3강 구도가 형성되면서 타오바오닷컴은 경쟁자와 고객유치전을 벌이며 점유율을 높이기 위해 안간힘을 썼다. 이때부터 인터넷 경매시장의 경쟁의 막이 올랐다. 이베이 이취, 타오바오닷컴, 이파이왕, 3자가 대립하는 구도였다. 타오바오닷컴은 출발은 늦었지만 빠른 시간 안에 시장점유율 2위에 올라섰다. 그러나 인터넷 경매시장은 경쟁이 치열하고 사방에 위기가 잠복한 전쟁터였다. 잠깐 방심하면 금새 경쟁자에 자리를 내주고 마는 형편이었다. 게다가 경매 사이트들은 막강한 포털사이트와 제휴를 맺음으로써 3대 경매 사이트 간 경쟁은 더욱 치열해졌다. 타오바오의 발전이 빠르다고는 하지만 그보다 훨씬 앞서 출발한 이취가 있고, 야후와 시나닷컴이라는 큰 산을 끼고 있는 이파이왕이 있었다. 어느 한 쪽도 만만한 상대가 아니었다. 어느 한 쪽도 절호의 기회를 놓치지 않고 세력을 확장하려고 혈안이 되어 있었다.

2004년 8월 세계 최대 인터넷 거래기업 이베이가 상하이에 첫 해외 R&D센터를 정식으로 설립하고 2년 전 지분을 사들였던 이취의 사명을 '이베이 이취'로 변경했다. 이에 질세라 시나와 야후가 합작한 이파이왕도 홍보 공세를 퍼부었으며, 타오바오닷컴도 시장점유율을 확대하기 위해 끊임없이 노력했다. 수익 분기점까지는 아직도 먼 길을 가야 했지만 거액의 투자를 계속하며 미래를 위한 기반을 다졌다.

마윈은 어떻게든 3사의 세력 균형을 깨고 두각을 나타내기 위해 고심했다. 치열한 경쟁 속에서 마윈의 기이한 행보는 또 한번 세상을 놀라게 했다.

돈보다는 미래를 본다

포커스 미디어의 장난춘은 이런 말을 했다.

"돈을 추구하는 것은 나쁜 일이 아니다. 기업은 자본으로 움직이며 거액의 자금은 외부에서 유치해야 한다. 자본의 통로를 열고 더 많은 투자를 유치해 더 큰 사업을 하는 것을 나쁘다고 할 수 없다. 더 많은 용도가 있고 주주들에게 짭짤한 수익을 안겨주며 기업이 지속적으로 발전할 수 있다면, 돈을 추구하는 것이 바람직하다고 생각한다."

그러나 이러한 당연한 상식을 마윈은 간단히 뒤집어버렸다. 알리바바는 이베이 이취와 중국 시장 쟁탈전에 온 힘을 집중하느라 회사의 상장 계획까지 뒤로 미뤘다. 마윈은 3억 5000만 위안을 타오바오닷컴에 더 쏟아붓고도 자금과 자원을 계속 투입했다.

"돈을 추구하지 않고 미래의 희망을 기다린다"는 기인, 마윈이 또 일을 냈다. 당시 인터넷 경매시장이 번영하면서 각 경매 사이트들이 투자를 늘려갔다. 다들 '고기를 낚으려면 미끼를 던져야 한다'고 믿었다. 인터넷 경매시장의 거두 이베이 이취도 이베이의 CEO 멕 휘트먼Meg Whitman이 야심차게 던진 포석이었다. 그는 2004년 이베이 이취의 2분기 재무보고서에서 이렇게 밝혔다.

"이베이의 2분기 글로벌 성적표는 매우 고무적이다. 이베이 이취는 중국 시장에서 뛰어난 활약으로 눈부신 성장세를 유지하며 온라인 거래 시장의 선두에 섰다. 이베이는 앞으로도 이베이 이취에 대한 투자를 계속 늘려갈 것이다."

이베이 이취 CEO 사오이보도 이베이가 적극적 투자 의사를 보이고 있다고 밝혔다. 이러한 거액의 투자는 15년 뒤 중국 시장이 세계 최대 개인 온라인 거래 시장이 되리라는 예측에서 비롯된다.

마윈이 말했듯이, 알리바바가 많은 돈을 축적한 것도 경쟁에 대비해서였다. 타오바오닷컴을 업계의 거두로 키워야 더 많은 이윤을 기대할 수 있었다. 이렇듯 인터넷 경매 사이트들은 때를 기다리며 칼을 갈고 있었다.

현지화 전략에 실패한 이베이 이취

맹자는 "좋은 시기는 유리한 지형보다 못하고, 유리한 지형은 사람의 화합보다 못하다"라고 했다. 비즈니스에서는 사람의 마음을 얻는 것이 가장 중요한 비결이다. 여기에 현지화 경영까지 더해야 비로소 승산이 있다.

외국 기업이 중국에 진출해 현지화 전략에 실패하고 철수하는 예는 흔하다. 얼마 전 매체를 뜨겁게 달궜던 미쓰비시 휴대폰의 중국 시장 퇴출이 대표적 사례다. 이로써 미쓰비시는 산요, 도시바, 마쓰시타에 이어 네 번째로 중국 시장에서 물러나는 일본기업이 되었다. 2005년 4월 일본 도시바가 푸톈왕즈 합자회사로부터 자본을 철수한다는 소식이 업계의 주목을 끌었다. 이는 도시바가 중국 CDMA 휴대폰 시장에서 정식으로 물러간다는 사실을 의미했다. 이 사건을 계기로 일본 휴대폰 기업들이 중국에서 속속 철수할 것이라고 단언하는 사람도 있었다. 일부 휴대폰 업체들은 참담한 성적표를 받고 쓸쓸히 퇴장했고 교세라도 고전을 면치 못했다. 일본 본토의 독보적 휴대폰 업체 NEC에 유일한 희망을 걸어보았으나 역시 중국에서는 속수무책이었다. 이 회사는 최근 6개월의 시장점유율이 형편없이 하락했다. 한 조사는 중국에서 일본 휴대폰 제품의 인지도가 미국과 유럽 브랜드보다 확실히 낮다고 전했다. 일본 휴대폰의 부진은 현지화에 성공해야 살아남을 수 있다는 진리를 또 한 번 증명해 보였다.

미국에서는 위탁판매 성격의 오프라인 점포들이 이베이 같은 C2C 사이트와 연계하면서 새로운 산업 체인을 창조했다. 이베이는 중국이 미국 모델을 모방할 가능성을 부인하면서 현재의 전략은 중국의 전자상거래 상황을 감안한 것이라고 주장했다. 이베이가 중국에서 고려하는 것은 확장 발전이 아니라 눈앞의 온라인 거래 시장을 키우는 것이었다.

이베이는 설립과 함께 빠르게 영리를 실현하면서 세계 시장에서 가파른 성장세를 창출했다. 그러나 그들의 성장 신화는 중국 시장에서 그대로 멈춰버렸다. 현지화와 사람의 마음을 붙잡는 노력 없이는 중국에서 정착하기 어렵다. 그들이 들여온 신용과 물류 시스템은 중국 사정에 맞지 않았다. 아이러니하게도 선진 시스템이 그들의 발목을 잡은 것이다. 이 문제를 해결하지 않는 한 이베이 이취의 영리 실현은 요원했다. 현지화 실패는 미국 이베이 이취의 중국 시장 진출을 방해하는 병목으로 작용했다.

이에 비해 타오바오닷컴의 현지화 전략은 그야말로 꼼꼼하게 진행되었다. 그들은 고객의 사용 상황에 따른 '신용 시스템'을 즉시 내놓았으며, 알리페이 결제 시스템으로 더 많은 국내 고객의 호응을 이끌어냈다. 그뿐 아니라 타오바오는 여전히 무료를 고집하고 있다. 이베이 이취가 장기적인 목표와 경영 노하우를 기반으로 야심찬 출발을 했지만 고객 전략에서는 타오바오닷컴이 좀더 앞서 있다. 타오바오는 고객의 니즈에 맞는 시장을 개척하고 있다. 이것이 타오바오가 이베이 이취보다 앞서가는 비결이자 마윈의 뛰어난 면이기도 하다.

타오바오닷컴은 중국 시장이 충분히 크지만 시장가치를 아직 제대로 발휘하지 못하고 있다고 본다. 중국 시장에서의 경쟁에서 이기지 못하면 해외 시장에서도 어렵다. 결국 글로벌 기업으로 성장하기 위해 먼저 중국 본토부터 공략한다는 것이 그들의 전략이다.

남과 같은 길은 가지 않는다

2006년 1월 23일부터 이파이왕은 회원 가입과 상품 업로드를 포함한 모든 온라인 서비스를 중단했다. 1월 24일부터 2월 15일까지 이파이왕의 고객은 타오바오에 흡수되며, 2월 15일부터 이파이왕은 완전히 폐쇄되었다. 이파이왕은 시나닷컴과 야후가 공동 설립한 온라인 거래 커뮤니티로 2004년 4월 출범했다. 알리바바닷컴이 야후 차이나를 사들이면서 타오바오닷컴과 유일하게 서비스가 중복된다는 점 때문에 그 거취에 업계의 관심이 쏠렸다.

이파이왕은 폐쇄 직전까지 1000만 명의 회원과 400건의 상품을 보유하고 있었다. 시장조사기관 이관궈지가 발표한 '2005년 3분기 중국 C2C 시장 데이터'는 이파이왕이 중국 C2C 시장점유율 7.29%를 차지하며 3위에 랭크되었다고 밝혔다.

이파이왕의 폐쇄와 함께 합병의 마지막 절차가 마무리되었다. 이로써 온라인 거래 시장을 삼분하던 구도는 마윈에 의해 완전히 뒤집혀버렸다. C2C 시장 3위를 흡수 합병한 이후, 타오바오닷컴은 이베이 이취에 단독으로 도전하는 신화를 창조한 것이다.

그에 앞선 2005년 12월 31일, 알리바바와 시나는 이파이왕의 주식에 관한 최종 협의를 한 바 있었다. 시나는 자신들이 보유한 이파이왕 33%의 지분을 알리바바에게 양도했고, 이때부터 알리바바는 이파이왕에 대해 100%의 주식 지배권을 갖게 되었다. 그대로 간다면 마윈이 국내 인터넷 경매의 1위와 2위를 점유할 수 있었다. 그러나 사람들의 예상을 깨고 마윈은 이파이왕을 폐쇄해버린 것이다. 2006년 1월 24일부터 2월 15일까지, 이파이왕은 어떠한 콘텐츠도 업데이트하지 않고 방문자를 타오바오닷컴으로 인도하는 역할만 수행했다.

이파이왕을 폐쇄한 조치에 대해, 마윈은 '상당수의 이파이왕의 회원들은 타오바오닷컴에도 온라인 점포를 개설한 상태'라고 밝혔다. 그는 '타오바오 2005년 거래액이 전년 대비 700%의 가파른 성장세를 보이고 있으므로 이파이왕의 회원까지 늘어나면 금상첨화겠지만 근본적 변화는 없을 것'이라고 덧붙였다. 그는 또 '이파이왕의 직원들이야말로 이번 합병에서 가장 가치 있는 부분'이라고 강조했다. 이파이왕을 합병하면서 타오바오의 시장점유율을 높여 백중세에 있는 경쟁자 이베이 이취를 상대하겠다는 그의 의지를 엿볼 수 있다.

이는 몇 달 전 장난춘이 이끄는 포커스미디어가 쾅자미디어를 합병하여 쥐중미디어를 공략했던 일화와 무척 흡사하다. 큰일을 하는 사람은 생각도 비슷한 것 같다. 마윈이 장난춘과 다른 점은 이파이왕을 합병한 이후 곧장 폐쇄해버리고 고객정보만 타오바오로 옮겨놓은 것이다. 이처럼 마윈은 많은 생각을 하게 하는 전자상거래계의 기인이다.

기적을 창조하다

드디어 C2C 시장의 선두 타이틀이 타오바오닷컴에게 돌아왔다. 타오바오닷컴이 출범한 지 2년도 되지 않았을 때였다. 2004년 7월 2일, 중국인터넷실험실의 통계조사는 타오바오닷컴의 인터넷 인기지수가 662.67로 같은 기간에 9.84% 성장했다고 밝혔다. 같은 날 이베이 이취의 인기지수는 426.13, 성장률은 0.84%였다. 타오바오닷컴의 거래량은 이베이 이취와 거의 맞먹었다. 이 조사는 '타오바오닷컴이 중국 최대 전자상거래 사이트의 선두에 올라섰다'고 밝혔다.

이베이 이취는 심지어 비교 기준에서 신규회원 수, 거래액, 단일 신규 품목 증가량, 거래율, 그리고 누적 회원 수 항목을 슬그머니 빼버렸다. 회원 수를 제외한 항목에서 타오바오닷컴에 크게 뒤지고 있었기 때문에 이베이 이취는 오랜 시간에 걸쳐 축적한 회원 수만 강조할 수밖에 없었다. 2005년 3월, 아시아소매온라인은 아이리서치의 통계를 인용하면서 타오바오닷컴이 중국 C2C 쇼핑몰 1위에 등극했다고 밝혔다. 이 조사는 타오바오닷컴의 하루 거래 고객 수가 1만 9025명으로 중국 C2C 시장의 선두 이베이 이취를 제쳤다고 밝혔다. 이베이 이취는 이 항목에서 타오바오닷컴에 20% 포인트나 뒤졌다.

2005년 1분기 타오바오의 거래액은 10억 2000만 위안, 이베이 이취는 8억 위안으로, 타오바오가 처음으로 역전에 성공했다. 2003년 5월 10일 '무無'에서 출발해 2년 만에 국내 C2C의 선두 자리를 점령하고 인터넷 기업 발전사에 기적을 창조한 것이다.

2006월 5월 중국 인터넷정보센터가 발표한 C2C 시장조사는 타오바오닷컴이 시장점유율 67.3%로 29.1%인 이베이 이취를 멀찌감치 따돌렸다고 밝혔다. 회원 수도 1900만으로 이베이 이취의 2050만명을 바짝 뒤쫓았다. 온라인 상품 종류 3000만 건 이상, 일일 거래액 4700만 위안 이상에 사이트 방문자 수가 1억 1천만 명을 넘어섰다. 2006년 9월 8일 타오바오닷컴 사장 쑹퉁위는 회원 수가 이미 2700만 명에 달해 이베이 이취를 앞질렀으며 이틀 동안의 거래액은 1억 위안을 넘는다고 밝혔다.

타오바오닷컴이 새로운 비즈니스 모델을 내놓자 이베이 이취의 경쟁력은 크게 떨어져버렸다. 그들은 한동안 속수무책으로 효과적인 대응을 하지도 못했다. 이베이 이취는 타오바오닷컴이 자신들의 영역을 마음껏 유린하며 시장을 빼앗아가는 모습을 두 눈 뜨고 지켜봐야 했다. 물론 마윈은 돈만 믿고 무모하게 덤비는 '벼락부자'가 아니었다. 무료 모델은 비즈니스 모델의 일부에 불과했으며, 영리 모델도 고려해야 했다. 그러나 어쨌든 그의 출발은 절반의 성공을 거두었고, 이는 이베이 이취에 상당히 큰 부담을 안겨주었다. 다음 행보는 그가 이베이 이취의 반격에 어떻게 대처할지에 달려 있다.

'한 장의 천'으로
고객과 소통하다

타오바오닷컴은 출범 뒤 2년 만에 업계 1위, 중국 최대 온라인 쇼핑몰에 등극했다. 그뿐 아니라 전 인터넷 업계에 커다란 영향력을 행사하면서 중국 인터넷 발전사의 '기적'으로 불렸다.

최근 〈포브스〉는 "마윈이 이런 추세로 발전한다면 세계 온라인 경매시장의 최종 점령자는 이베이가 아니라 타오바오닷컴이 될 것이다"라고 말했다. 타오바오닷컴이 그토록 짧은 시간에 철옹성 이베이 이취와의 경쟁에서 승리한 비결은 무엇일까? 이는 IT계 모든 사람들의 핫이슈였다.

단 하나의 전략

정성껏 서비스해야 고객의 만족과 신뢰를 얻을 수 있다. 그것이 기업이 발전할 수 있는 길이기도 하다. 정성어린 서비스는 서비스 예술, 또는 예술적 서비스의 가장 근본적 요건이자 마윈이 타오바오 직원에 늘 주문하는 것이기도 하다.

"알리바바는 전자상거래 서비스 회사다. B2B 전자상거래 기업으로 세계 최대의 온라인 무역 시장과 상인의 커뮤니티를 관리·운영한다. 알리바바 사이트는 날마다 220개국의 기업과 상인을 위한 '비즈니스 아이템 추천', '사이트 구축', '신용 커뮤니티' 서비스를 제공해야 한다. 서비스의 질에 따라 알리바바의 생존 여부가 결정된다."

서비스의 질을 높이기 위해 마윈은 성실한 자세로 고객을 대했다. 오늘날 알리바바닷컴이 100만 명이 넘는 상인 회원을 보유하고 상인들 사이에 가장 사랑받는 세계 1위의 B2B 사이트로 성장할 수 있었던 것도 신용을 중시했기 때문이다. 전자상거래가 발전하면서 기업은 B2B 전자상거래에 새로운 요구를 하고 있다. 현실 세계에서도, 사이버 커뮤니티에서도 상인의 신용은 절대적인 요소다. 장사꾼에게 신용이 없으면 절대로 성공할 수 없다. 알리바바는 신용의 중요성을 익히 알고 있었다.

2002년 알리바바는 중국의 우수한 수출기업을 겨냥한 상품인 중국 공급상을 출시했으며, 3월부터는 전 세계 회원들에게 상거래 커뮤니티의 신용 통행증인 청신퉁 서비스를 제공했다. 동시에 세계 유명기업을 상대로 인터넷 광고 서비스를 출시했다. 이들 서비스에는 모두 신용이 바탕에 깔려 있었다.

"고객의 목소리에 귀를 기울이고, 고객의 니즈를 만족시킨다."

이는 알리바바의 생존과 발전의 근간이었다. 알리바바의 회원 중 약 70%는 입소문을 통해 온 사람이다.

알리바바는 중국 공급상 홍보 기획에서 10개의 업종만 선정하고, 업종별 총 2000개의 기업만을 대상으로 서비스했다. 이러한 전략들은 더 정성스러운 서비스를 위해서였다. 알리바바는 전자상거래 서비스 기업이므로 서비스를 가장 우선시한다. 서비스는 고객이 필요로 하는 것이다. 고객의 입장에서 성심껏 서비스하고 고객이 정성을 느낄 수 있도록 해야 회사는 더 발전할 수 있다. 현재 회사는 대부분의 시간을 모두 고객을 위한 서비스에 쏟고 있다. 각종 고객 교류회, 인터넷 창업가 대회 등 쌍방향으로 고객의 니즈를 파악하고 이를 토대로 서비스를 실시한다.

알리바바는 투자자들에게도 일관된 신용을 보여주었다. 투자자들의 목표는 단 하나, 돈을 버는 것이다. 투자자는 장기적으로 돈을 벌 수 있는 기업에 돈을 투자하고자 한다. 투자자의 흥미를 끌려면 처음부터 그들과 신뢰감 있게 소통하면서 회사의 현재 상황과 앞으로의 비전을 진실되게 알려주어야 한다. 그리고 자신이 한 말에는 반드시 책임을 지는 책임감을 보여주어야 한다.

고객들을 만족시키기 위해 마윈은 하이얼그룹의 '한 장의 천' 서비스를 도입했다. 하이얼그룹이 오늘날 훌륭한 기업으로 성장한 배경에는 '한 장의 천' 서비스 전략의 힘이 컸다. 하이얼 직원은 고객의 집에 에어컨이나 냉장고를 설치하러 갈 때 반드시 한 장의 천을 가지고 간다. 작업이 끝나면 자신이 딛고 다녔던 바닥을 깨끗이 닦아주고 온다. 이러한 서비스는 주변에 하이얼의 서비스 정신을 알리는 효과가 있었다. 알리바바의 '한 장의 천' 전략은 바로 서비스 정신을 확고히 하여 알리바바를 찾은 고객이 알리바바의 일처리가 시원시원하다고 느낄 수 있도록 지체없이 신속한 서비스를 제공하는 것이다.

'천하무적'에서 'Moto GP'까지

타오바오닷컴은 전자상거래 기업 중 최초로 TV광고와 옥외광고를 내보냈다. 또한 연예·오락 마케팅과 스포츠 마케팅전략에 능한 기업이기도 하다. 「천하무적賊」이라는 새해맞이 영화를 활용한 마케팅이 대표적 사례다.

「천하무적」은 2004년 전국 언론이 앞다퉈 보도한 화제의 영화다. 새해 특집으로 나온 이 영화는 도둑 없는 세상을 갈망하는 관객들의 구미를 겨냥한 코미디물이었다. 돈을 벌어 기차를 타고 고향으로 돌아가는 농민 사건傻根과 그의 돈을 노리는 소매치기들의 이야기가 펼쳐진다. 왕보王薄와 왕리王麗는 남녀 소매치기 파트너다. 둘은 처음에 사건의 돈을 노리지만 세상에 도둑이 없다는 사건의 순진함에 이끌려 오히려 다른 소매치기 일당으로부터 그를 지켜주기 위해 노력한다. 왕보와 왕리의 도움으로 사건은 고생해서 모은 6만 위안을 무사히 지켰을 뿐 아니라 세상에 도둑이 없다는 '천하무적賊'의 꿈을 지킬 수 있었다. 명감독 펑샤오강은 인물의 어수룩한 외모를 통해 인간 내면의 선과 진실을 표현했다. 세상의 냉혹함에 인간의 동화적인 순수함을 대비시킨 걸작으로 꼽히는 이 영화는 어수룩한 인물 사건의 순수함으로 관객들을 매료시키면서 흥행에 성공했다.

영화 「천하무적」과 타오바오닷컴의 제휴는 2003년 창립과 동시에 난관에 봉착한 타오바오닷컴의 홍보를 위해 이루어졌다. 2004년 4월 2일 마윈은 「천하무적」과 공식 스폰서 계약을 맺었다. 타오바오닷컴은 광고와 포스터, 언론 홍보 등 일반적 홍보 수단 외에 영화 관련 제품의 온라인 개발과 부가서비스 분야도 합작을 했다. 1000만 위안을 들인 「천하무적」과의 합작으로 타오바오는 큰 홍보 효과를 누렸다.

영화 속에서 펄럭이던 타오바오닷컴의 깃발은 단연 화젯거리가 되었고 영화에 등장한 소품은 온라인 경매로 팔려나가기도 했다. 남주인공 류더화가 사용한 디지털카메라, 오픈 행사에서 신었던 부츠와 모자에서부터 여주인공 리빙빙의 카메라까지, 모든 제품의 경매가는 1위안에서 시작했다. 류더화의 가죽바지는 2만 위안까지 치솟으면서 고객의 많은 관심을 끌었다.

스포츠 마케팅에서 타오바오닷컴이 전개한 가장 큰 활동은 2005년 세계 오토바이 챔피언 대회 'Moto GP'의 중국 지역 스폰서로 참가한 것이다. 전 세계 3억 2700만 시청자가 Moto GP 경기 실황 중계를 시청한다고 한다. 타오바오닷컴은 중국 기업으로는 최초의 Moto GP 공식 스폰서였다. 이 스폰서 활동은 타오바오의 브랜드 이미지 구축에 큰 도움이 되었다. BMW, Tissot 시계, 던롭 타이어, 혼다, 말보로, 카스토르, AMD 등 정상급 글로벌 메이커들이 Moto GP의 스폰서 기업이다.

그전에도 타오바오는 ESPN의 합작 파트너로 스포츠 축제 로렌스상 시상식에 참석했다. 수상자들은 개인 물품과 사인을 타오바오닷컴 경매에 내놓았으며, 경매 수입은 로렌스 기금회로 보내져 중국의 자선사업이나 아동스포츠 사업을 지원하는 데 쓰였다.

무조건 신용이 기본이다

아직까지 외국계 인터넷 기업 중 중국에서 절대적 우위에 있는 기업은 없다. 아메리카 온라인과 야후가 세계 시장에서 그런 것처럼, 이베이는 아무리 큰 대가를 치르더라도 중국에서 막강한 위상을 차지하기를 갈망했다. 이베이 이취가 2005년 5월 1일부터 2년 만에 대규모 가격인하를 단행한 것도 그런 의도에서였다. 그전까지만 해도 이베이 이취는 미국과 유럽 지역의 수수료 기준을 올리려고 했다. 가격인하나 무료 모델이 고객을 유치하는 수단이 될 수는 있지만, 진정한 경쟁에서 가격은 결코 결정적 요소가 되지 못한다. 일본에서 야후가 유료를 고수하고도 무료 모델을 내세운 이베이를 몰아낸 것만 보아도 이를 알 수 있다. 월가의 애널리스트 마크 마헤니Mark Maheny는 이베이 이취의 총 거래량 성장세가 투자액에 훨씬 못 미치는 이유가 무료 모델 때문만은 아니라고 분석했다.

무료 모델이 타오바오닷컴의 발전에 기초를 다져 주었다면, 독특한 신용평가 시스템과 안전한 결제 시스템으로 뒷받침해준 알리페이는 타오바오닷컴이 이베이 이취 등 경쟁자를 물리친 결정적인 힘이 되었다. 타오바오닷컴이 이베이 이취를 이길 수 있었던 진정한 비결은 신용이며, 그 신용은 알리페이에서 비롯된 것이다. 신용 문제는 온라인 거래를 제약하는 걸림돌이다. 이 문제를 해결하는 자만이 경쟁에서 이길 수 있다. 타오바오닷컴은 알리페이와의 완벽한 조화를 이루는 결합을 통해 중국 시장에서 더 큰 우위를 갖추게 된다.

알리페이는 4대 국유 상업은행과 초상은행과의 제휴를 통해 거래 쌍방에 안전한 자금결제 플랫폼을 제공한다. VISA와의 제휴로 전 세계에도 안전한 결제 수단을 제공할 수 있게 되었다. 알리페이의 독특한 신용 시스템에 힘입어 타오바오닷컴은 급속도로 성장하여 중국 C2C 시장의 1인자에 등극했다. 하지만, 아시아를 넘어 세계를 제패할 때까지 마윈은 어깨 위의 짐을 내려놓지 않을 것이다.

제5장
알리페이는
왜 독립했을까?

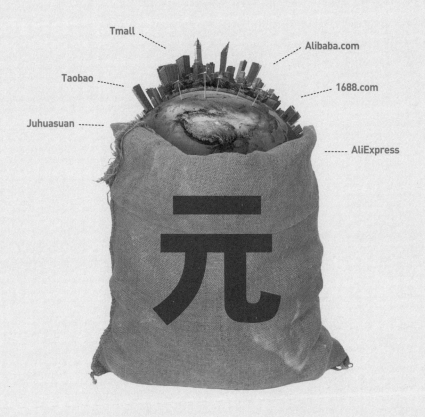

Tmall

Taobao

Juhuasuan

Alibaba.com

1688.com

AliExpress

alibaba

마윈은 알리바바를 중국, 나아가 세계 일류의 B2B 사이트로 만들었다. 또한 마윈은 선발주자의 기세에 조금도 꺾이지 않고 2년 만에 타오바오닷컴을 회원 수 1위로 만들어 국내 최대 C2C 플랫폼으로 키웠다. 왼손에는 B2B, 오른손에 C2C를 든 마윈은 지금의 성과에 만족하지 않는다. 그는 완벽한 전자상거래 제국을 세우기 위해 부단히 노력한다. 알리페이는 온라인 거래 고객에게 가장 안전한 양질의 결제 서비스를 제공하는 중국 최대의 독립적 제3자 결제 플랫폼이다. 머리에 온통 전자상거래 생각으로 가득 찬 마윈은 이 모델을 성공적으로 출시했으며, 아직까지 승승장구하는 중이다.

전자상거래 제국의
대들보를 놓다

월가의 투자자들은 "결제 문제를 적극적으로 해결하는 기업이 중국 전자상거래를 장악할 것이다"라고 예견한 바 있다.

전자상거래 전문가들은 전자상거래 안전결제 문제가 하나의 방대한 시스템과 직결된다고 말한다. 알리페이는 대형 상업은행과 제휴함으로써 강력한 백오피스Back Office 관리와 기술의 강력한 지지 기반을 마련했다. 알리페이의 등장은 그야말로 인터넷 기업의 혁신이었다. 알리페이는 안전결제 문제를 해결함으로써 중국 전자상거래 결제에 활력소를 제공했으며, 중국 전자상거래 발전에 하나의 이정표를 제시했다.

완벽한 전자상거래 구축

타오바오닷컴은 회원 수를 계속 늘리는 한편 서비스 내용과 질을 어떻게 높일 수 있을까 고심했다. 고객들이 온라인 쇼핑의 장점을 알면서도 선뜻 뛰어들지 않는 것은 거래의 안전성에 대한 우려 때문이었다.

경제 전문가들은 전자상거래 기업이 중국에서 성공하려면 회원들의 회비에 의존할 것이 아니라 안전하고 효과적인 온라인 거래 결제 시스템부터 확립해놓아야 한다고 주장한다. 고객이 걱정하는 안전 결제 문제만 해결하면 중국 전자상거래의 본격적인 발전을 도모할 수 있을 것이다.

마윈도 "결제 문제를 해결해야 진정한 전자상거래가 가능하다"고 늘 주장했다. 결제 문제가 해결되면 전자상거래를 통해 타오바오닷 컴이 안정적으로 돈을 벌 수 있다. 마윈의 독특한 비즈니스 구상은 기존 전자상거래의 치명적 약점을 연구한 결과였다. 여기에 '고객은 왕'이라는 그의 경영이념이 더해졌다. '인심을 얻는 자가 천하를 얻는다'는 말처럼, 고객의 입장에 서서 고심하는 것은 오랜 상도다.

거래의 안전을 위해 타오바오는 다중의 안전장치를 마련했다. 국내 최초로 공안 부처의 신분 증명을 거쳐야 온라인 점포를 개설할 수 있도록 했으며, 휴대폰과 신용카드 인증 과정도 새로 마련했다. 신용평가 시스템을 통해 셀러의 거래 가격 등 정보를 기록하고, 고객을 기만하는 회원은 신용등급을 낮춰버렸다.

타오바오닷컴에서 문제가 발생하는 비율은 거래 1만 건당 겨우 한 건에 불과하다. 이 비율은 이미 미국과 유럽의 수준에 도달한 것이다.

마윈은 온라인 안전결제 문제는 전자상거래의 장기전이라고 주장한다. 타오바오의 인터넷 안전팀은 이와 관련한 작업을 조용히 진행하고 있다. 아직은 기밀사항이라 공개할 수 없다고 말하지만, 타오바오의 보안 담당자는 경찰 출신의 최고급 정보 전문가로 알려져 있다. 언젠가 타오바오닷컴에서 온라인 결제 사기 사건이 발생한 적이 있었다. 범인은 은행에서 돈을 찾은 뒤 15분도 안 되어 타오바오와 각지 경찰의 연계 작전하에 현장에서 체포되었다.

신용과 안전이 생명이다

온라인 쇼핑몰 회원의 급증은 온라인 쇼핑이 거스를 수 없는 대세임을 알려준다. 2004년, 타오바오닷컴은 출범한 지 2년도 안 되어 회원 수 450만, 상품 490만 건, 월 거래액 1억 6천만 위안 규모로 성장했다. 톈진 한 지역에서만 타오바오닷컴을 수시로 이용하는 사용자가 최소 5만 명에 달했고 등록상품은 20만 건이 넘었다.

이토록 놀라운 성장 속도에 마윈은 흥분을 금치 못했다. 그러나 근본적인 문제 하나가 전자상거래의 발목을 잡고 있었으니, 그것은 바로 신용과 안전 문제였다. 그는 결제 문제를 해결해야 진정한 전자상거래가 가능하다고 여겼다.

거래의 위험 요소는 전 세계 전자상거래 발전의 발목을 잡는 요인이었다. 미국에서는 2003년에 온라인 쇼핑몰 사기 피해로 발생한 손실이 1인당 293달러라는 통계가 나와 있다. 특히 인터넷 보급이 상대적으로 뒤떨어진 중국에서 거래 상 신용과 안전은 더욱 중요한 문제였다. 2004년 말 중국 인터넷 사용자 수는 1억 명이 넘어섰다. 그러나 전자상거래에는 여전히 '신용', '결제', '물류'라는 3대 문제가 존재했기 때문에 전자상거래 이용률은 낮았다. 42.3%의 사용자가 온라인 구매의 안전성을 걱정하고, 36.8%의 사용자는 A/S에 회의감을 느낀다는 조사 결과가 나와 있다.

사실 지난 몇 년 동안 중국 전자상거래 기업들은 나름의 안전장치를 설치했다. 2000년에 이취가 제일 먼저 '이푸퉁易付通'을 개설해 온라인 결제 안전장치의 물꼬를 텄으며, 그 뒤를 이어 알리바바의 청신퉁, 후이충의 '마이마이퉁買賣通'이 선을 보였다. 2003년 10월 18일 타오바오는 알리페이 서비스를 출시하고 1년 만에 큰 성과를 거두었다. 마윈은 타오바오닷컴에서 알리페이를 사용하는 온라인 거래자가 절반을 차지하며, 온라인 상품의 70%가 알리페이를 통해 거래되고 있다고 소개했다.

알리페이는 타오바오닷컴이 온라인 거래를 겨냥해 특별히 출시한 안전결제 서비스로, 알리페이가 신용중개기관이 되는 시스템이다. 물건을 사는 사람이 상품을 받은 사실이 확인되기 전까지 알리페이가 매매 쌍방을 대신해 물건 값을 보관하는 일종의 부가 서비스다. 현재 알리페이 서비스는 두 가지로 나눌 수 있다. 그중 하나가 거래 과정의 신용담보를 제공하는 '알리페이 거래'다. 고객이 온라인 구매 사이트(가령 타오바오닷컴)에서 알리페이 거래를 선택하면 결제, 물건의 발송 및 수령의 전체 과정이 알리페이의 관리하에 진행되어 거래 쌍방의 자금 안전을 책임진다. 또 다른 서비스는 안전하고 빠른 온라인 결제 업무와 매매 쌍방에 거래자금 내역 조회와 관리를 제공하는 '알리페이 계좌'이다. 고객은 은행 계좌와 알리페이 계좌 간 자금이체를 할 수 있으며, 알리페이 계좌는 해당 자금이 오간 내역 조회 및 관리를 지원한다.

알리페이의 기본 사용 흐름은 아래 그림과 같다.

간단한 이 흐름만 보아도 여타 온라인 결제에 비해 알리페이에게 안전, 신속, 간편, 무료라는 4대 우위가 있음을 알 수 있다.

첫째, 은행카드 결제를 빈번하게 사용하면 고객 은행 계좌 정보가

거래 시작

바이어가 알리페이에 입금

알리페이가 셀러에게 상품을 발송할 것을 통보

셀러가 바이어에게 상품 발송

바이어는 상품을 받고 알리페이에 통보

알리페이가 셀러에게 상품대금 지급

거래 성공

유출될 위험이 커진다. 이 점에서 알리페이는 온라인 쇼핑의 신용 문제를 근본적으로 해결했다.

둘째, 알리페이 계좌는 온라인 시대의 '전자지갑'으로, 이메일을 사용하여 불과 몇 초면 결제가 완료된다.

셋째, 알리페이 계좌는 타오바오닷컴과 긴밀한 협력으로 700만 건의 상품 거래시 자유롭게 사용할 수 있으며, 더 많은 특약 상점들이 지속적으로 가입 중이다.

넷째, 알리페이 계좌를 사용한 거래는 한 푼의 수수료도 받지 않는다. 마윈이 늘 강조하는 무료 전략으로 사용자들은 실질적 혜택을 누릴 수 있다.

전액 보상,
그리고 점유율 1위

타오바오닷컴 사장 쑨퉁위는 의미심장한 말을 했다.

"알리페이가 2003년 10월에 출시되었다. 알리페이라는 안전결제 서비스가 없었다면 중국의 전자상거래 시장은 지금처럼 성장할 수 없었을 것이다."

처음부터 알리페이는 타오바오의 전유물로 설계되지 않았다.

"마윈 회장은 타오바오닷컴만을 위한 것이 아니라 중국 전자상거래가 안고 있는 결제 문제를 근본적으로 해결할 방안을 구상했다. 따라서 알리페이는 타오바오닷컴에서 분리되어야 할 것이다."

타오바오닷컴의 한 고위 인사는 이렇게 말하면서 "알리페이는 타오바오에서 분리되어야 진정한 제3자 결제 플랫폼이 될 수 있다"라고 덧붙였다.

마음 놓고 사용하라

전자상거래의 트렌드를 이끄는 마윈은 남다른 후각과 예민함으로 전자상거래의 최전방에 서 있다. 2005년 1월 31일, 스위스의 스키

명소 다보스에서 항저우로 돌아온 마윈은 뭔가 복잡한 생각에 사로잡혀 있었다.

"다보스에 갈 때마다 무한한 자유를 느낀다. 그곳은 마음껏 펼칠 수 있는 생각의 성찬이었다."

중국 전자상거래의 대부 마윈이 그해 열린 다보스 연례 총회에서 제시한 명제는 '2005년은 중국 전자상거래의 안전결제의 해가 될 것'이었다. 춘절 휴가를 끝낸 마윈은 이 생각을 실천에 옮겼다. 그는 인터넷 거래 결제 서비스 알리페이를 전면 업그레이드하고 단독 결제사이트 '알리페이닷컴'을 출범시켰다. 또 알리페이를 국내 전자상거래 온라인 결제의 기술표준으로 키운다는 목표를 함께 제시했다. 알리페이의 고객은 알리바바와 타오바오닷컴에 그치지 않고 여타 전자상거래 회사의 고객으로 확대되었다. 알리페이가 정착되면 이베이 이취에서 물건을 구입하는 사람이 판매자에게 알리페이를 통해 결제하겠다고 요구할 수 있다. 그렇게 되면 이베이 이취에 큰 위협이 될 것이다. 향후 알리페이가 온라인 결제 플랫폼으로 통용된다면 알리페이를 통해 알리바바가 얻는 상업적 수익은 실로 거대할 것이다.

2003년 5월 타오바오닷컴이 출범했고, 2003년 7월 알리바바는 타오바오닷컴이 자사가 투자한 C2C 사이트임을 천명했으며, 2003년 10월 알리페이가 정식으로 사용되었다. 그리고 1년이라는 짧은 시간이 흐르고, 알리페이는 타오바오닷컴에서 분리되어 독립된 회사가 되었다.

알리바바가 알리페이사이트의 단독 출범을 선포함으로써 알리페이는 알리바바의 B2B 온라인 거래에도 적용되기 시작했다. 알리바바에 따르면 타오바오 인터넷 창업가의 절반이 알리페이사이트를 사용한다고 한다. 타오바오닷컴 온라인 상품의 70%는 판매자들이 알아서 알리페이를 이용한 결제를 유도하고 있다. 주하이와 상하이의 두 회원은 알리페이를 통해 50만 위안 상당의 액세서리를 거래했으며, 사먼의 한 바이어는 30만 위안짜리 뷰익 자동차를 구입하기도 했다. 이번 알리페이의 전면 업그레이드에서 더욱 눈길을 끌었던 부분은 '전액 보상'을 보장했다는 것이다. 알리페이 사용 과정에서 사기를 당한 피해자는 전액을 보상받을 수 있다.

"수백만, 수천만 위안이 아니라 1억 위안일지라도 전액을 보상해준다."

마윈은 자신만만하게 말했다. 이에 대해 업계에서는 전액 보상은 세계적으로도 성공한 전례가 없다면서 알리바바의 대담한 정책은 분명 리스크를 안고 있다고 우려했다. 마윈은 "리스크가 일정 수위를 넘지 않도록 철저히 관리할 것"이며, "설사 백 번 양보하여 금액이 수억 위안이라도 우리는 충분히 보상할 여력이 있다"고 말했다. 약속이란 신의를 지키는 것이라는 의미를 되새겨볼 수 있는 말이다.

전자결제 시장 쟁탈전

전문가들은 전자상거래 시장을 둘러싼 이베이 이취와 타오바오닷컴의 치열한 경쟁 이면에는 앞으로 성장할 전자결제 시장이 있다고 지적한다. 마윈이 알리페이사이트를 출범시켜 기타 국내 전자상거래 온라인 결제의 기술 표준으로 삼겠다고 하자, 이베이 이취도 새로운 안전결제 서비스를 연구 중이며 곧 세상에 선보일 것이라고 발표했다.

이베이가 중국 이베이 이취에 1억 달러를 투자했다는 소식은 국내 전자상거래 업계와 매체에 큰 반향을 일으켰다. 사람들은 이베이 이취가 그 돈을 어떻게 사용할 것이며, 거액의 투자가 중국 전자상거래 시장에 어떤 영향을 가져올 것인지 촉각을 세웠다. 그 돈이 이베이 이취의 시장 개척에 쓰일 것이라는 사람들의 추측과는 달리, 이베이 이취의 COO 정시구이는 1억 달러를 온라인 거래의 안전성 강화, 특히 안전결제수단을 구축하는 데 사용하겠다고 밝혔다. 그는 더욱 편리하고 안전한 결제 서비스를 곧 출시할 것이라고 말했다.

"우리는 이미 결제 분야의 전문가를 이 업무 책임자로 영입했다." 정시구이는 또한 이 자금으로 콜센터를 세워 고객 서비스 개선에 힘쓸 것이라고 덧붙였다.

화약 냄새로 가득 찬 이베이 이취의 전략은 아무리 봐도 타오바오닷컴을 겨냥한 것이었다. 애석하게도 국내 정책의 제약으로 아직까지 이베이 휘하의 결제 플랫폼 페이팔은 중국에 순조롭게 진출하지 못하고 있다. 그렇다고 포기할 이베이 이취가 아니었다. 그들은 국내 은행 온라인 결제 전문가를 영입해 페이팔을 그대로 모방한 독립적인 회사를 세우기로 했다. 이베이 이취가 설립한 '안푸바오安付寶'는 중국판 페이팔이라고 할 수 있다.

페이팔은 현재 세계에서 가장 성공한 온라인 전자결제 서비스 기업이다. 전자상거래 결제수단인 신용 계좌로 수표나 신용카드를 대체하며, 사용자는 저렴한 수수료를 내고 빠른 속도로 결제를 할 수 있다. 애초에는 이베이를 대상으로 개발한 온라인 결제수단이었으나 지금은 미국 시장에서 90%의 점유율을 자랑한다.

당시 타오바오닷컴의 또 다른 경쟁자 이파이왕도 같은 계산을 했다. 그들은 그들의 거래결제 플랫폼을 매매 쌍방이 거래할 수 있는 유일한 경로로 삼고자 했다. 사실 그들의 행보 하나하나의 원인은 모두 군침 도는 풍부한 수익성에 이끌려서였다.

이베이 이취의 탄탄한 자금공세에 맞서 마윈이 내놓은 필사의 전략은 무료 모델이었다. 무료이기 때문에 타오바오닷컴은 매매 쌍방의 연락처를 공개할 수 있었다. 그러나 유료를 시행하는 다른 경매 사이트는 이렇게 할 수 없다. 페이팔은 신용카드를 기반으로 하기 때문에 신용카드 보급률이 떨어지는 중국 대륙에서 이 서비스를 이용하기에는 무리가 따랐다. 이런 상황이 다 바뀌려면 시일이 걸릴 수밖에 없다.

이베이 이취와 타오바오닷컴이 쟁탈전을 벌이겠다는 속셈이 여실히 드러났다. 온라인 경매 분야의 시장표준은 과연 누가 거머쥘 것인가? 마윈은 이에 대해 명쾌한 해답을 내놓는다.

"표준이란 시장에 의해 결정된다. 고객이 '정말 좋다'고 인정할 때 그것이 하나의 표준이 된다. 이는 자연스러운 과정이다."

2005년 7월, 페이팔이 본격적으로 중국에 진출해 인롄銀聯 전자결제 시스템과 전략적 제휴를 체결한다는 소식이 들렸다. 알리페이도 같은 시기에 2005년 7월, 1000여 개의 쇼핑몰과 연계 협정을 맺었다고 발표했다. 마윈은 이러한 조치들로 알리페이가 경쟁자들과 필사의 일전도 불사하겠다는 뜻을 분명히 했다.

현재 많은 사이트들이 국내 1위를 달리는 결제 플랫폼 알리페이를 이용하겠다고 공개적으로 밝히고 있다. 소후와 바이두, 그리고 인터넷 바이러스 프로그램 업체들인 장민과 진산 등을 포함해 지오다노 등 타오바오에 점포를 개설한 전통 기업들이 그들이다. 그 밖에도 중국특가왕을 비롯한 1000개 이상의 중소형 개인 쇼핑몰 사이트가 알리페이와 연계되어 있다. 중국 내 유명 IT사이트 중관춘 온라인은 알리페이와 합작으로 'ZOL' 중고품 거래 결제 플랫폼을 구축했다. 바이두는 영화 다운로드 서비스 '바이두잉바百度影吧'의 결제를 알리페이와 연계하여 결제 시스템의 부족한 면을 보완하게 되었다고 밝혔다. 이런 현상들은 마윈의 세력이 아직 중국에 자리 잡지 못한 경쟁자를 압도하며 더욱 불안하게 하고 있음을 말해준다.

아낌없는 투자

마윈이 타오바오닷컴에 2억을 쏟아부으며 무료 모델을 고집한 행보는 이미 유명하다. 그런데 알리페이에도 큰돈을 들여 '전액 보상'을 보장하고 다른 지역 간 송금에도 수수료를 받는 정책을 적용하자 사람들은 그를 또 한번 다시 보게 되었다.

타지역 간 송금시 걸핏하면 1%의 수수료를 받는 관행에 사람들은 이미 짜증이 나 있었다. 그러나 '세상에 공짜란 없다'는 옛말이 무색하게, 알리페이에서는 타 지역 송금 수수료까지 무료였다. 2005년 2월 2일, 타오바오닷컴과 알리바바닷컴은 같은 지역이든 타 지역이든 상관없이 알리페이를 통해 이루어지는 거래는 어떤 비용도 받지 않겠다고 선포했다. 알리페이는 공상은행, 건설은행, 농업은행, 초상은행과 전략적 제휴를 맺었으며, 2004년부터는 서비스 범위를 타오바오닷컴 회원에서 알리바바 기업 회원으로까지 확대했다. 알리페이 계좌에 등록하는 순간부터 회원들은 무료로 자금을 이체할 수 있게 되었다.

수수료를 면제한 이후 알리페이를 통해 결제하는 일일 거래량이 수만 건, 거래액은 수백만 위안에 달했다. 은행들은 알리페이와 합작하면 단기 저축을 유치할 수 있기 때문에 알리페이로부터 수수료를 받지 않는다. 그러나 마윈은 앞으로 은행에 "낮은 비율이나마 수수료 지급을 고려할 것"이라고 밝힌다.

알리페이가 은행과의 제휴로 발생하는 비용은 탄탄한 재정 능력을 갖춘 타오바오와 알리바바에서 전액을 부담할 것이다.

"타오바오닷컴은 3년 무료를 약속했다. 그 기간에 발생하는 비용은 당연히 우리가 부담할 것이다."

마윈은 이렇게 말한다. 물론 약속만으로는 부족하며, 보다 다각적인 보호 장치가 있어야 진정한 안전결제 시스템이라고 할 수 있다. 2006년 3월 9일, 알리페이 디지털 증서를 알리페이사이트에 구축하면서 알리페이 안전센터의 회원 수는 더 늘어났다. 알리페이 디지털 증서는 최첨단 디지털 비밀서명 기술을 채택하여 전자방식으로 알리페이 회원의 신원을 인증해준다.

무림의 맹주

온라인 결제에 관해 전화카드 충전 사이트 중궈카왕中國卡網의 책임자는 이렇게 단언한다.

"알리페이가 중궈카왕의 거래에 큰 역할을 해준다. 고객은 주문하면서 돈을 내는데, 혹시 돈을 지불하고도 물건을 받지 못하면 주문을 취소할 수 있기 때문에 안심하고 거래를 할 수 있다."

그는 "알리페이가 안전하게 관리하고 손실은 전액 보상해주기 때문에 고객들에게 브랜드 효과를 심어주었다"라고 강조했다. 중궈카왕이 업그레이드되면서 충실한 알리페이 회원층도 동시에 형성될 것이다. 점점 많은 회원들이 알리페이를 이용할수록 전자상거래 결제가 편리하고 안전하다는 사실이 알려질 것이기 때문이다. 중궈카왕의 소비자 중 90% 이상이 알리페이를 사용한다고 한다.

알리페이는 알리페이 서비스 경영 데이터를 공개했다. 2005년 2월 2일, 알리페이가 강력한 기능을 연구하고 업그레이드를 마친 이후 알리페이를 통해 전자상거래를 하는 규모와 숫자가 급격히 상승했다. 타오바오닷컴에서만 알리페이를 통해 이루어지는 일일 거래액이 평균 350만 위안에 달한다. 디지털, 가전, 일상용품, 자동차 등 거래되는 상품 종류도 다양하다. 2006년 6월 이관궈지의 '2006 중국 전자결제 회원 조사보고서'는 알리바바의 알리페이가 국내 제3자 결제 시장에서 48.2%의 점유율로 1위에 올랐음을 알렸다. 마윈은 이로써 절대적인 '무림의 맹주'가 된 것이다.

알리페이의 사용 범위는 알리바바닷컴과 타오바오닷컴에만 국한되지 않는다. 앞으로 모든 전자상거래 기업에 결제서비스 기반을 제공하기 위해 노력할 것이다. 벌써 유수의 전자상거래기업들이 알리페이를 이용하겠다는 뜻을 밝혔다. C2C 분야의 치열한 경쟁 속에서 알리페이의 안전성과 편리성에 매료된 제휴기업들이 알리페이를 주요 결제 창구로 이용한다. 업계 관계자는 결제 제휴라는 새로운 제휴 방식이 중국 결제 시장에 영향을 가져올 중요한 돌파구라고 분석했다.

제휴를 통해 시장 진출에 성공한 알리페이는 전자상거래 적용 부문에서 튼튼한 진지를 쌓기 시작했다. 이는 경쟁자에 매우 높은 진입장벽이 된 한편 중국 내 쇼핑몰 환경의 안전성을 극대화했다. 플랫폼을 통일하여 호환성을 발휘하는 것 외에도, 전액 보상이라는 든든함 때문에 이용자들은 마음 놓고 온라인 쇼핑을 이용할 수 있게 되었다.

알리페이가 있다면
빼앗길 돈이 없다

2005년은 마윈의 전자상거래 사업에 있어 결정적인 1년이었다고 할 수 있다. 그해 알리바바와 중국 각 은행과의 제휴는 마윈이 예언한 '전자상거래 결제의 해' 중 가장 핵심적인 부분이었다. 전자상거래 플랫폼 시장을 쟁탈하기 위해 마윈은 용의주도한 전략을 세웠다. '좋은 시기'와 '유리한 지형'을 갖추었지만 마윈은 늘 긴장을 늦추지 않았다. 페이팔, 야후 등 전자결제의 국제적 거물기업들이 호시탐탐 노리고 있어 이 전쟁에 많은 변수가 발생할 수 있었기 때문이다.

이겼다고 경거망동하지 말고 졌다고 기가 죽으면 안 된다. 속에서는 어떤 파도가 몰아쳐도 아무 일 없다는 표정을 지어야 진정한 승자가 될 수 있다. 은행들과의 제휴를 통해 알리바바와 타오바오는 전략적으로 기회를 선점할 수 있었다. 그리고 그때마다 마윈이 보여준 태연자약한 표정과 승자의 기세는 큰 인물의 풍모를 여지없이 드러냈다.

강자의 연합

2005년, 알리바바의 알리페이는 공상은행과 전략적 제휴를 맺고 이제 막 태동을 시작한 전자상거래 제3자 결제 플랫폼 시장에 함께 진출했다. 공상은행과 알리바바그룹은 기존 협력을 기반으로 전자상거래 분야 협력을 한층 강화했다. 이로써 전자상거래 결제에서의 걸림돌은 완전히 제거되었다. 이는 당시 국내 4대 은행 중 유일하게 맺은 전자상거래 전략적 합작협의이기도 했다.

마윈이 국내 4대 은행 중 하나인 공상은행과 제휴를 택한 것은 전략적 의미가 크다. 그는 공상은행의 탄탄한 실적에 주목했다. 2004년 상반기 인터넷뱅킹 거래액이 18조 8000억 위안으로 은행 전체 업무의 20% 가까이 차지했다. 그 중 기업고객 계좌가 9만 2700개, 개인고객 계좌가 956만 개나 되었다. 2007년까지 중국 전자상거래 개인 경매 C2C 사이트의 거래액 규모가 210억 위안에 달했다는 통계가 있다.

중국 공상은행은 온라인뱅킹 보급률이 98% 이상으로 1년 결산 업무량이 중국 금융업계의 50% 이상을 차지하는 중국 최대 상업은행이다. 온라인 거래의 결제 문제가 해결됨으로써 알리바바와 타오바오는 인터넷 창업가들에게 더욱 안전하고 질 좋고 광범위한 서비스를 제공할 수 있게 되었다. 이는 더 많은 고객을 유치함으로써 전자상거래의 빠른 발전을 촉진했다는 커다란 의미가 있다.

공상은행 부행장 장취張衢는 이렇게 말했다.

"공상은행과 알리페이의 전략적 제휴는 전자상거래 결제 분야에서는 중국 최초다. 양측은 각자의 우위를 발휘하여 협력의 첫걸음을 내디뎠다. 이번 제휴는 중국 최대의 상업은행과 중국에서 최다 회원수와 거래량을 보유한 전자상거래 기업 간에 이루어진 윈-윈 협정이다. 이번 제휴로 중국 전자상거래와 인터넷뱅킹 보급이 한층 촉진

될 것이다."

이는 전형적인 강자의 연합이었다. 알리바바의 수석재무관 차이충신은 이번 제휴는 중국 전자상거래 결제 분야가 본격적인 발전 단계에 접어들었음을 알린다고 밝혔다. 전자상거래에서 '천하무적'을 이룬다는 마윈의 꿈이 현실로 변할 날이 멀지 않았다. 이번 전략적 제휴는 전자상거래의 발전을 앞당겼을 뿐 아니라 인터넷 창업가들에게 실질적인 이익과 안전을 제공하게 되었다.

눈여겨볼 부분은 알리바바와 공상은행의 공식 발언이 이번 합작의 실제 목적이 페이팔 등 전자결제 국제 거물들이 중국에 진출하기 전에 높은 장벽을 쌓아 기회를 선점하려는 것임을 확실히 보여준 것이다.

중국 시장이라는 거대한 유혹 앞에 이베이의 페이팔과 야후 등 세계적 전자결제 기업들은 온갖 방법을 동원해 중국 진출을 서두르고 있었다. 세계 최대의 전자결제 플랫폼 페이팔은 미국 온라인 소비자의 3분의 1이 계좌를 가지고 있으며, 하루 유동 자금이 1억 위안을 넘는다. 그러나 페이팔도 불패의 성공 신화만 있는 것은 아니다. 일본 시장에서 야후에 밀려 물러난 바 있다. 이베이는 중국 시장을 쟁취하기 위해 이미 이취에 1억 달러를 쏟아부었다. 이베이 이취의 정시구이는 페이팔을 본딴 기업을 독립적으로 추진할 가능성을 배제하지 않으며, 야후가 투자한 이파이왕도 시장 추이를 관망하는 중이었다.

해외 전자결제 거물들이 몰려오면 중국의 전자상거래 기업, 심지어 은행업까지 큰 위협이 아닐 수 없었다. 고객을 잡아두고 신흥시장을 선점하기 위한 유일한 방법은 강적이 몰려오기 전에 서로 뭉쳐 세력을 키우는 것이었다. 그나마 다행인 것은 현재 국내 법규가 외국 자본의 전자결제 분야의 직접적인 진입을 허락하지 않고 있다는 점이다. 이는 어느 정도 알리바바를 포함한 중국 기업이 성장할 수 있는 보호막 역할을 해주었다. 그러나 마윈은 알리페이가 쇼핑몰을 포함한 많은 국내 전자상거래 기업의 온라인 결제 업무를 대행할 수 있을 것이며, 이는 '알리바바의 시작일 뿐'이라고 말한다.

알리페이와 은행업의 협력이 예정대로 순조롭게 진행된다면 마윈은 '전자결제'라는 신흥시장이 본격적으로 형성되기 전에 이미 유리한 고지를 선점할 수 있을 것이다. 알리페이가 주요 시장을 선점하고 나면 이베이 이취의 결제 시스템 안푸퉁安付通을 비롯하여 제3자 결제 플랫폼을 표방하는 경쟁자들이 얼마 남지 않은 작은 파이를 두고 다투게 될 것이다.

안정적 연합

마윈은 몇 달 동안 은행과의 제휴를 위해 공공장소에 자주 모습을 나타냈다. 2005년 3월 2일, 공상은행과의 전략적 제휴가 선포되었고 그 다음 주에는 항저우에서 알리페이와 중국 농업은행의 업무 조인식이 이루어졌다. 이로써 알리페이와 중국 농업은행은 B2B와 C2C 전자결제 분야에서 협력하게 되었다. 그때가 2005년 3월 16일이었다.

중국 4대 상업은행 중 하나인 농업은행은 전국 각지에 3만 개의 지점과 중국 최대의 인터넷뱅킹 네트워크를 보유하고 있고, 또한 미국 〈포브스〉가 세계 500대 은행에 선정했고 영국 〈더 뱅커〉지가 선정한 세계 은행 순위에서 20위에 선정되는 등 막강한 역량을 자랑하는 은행이다.

마윈의 전략적 계획은 한걸음씩 안정적으로 진행되고 있었다. 공상은행과의 합작으로 도시를 공략하는 한편 농업은행과의 제휴를 통해 소도시와 농촌 시장을 공략한 것이다. 마윈의 행보는 언제나 그렇듯 목적이 뚜렷했다.

마윈은 농업은행 지점이 전국에 퍼져 있다는 점에 주목했다. 농업은행은 특히 중소도시에서 단연 압도적인 우위가 있었다. 이들 도시는 중국에서 가장 광범위한 중소기업 집단을 보유하고 있어 이번 제휴에는 거대한 비전이 있었다. 농업은행 행장 양밍성楊明生은 알리바바와의 제휴를 선택한 것은 농업은행이 중점적으로 추진하는 전자상거래와 알리바바의 고객 집단이 연관성이 컸기 때문이라고 밝혔다. 양사는 제휴를 통해 정보를 공유하고 전자상거래 시장을 함께 키울 수 있었다. 알리바바와의 협력은 양측이 공동으로 고객의 온라인 거래의 위험을 줄이는 데도 도움이 되었다.

2005년 6월, 아름다운 서호에서 마윈 회장과 초상은행 마위화 행장이 만났다. 두 사람은 MBA들로부터 가장 전략적인 사상을 가진 10대 기업가에 꼽힌 화제의 인물들이었다. 그 날은 제3자 결제 플랫폼 알리페이와 초상은행이 전면적 제휴를 통해 전자상거래 온라인 결제 시대를 연 역사적인 날이었다.

초상은행은 1987년에 설립해 역사가 20년도 되지 않은 '작은' 은행이지만 전국 상업은행들 중 종합경쟁력 1위를 자랑한다. 카드 한 장에 여러 기능을 담은 '이카퉁一卡通' 서비스와 온라인뱅킹의 우수한 실적으로 개인 소액거래은행의 선두주자로 자리매김했다. 이렇게 잘나가는 초상은행이 마윈의 관심을 끄는 것은 당연했다. 게다가 행장 마위화는 잘나가는 정부 관리직을 포기하고 초상은행을 설립한 경제학 박사였다. 그의 경영 능력은 업계의 다른 인사들이 감히 따라올 수 없을 정도였다. 마위화는 잦은 해외 출장을 통해 초상은행의 국제화를 위해 전력을 기울였다. 그의 이러한 점들이 마윈의 마음을 움직였으리라 생각된다. 어떤 면에서는 공통점이 많은 두 사람이 서로의 재능을 알아보고 아끼는 마음이 들었는 것인지도 모른다.

초상은행의 개인고객은 크게 세 그룹으로 나눌 수 있다. 첫째, 고급 고객이다. 이들은 돈이 많으며 재테크에 관심이 많다. 둘째, 공무원을 포함한 사무직이다. 셋째, 대학생을 포함한 젊은 고학력자들이다. 이들은 비록 현재는 돈이 없지만 장차 돈을 손에 쥐게 될, 미래에 비전을 품을 수 있는 사람들이다. 마윈은 이 세 번째 그룹이야말로 알리페이의 충실한 고객이라고 말한다. 그들은 매월 최소한 40%의 가계 예산을 알리페이를 이용한 쇼핑에 사용한다. 사무직과 대학생들은 온라인 쇼핑의 주요 고객이다. 타오바오닷컴에 점포를 연 사람들도 매월 수익이 1만 위안 이상이다. 이들 고객 집단을 수용할 수 있다는 것도 초상은행과의 제휴를 이끄는 데 탄탄한 기반을 다져주었다.

초상은행은 해외 은행들이 잇달아 중국에 진출하는 상황에서도 중국에서 수익성이 가장 좋은 은행으로 꼽힌다. 이카퉁, 온라인뱅킹 등 혁신적인 조치로 '중국 은행업 변혁의 선봉'이라는 호칭으로 통한다. 온라인뱅킹은 업계에서 '골드 브랜드'로 통한다. 초상은행과의 제휴를 통해 알리페이는 초상은행 온라인뱅킹의 경쟁력과 특장점을 흡수하여 가장 실용적인 중국 토종 결제 서비스로 거듭나고자 했다. 그리하여 더욱 양질의 결제 서비스를 개발해 장차 해외의 거물 결제기업들과 어깨를 나란히 하기를 희망했다.

마윈화는 온라인뱅킹 개통 이후 각종 업무가 빠르게 발전했고, 2004년 말 온라인 거래액이 1조 위안을 넘어섰으며, 온라인뱅킹 기업고객 수가 2만을 초과했다고 말했다. 그는 알리페이와의 제휴로 초상은행이 전자상거래 사용자들을 상대로 영업을 할 수 있게 되었다고 밝혔다.

'알리페이가 있으면 빼앗길 돈이 없다.'

이는 얼마 전 인구에 회자된 알리페이의 광고 카피다. 회의에 참가한 저장성 상임위원이자 항저우 시 위원회 서기인 왕궈핑王國平은 이렇게 말한다.

"항저우 시는 금융서비스업과 첨단 IT산업이 발달했다. 알리페이의 해외 진출 및 초상은행과의 심층 제휴는 항저우 시의 금융업 발전을 촉진시킬 것이다. 항저우는 전자상거래의 도시로, 은행과 기업의 협력은 항저우의 기타 전자상거래 기업에도 좋은 본보기가 되어줄 것이다."

새로운 길을 연 연합

2005년 4월 20일, 알리페이는 비자카드와 전략적 제휴를 맺었다. 쌍방은 세계에서 가장 발전 속도가 빠른 중국 전자상거래 온라인 결제 시장을 공동 개발하기로 했다. 비자의 브랜드 파워와 알리페이의 풍

부한 전자상거래 고객자원이 결합하는 것이다. 이 제휴 성사에 따라
'VISA'라는 마크가 찍힌 은행카드 한 장만 있으면 언제라도 알리페
이를 사용할 수 있었다.

제휴는 비자의 인증 서비스가 정식으로 알리페이 온라인 결제 시
스템에 적용되는 것을 골자로 한다. 이로써 알리페이는 중국에서
'비자 인증 서비스'를 처음으로 출시한 온라인 결제 플랫폼이 되었
다. '전자결제의 해' 실현을 위해 몇 달을 고심한 마윈은 그제야 안도
의 한숨을 내쉴 수 있었다.

공상은행과의 제휴로 대도시 지역의 결제 문제를 해결하고 농업
은행과의 제휴로 중소도시와 농촌지역의 결제 문제를 해결했다면,
비자와의 제휴는 해외 결제라는 큰 문제를 해결한 전략이었다. 이는
알리페이가 세계로 뻗어나갈 수 있는 새로운 국면을 열어주었다. 이
로써 마윈의 합작전략이 '안에서 밖으로', '얕은 데서 깊은 곳으로'
라는 구상이었음이 확연히 드러난다.

알리바바 수석재무관 차이충신은 이렇게 말한다.

"알리바바와 타오바오닷컴의 영역이 점점 확대되면서 점점 많은
해외 셀러와 바이어들이 알리바바와 타오바오를 이용한다. 그러나
그들은 신용카드를 사용한 결제에 익숙하기 때문에 알리페이는 이
들 고객의 요구를 만족시켜야 한다."

이를 볼 때 현재 전자 결제의 주요 성장 포인트는 전자상거래에 있
음을 알 수 있으며, 이는 비자카드와 알리페이가 제휴하게 된 중요한
이유이기도 하다. 이는 비자카드에도 커다란 매력으로 다가올 것이다.

은행카드를 이용해 개인결제를 하는 비율이 미국은 25%, 홍콩은

18%인데 반해 중국 대륙은 1%에도 미치지 못한다는 통계가 있다. 알리페이와의 제휴는 비자카드의 중국 내 사용률을 높이는 데 큰 도움이 될 것이다. 비자카드 아시아 태평양지역 부대표 및 중국 지역 대표 슝안핑熊安平도 이렇게 말한다.

"비자카드는 이번 제휴를 통해 중국인들의 일상에 파고들기를 희망한다. 현재 비자카드의 아시아태평양 지역 거래액 중 7%는 전자상거래로부터 비롯된다. 비자카드를 사용해 결제하는 분야는 이제 더 이상 호텔, 대형 백화점 등 고급스러운 장소나 대규모 가맹점에 그치지 않을 것이다."

한편 마윈의 입장에서는 비자카드와의 제휴가 알리페이에 우량 국제고객을 유치하는 좋은 기회가 될 것이다. 미국 퍼시픽 그로스 에쿼티스의 애널리스트 제이슨 브루쉬케Jason Brueschke는 새로운 추세를 이렇게 설명한다.

"많은 대형 셀러들이 알리바바에서 싼값에 물건을 들여와 세계 최대 전자상거래 사이트 이베이에서 되팔아 이윤을 챙긴다."

타오바오닷컴이 2005년 1월에 출시한 '홍콩가香港街' 서비스도 온라인 카드결제의 수요를 증가시켰다. 타오바오닷컴은 홍콩 상인들을 유치하여 타오바오에 지점을 내도록 했다. 품목은 화장품, 패션, 디지털 제품 등이다. 홍콩은 중국 소비자들이 가장 선망하는 쇼핑 장소로 제품 수요가 매우 왕성하다.

비자카드와의 제휴 이후 알리페이 결제는 기존의 '신분 인증', '알리페이', '온라인 경찰'의 3대 안전장치 외에도 비자카드 인증 서비스까지 더해져 안전성이 보다 확실해졌다. 현재 비자카드 인증 서비스에 가입한 카드 소지자는 5500만 명에 이른다. 모든 비자 국제카드의 소지자들은 알리바바와 타오바오닷컴에서 온라인 구매를 할 때 비자가 제공하는 보장을 누릴 수 있다. 카드 발급은행은 온라인 결제 과정에서 비밀번호, 디지털 증서 또는 바이오 식별 등의 방식으로 온라인 카드 소지자의 신분을 확인하여 신용카드 비밀번호 도용을 막으며, 전체 신분 확인 과정은 몇 초 안에 이루어진다.

이번 제휴는 국제 신용카드의 중국 보급에도 유리하다. 현재 알리페이와 제휴를 맺은 공상은행, 건설은행, 농업은행, 초상은행의 카드가 아니더라도 'VISA'라는 로고가 새겨진 은행카드만 있으면 알리페이를 통해 온라인 쇼핑이 가능하다.

제6장
현장에서 답을 찾은
야후 차이나

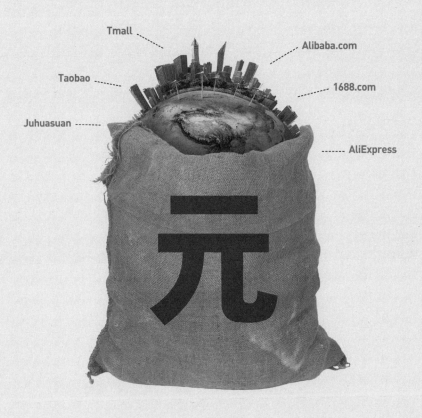

Tmall

Taobao

Juhuasuan

Alibaba.com

1688.com

AliExpress

alibaba

호랑이를 때려잡은 자는 담력이 대단한 용사임에 틀림없다.
물론 마윈 같은 왜소한 키와 몸집에 용사라는 호칭은 어울리지 않다. 게다가 마윈은
심지어 호랑이를 잡을 몽둥이 하나 들고 있지 않다. 그러나 그에게는 '호랑이'를 키울
야심과 '호랑이'와 함께할 용기가 있다.

7년간의 인연이 가져다준
10억 달러의 투자

"야후가 야후답지 않아야 성공한다."

이는 마윈이 야후의 발전 방향을 수정할 것을 시사하며 던진 선언이었다. 이 말을 제리 양이 했다면 야후의 주가는 나스닥 시장에서 큰 부진을 면치 못했을 것이다. 오죽했으면 미국의 투자자가 "야후가 야후답지 않으면 무엇 같아야 한다는 말인가?" 하며 추궁했을 정도다.

어찌 되었든 지나칠 수 없는 사실 하나는 야후 차이나가 이제 마윈이라는 인터넷 창업가의 '애완동물'이 되었다는 사실이다. 야후 차이나는 마침내 중국인의 것이 되었다. 알리바바는 본격적인 '호랑이' 양육을 시작했다.

알리바바에 투항하다

인터넷이 전 세계 사람들의 생활을 바꿨다면, 미국인들의 생활을 바꾼 것은 야후였다. 인터넷산업에서 야후는 하나의 상징이었다. "밥은 먹었어?"라는 질문 대신 "오늘 인터넷 들어가봤어?"라는 질문이 일상이 된 가운데 인터넷을 하면서 야후를 모른다는 것은 프로그램은 알아도 마이크로소프트는 모르는 것과 같으며, 중국인이 만리장성을 모르는 것만큼이나 황당한 일이다. 야후는 인터넷을 하려면 반드시 거쳐야 할 포털사이트였던 것이다.

야후의 지난날에서 가장 극적인 장면은 바로 야후의 설립이다. 1994년 설립한 야후는 제리 양과 공동 창업자 데이비드 필로David Filo가 미국 스탠퍼드대학 전기공학 박사 과정을 공부할 때 생각해낸 아이디어이다. 당시 인터넷 브라우저가 막 세상에 나왔을 때라 제리 양도 여기에 큰 매력을 느꼈다. 사용의 편리성을 위해 그와 데이비드 파일로는 그들이 관심 있는 정보를 연결해서 공유했다. 수집하는 사이트가 많아지면서 분류가 불가피해졌고 이들을 식별할 수 있는 몇 개의 메뉴를 만들었다.

이렇게 편리를 위해 분류한 링크 방식은 큰 반향을 일으켰다. 1994년 겨울, 두 사람은 학업을 그만두고 식음을 전폐하면서 사이트를 상업화하는 데 매달렸다. 1996년 야후는 미국 넷스케이프 Netscape사가 불러온 인터넷 상장 붐을 타고 나스닥에 상장했다. 월가는 검색엔진으로 시작한 야후와 대만 출신의 젊은이 제리 양에 열광했다. 그 후 야후는 승승장구했다. 인터넷이 발전한 최초 몇 년 동안 야후는 예상을 깨고 세계에서 가장 유명한 포털사이트로 성장했다. 그리고 인터넷이 쇠락한 몇 년 동안 빠르게 몰락했다. '생'에서 '사'의 희비쌍곡선을 겪은 뒤 야후는 마침내 인터넷 최고 전성기의 찬란함과 화려함을 포기하고 새로운 계기를 찾아 나섰다.

2004년은 야후 설립 10주년이 되던 해였다. 몇 달 전 야후 차이나는 새로운 전기를 맞았다.

"당시로서는 기업의 앞날을 고려한 최선의 선택이었다."

야후의 수장 제리 양은 이렇게 말한다. 그가 이런 말을 했을 때는 이미 7년 동안 중국에서 많은 대가를 치른 후였다. 그는 야후 차이나를 미국 야후만큼 키우려는 야심을 가지고 출발했다. 그러나 야후 차이나의 새로운 국면은 쉽게 열리지 않았다. 심지어 한 애널리스트는 현재 중국 인터넷업계에서 네티즌에 대한 야후의 영향력은 삼류 기업의 수준에 지나지 않는다고 평가할 정도였다.

1994년 설립된 이래 야후는 미국에서 포털, 검색 등의 기능을 통합한 초대형 인터넷 사이트로 성장했지만 중국에서는 1999년부터 발전하기 시작했다. 그해 제리 양은 합자 방식으로 야후 차이나를 설립했다. 그때 총재를 맡은 장핑허張平合는 어려움이 있긴 했지만 야후에 뚜렷한 우위가 있었다고 회고한다. 당시에 중국의 3대 포털, 시나, 소후, 왕이의 자금은 거의 바닥나 있었다. 그러나 야후 차이나도 얼마 안 되어 곤경에 처하고 만다. 야후 본사로부터의 지원금과 지지는 턱없이 부족했는데도 하루 속히 수익을 내라는 채근에 시달리고 있었다. 이는 제리 양의 사고방식과도 관계가 깊다. 야후 설립 초기에 그는 '신속한 영리'를 회사의 발전목표로 삼아 설립 10개월 만에 수익을 실현했던 것이다.

그러나 야후의 이러한 글로벌 성공전략은 중국에서 전혀 통하지 않았다. 야후 차이나는 신흥시장을 선점하지 못했고, 그것 때문에 아직도 고전을 면치 못하고 있다. 중국에서의 지명도는 3대 포털에 훨씬 못 미쳤다. 검색엔진을 주종으로 하는 야후는 바이두, 구글과 비교가 안 되었으며, 실시간 통신 시장에서는 QQ나 MSN에 밀렸다.

온라인 경매시장에서는 고수 이베이가 중국에 투자한 이취와 비교도 할 수 없었다.

2001년 초, 별다른 실적을 내지 못한 장펑허는 실망감을 안기고 야후 차이나 대표직에서 물러났다. 그 후 몇 년 동안 야후 차이나는 몇 사람의 외부 선임 CEO를 갈아치웠다. 그러나 그들 역시 초대 대표와 마찬가지로 본사와의 답답한 소통으로 큰 어려움을 겪어야 했다. 2003년 말 제리 양은 큰 열정을 가지고 중국에서 검색엔진을 고집하던 저우훙이周鴻禕를 찾아갔다. 이때 제리 양은 야후가 5년간의 손실을 만회하려면 혼자만의 힘으로는 곤란하다고 생각했다. 제리 양은 중국에서 검색 기능으로 포지셔닝을 한 3721에게서 자신이 미국에서 야후를 설립할 당시의 희망을 보았다. 결국 저우훙이는 3721의 모든 직원들과 함께 야후 차이나로 들어왔다. 저우훙이는 2년 동안 야후 차이나를 이끌며 꽤 괜찮은 실적을 냈다. 그러나 시장점유율에서는 아직도 눈에 띄는 성적을 내지 못하고 있었다.

2005년 초 저우훙이는 제리 양에게 질문을 하나 했다.

"야후가 중국에서 원하는 것이 발전입니까, 수익입니까?"

그가 보기에는 야후 차이나에는 두 가지 문제가 있었다. 하나는 야후의 본사가 중국을 중요시하지 않는다는 것이고, 또 하나는 고자세로 일관한다는 것이다.

반년에 걸친 고민 끝에 제리 양은 마침내 결단을 내렸다. 그는 수익이 아닌 발전에 최고 목표를 두기로 했다. 그러나 안타깝게도 때는 이미 많이 늦어버렸다. 방향을 확실하게 잡지 않은 5개월 동안 무려 10명의 고급 엔지니어가 바이두 등 다른 검색엔진기업으로 옮겨

가버렸다. 야후 차이나를 이끌던 저우훙이도 대세를 따라 회사를 떠나버렸다.

제리 양이 광활하고 활력이 넘치는 중국 인터넷 시장을 중시했다는 것은 의심할 여지가 없다. 그러나 7년 전 중국에 진출한 이래 야후 차이나라는 '호랑이'는 맹수의 왕다운 면모를 보여주지 못했다. 초기에 IT 전문경영인을 선임하고 이후에 거액을 투자해 3721을 사들이는 등 현지 인재들의 힘에 기대어 야후 차이나를 경영하는 등 온갖 방법을 동원해 '호랑이를 키울' 방법을 모색했지만 좀처럼 두각을 나타내지 못했고 활약을 기대했던 사람들을 크게 실망시켰다.

'끊임없이 망설이고 이해득실을 따졌다'는 것이 야후 차이나 7년에 대한 가장 정확한 진단이었다. 그만큼 순조롭지 않은 7년이었으며, 이는 제리 양이 야후 차이나의 앞날을 다시 생각해보게 하는 계기가 되었다. 결국, 야후 차이나는 철저한 현지화의 길을 걷기로 한다. 알리바바와 합병하여 야후라는 브랜드는 남겨놓고, 제리 양 자신은 경영에서 손을 떼고 알리바바가 전면적 경영에 나서게 하는 것이었다.

언론에 이 계획을 발표하기 전, 제리 양과 마윈은 이미 한 차례 회동을 가진 바 있다. 그때가 2005년 5월 1일이다. 두 사람은 미국의 유명한 윈스턴 골프장에서 회동을 하고 합병에 관한 논의를 했다. 2005년 8월 6일 바이두의 상장, 중국 시장에서의 구글의 행보들이 두 사람의 신경을 자극했다. 제리 양은 바로 마윈에게 전화를 해서 알리바바에 넘길 야후의 검색 기능의 가치를 상향 평가해줄 것을 요구했다. 마윈은 40%의 지분을 넘기는 대신 야후에 10억 달러를 요구했다. 두 사람의 회동은 이로써 원만한 결과를 얻게 된다.

야후 차이나를 알리바바에 넘기는 것은 제리 양이 아픈 고민 끝에 내린 결정이었다. 중국에서 성공해보지 못한 인터넷 다국적기업인 야후로서는 첫 모험이기도 했다. 제리 양의 의도는 알리바바가 갖고 있는 중소상인과 검색 기능의 상관관계, 그리고 알리바바그룹의 창조성을 이용해서 돌파구를 찾아보려는 것이었다. 이번 거래의 매력은 야후가 높지 않은 비용을 치르고 세계 최대의 B2B 거래사이트의 고객자원을 공유할 수 있다는 데 있었다. 그렇게 되면 미국에서도 수익성이 입증된 중소기업 검색 시장에 진출할 수 있었다. 그 밖에도 우수한 현지 인력을 이용해 글로벌 맞수 구글, 이베이와 중국 시장에서 어깨를 나란히 하려는 것이 제리 양의 생각이었다.

"나는 앞을 내다보기를 좋아한다. 전략이나 중요한 결정에서도 야후는 늘 정확한 판단을 내렸다."

제리 양은 이렇게 말했다. 그는 창업은 일종의 단거리 경주이며 경영은 마라톤과 같다고 여겼다. 그의 목표는 마이크로소프트, 시스코시스템 같은 강한 기업을 만드는 것이었다. 중국에 대한 투자는 전략적 투자이며 그의 중국에서의 전략에는 변화가 없었다.

2005년 8월 11일, 제리 양은 '수장 및 야후 창시자'의 신분으로 야후 차이나 전 직원에게 이메일을 보냈다.

"오늘 오전 우리는 알리바바와의 전략적 합작파트너 관계를 선언합니다. 야후에게는 감격스러운 순간이 될 것입니다. 앞에 놓인 거대한 기회를 보고 알리바바는 성공적 집단의 일원이 될 수 있기를 바랍니다."

누가 누구를 인수한 것일까?

오랫동안 소문만 무성하던 야후와 알리바바의 합병은 2005년 8월 11일 사실로 확인되었다. 알리바바가 야후 차이나의 모든 자산을 사들이고, 동시에 야후로부터 10억 달러 투자를 얻어 중국에서 가장 강력한 인터넷 검색 플랫폼을 구축하게 된 것이다. 알리바바와 야후는 11일 중국, 미국, 일본에서 동시에 중국 인터넷 사상 가장 대규모 인수안을 발표했다.

"오늘은 중국의 밸런타인데이입니다. 알리바바와 야후의 7년간의 인연이 오늘 드디어 결실을 맺게 되었습니다."

기지와 유머가 넘치는 마윈은 시작부터 연설가의 풍모를 드러내는 것도 잊지 않았다. 그는 이를 계기로 세계 전 지역에 거대한 영향력을 미칠 중국 기업과 중국 최강의 인터넷 검색 사이트를 구축할 것이라고 덧붙였다.

알리바바가 사들이는 야후 차이나의 자산은 포털, 검색기술, 통신 및 광고 업무, 3721 온라인 실명 서비스가 포함되었다. 쌍방은 또한 이파이왕의 온라인 경매 사업 중 야후의 소유 부분을 알리바바에 합병하기로 협의했으며, 알리바바는 중국에서 세계 선두 인터넷 브랜드 야후에 대한 무기한 독점 사용권을 얻게 되었다.

야후는 알리바바에 10억 달러의 현금을 투자하여 알리바바 및 기타 주식 소유자에게서 알리바바의 주식을 사들일 것이라고 한다. 이번 협의에 따라 야후가 알리바바에서 차지하는 경제적 이익은 40%이고 35%의 투표권을 가진다. 이렇게 해서 야후는 알리바바 최대의 전략적 투자자가 된 것이다.

마윈이 대외적으로 밝힌 야후 차이나의 매입 협의에서 이러한 조항들이 매우 의문스러운 부분이다. 많은 사람이 참지 못하고 이렇게 묻는다. "도대체 누가 누구를 샀단 말인가?" 이런 저런 보도들을 접해도 일이 어떻게 돌아가는지 더욱 어리둥절해질 뿐이었다. 항간의 의문을 둘러싸고 언론들이 취재 요청을 했다. 이미 '날마다 야후 차이나로 출근하고 있다'고 밝힌 마윈은 약속 장소를 야후 차이나가 아닌 알리바바의 베이징 사무실이 있는 판리 빌딩으로 정했다. 다분히 의도된 이 행동으로 그의 속셈을 충분히 짐작할 수 있었다.

야후에서 10억 달러의 투자를 정말 받았느냐는 기자의 질문에, 언론 다루는 데 능숙한 마윈은 직답을 피했다.

"모든 재무 관련 사항은 1년 반이 지난 후에 발표할 것이다. 그때가 되면 모든 것이 밝혀질 것이다."

"10억 달러가 알리바바에 무엇을 가져다주었는가?"라는 질문에는 이렇게 대답했다.

"양이 많은 음식을 갑자기 뱃속에 넣는 것은 어렵다고 생각한다. 10억 달러는 외부에서 보기에는 호재이지만 내 입장에서는 큰 도전이다. 어떻게 쓸지 고민 중이다. 사람이 어리석어지는 것은 늘 돈이 생기면서부터다. 우리는 지금 큰 도전을 받아들이고 있다."

10억 달러 M&A 사건의 진상은 더욱 미궁에 빠지면서 소문만 무성했다. 2005년 8월 17일, 야후가 미국증권거래위원회에 8-K 문건을 제출했다. 미국의 관련법에 따르면 기업에 특별한 중대 사건이 발생할 때는 그 중요도에 따라 5일에서 15일 이내에 8-K 문건을 제출하여 이를 알려야 한다. 중대 사건은 기업 경영권의 변화, 대규모

자산의 획득 및 처분, 기업의 파산 또는 관리대상화, 기업이사 해직 및 공인회계사의 변경 등이 해당된다. 아래는 야후가 당시 제출한 8-K 문건의 주요 내용이다.

미국 동부시각 8월 10일, 야후는 알리바바와 주식구매와 증여협의 SPCA를 하고 쌍방은 전략적으로 연맹을 맺었음을 선포한다.

쌍방의 협의에 따라 야후는 알리바바 일반주 2억 161만 7750주를 사들일 것이며, 대금은 2억 5천만 달러를 현금으로 지급함과 동시에 일본 소프트뱅크 그룹이 전액을 출자한 자회사로부터 수매한 타오바오닷컴 주식을 양도하고, 야후 차이나 지역 업무 및 운영을 알리바바에 합병한다. 야후와 알리바바는 거래 및 관련 거래를 마친 이후 야후는 알리바바 주가 희석한 주식 40%의 지분을 보유하게 된다. 그중 알리바바 우리사 주제로 발행하는 주식을 포함한다. 알리바바는 타오바오닷컴 모두의 지분을 보유하게 된다.

야후 알리바바 주식수매와 양도협의 및 관련 거래의 실시는 일정한 조건을 만족해야 한다. 특히 중국 정부의 비준을 받고 특정 부속협의의 이행이 있어야 한다. 이 중에는 타오바오닷컴 주식수매협의, 2급 주식수매협의 및 주주협의를 포함한다. 야후와 알리바바는 협의 규정에 따라 어느 한쪽이 협약, 조항 및 협정을 위반할 경우 상대방에게 배상을 해야 한다.

타오바오닷컴 주식 수매협의 : 야후와 알리바바가 체결한 주식수매 및 주식증여협의에 따라, 야후 알리바바 거래 완성 조건 중 하나로 야후는 일본 소프트뱅크 그룹 및 이 그룹이 전액 출자한 자회사 SB TB 주식지배회사와 타오바오닷컴 주식수매협의를 체결한다. 이 협의에 따라 야후는 3억 6천만 달러의 현금으로 SB TB 주식지배회사가 보유한 타오바오닷컴 주식을 수매한다. 야후와 알리바바가 체결한 주식수매와 증여 협의에 따라 야후가 획득하는 타오바오닷컴 주식은 모두 알리바바의 주식 스와핑 구매에 사용된다.

2급 주식 수매협의 : 야후와 알리바바가 체결한 주식수매 및 주식 증여 협의에 따라, 야후 알리바바 거래 완성 조건 중 하나로 야후는 일본 소프트뱅크그룹, 알리바바의 일부 투자자 및 알리바바 고급관리층과 2급 주식수매 협의를 체결한다. 이 협의에 따라 야후는 총계 3억 9천만 달러의 알리바바 주식을 별도로 수매한다.

주주협의 : 알리바바, 야후, 일본 소프트뱅크그룹, 알리바바의 일부 임원 및 주주 간에 각종 권리와 권한의 범위를 정하는 협의를 체결한다. 이에 따라 알리바바 주주는 이사회 대표권, 심사권, 투표권, 주식양도 제한, 신주우선구매권 및 우선가격제시권을 갖게 된다. 알리바바 이사회는 네 명으로 구성될 것이다. 그중 한 명은 야후가 임명하며, 한 명은 소프트뱅크그룹이 임명하고, 나머지 두 명은 알리바바 경영진이 임명한다.

이로써 인수 협의의 내용이 완전히 밝혀졌다. 마윈은 매체의 보도에 침착한 태도를 유지했다. 앞으로 알리바바가 야후 글로벌과의 껄

끄러운 관계를 어떻게 해결할 것이냐는 물음에 마윈은 야후 차이나
인수를 발표할 때와 같은 의기양양함을 보였다.

"우리의 브랜드와 모든 결정권은 미국과 관계가 없다. 많은 사람
들이 내가 어떻게 미국에 보고할 것이냐고 묻는데, 나는 제리 양이
나한테 보고할 것이라고 대답한다. 내가 이사장이고 그는 이사다.
즉 제리 양이 내 상사가 아니라 내가 그의 사장이다. 따라서 현재 모
든 결정권은 중국에 있다."

에디슨이 세계를 속였다

마윈은 자신을 '똑똑한 사람들 사이에 있는 바보'라고 표현한다. 그
러나 그는 입만 열었다 하면 청산유수요, 풍부한 표정과 몸짓에 기
발한 언변으로 모두의 눈을 끈다. 마윈의 뛰어난 말솜씨에 탄복하지
않는 사람이 없을 정도이다. 어떤 장소에서나 그는 독특하다. 서양
언론들은 '현장 감각이 있는 지혜street smart' 라는 말로 마윈의 지혜
를 표현한다. 그는 어떤 사람, 어떤 사건 앞에서도 두려워하지 않고
그의 기민함을 남김없이 발휘할 수 있었다.

야후 차이나를 수매할 때 마윈은 야후 직원 전체를 상대로 명연설
을 했다. '정신적 교주'라는 타이틀이 어울린다고 인정하지 않을 수
가 없다. 그의 머리는 보통 사람이 따라올 수 없는 사고방식과 영원
히 마르지 않는 아이디어로 가득 차 있다. 이런 것들이 마윈의 전자
상거래의 길을 밝혀준다.

안타깝게도 당시 마윈의 연설 원고는 이미 사라지고 없다. 다만 그
를 추종하는 네티즌들이 '에디슨이 세상을 속이다 – 마윈이 야후 직

원들에게 한 명연설'이라는 제목으로 인터넷에 올려놓은 것이 남아 있다. 함께 감상해보자.

오늘은 내가 야후 여러분과 처음으로 만나는 날입니다. 나의 성공담을 여러분과 공유하고 싶습니다. 여러분 중 부지런하고 총명한 분들은 나의 경험에서 별로 얻을 것이 없을 것입니다. 그러나 내가 하는 말을 따지지 않고 그냥 한번 따라 해보면 얻는 것이 있으리라 믿습니다. 이제 나의 얘기를 시작해보겠습니다.

세상에 총명하면서도 고등교육을 받은 사람들 중에 성공하지 못하는 사람들은 그들이 어릴 때부터 잘못된 교육을 받았기 때문입니다. 그들은 부지런하다는 악습에 젖어 있습니다. 많은 사람이 에디슨의 명언을 기억합니다. "천재는 99%의 노력과 1%의 영감으로 이루어진다." 이 말은 많은 사람의 일생을 잘못된 길로 인도합니다. 우리는 부지런히 일하지만 결국 아무것도 얻는 것 없이 끝납니다. 사실 에디슨은 생각하기를 게을리했기에 성공했습니다.

내가 헛소리를 한다고 생각할 것입니다. 좋습니다. 그렇다면 여러분이 잘못하고 있다는 증거 100가지를 들어보겠습니다. 진실은 웅변을 능가하는 법이니까요.

세상에서 가장 부유한 사람, 빌 게이츠는 프로그래머입니다. 공부가 하기 싫어 학교를 그만두었죠. 그는 복잡한 도스DOS 명령어들을 기억하기가 귀찮았습니다. 그래서 아이콘으로 사용자 인터페이스에 들어갈 수 있는 프로그램을 개발했습니다. 그 프로그램 이름이 뭐였는지 잊어버렸습니다. 기억해내기가 귀찮군요. 아무튼 전 세계 컴퓨터는 모두 똑같은 얼굴을 하게 되었고 빌 게이츠는 세계 최고의 갑부가 되었습니다.

세계에서 가장 돈이 되는 브랜드는 코카콜라입니다. 이 회사 사장은 더 게으릅니다. 중국의 차 문화가 오랜 역사를 가졌고, 브라질의 커피 향이 진하다고 하는데 그는 그런 맛을 개발하기에는 너무 게을렀습니다. 그래서 맹물에 사카린을 좀 섞어 병에 넣어 팔았습니다. 지금 전 세계 사람들이 그 피 같은 액체를 마시고 있습니다.

세계에서 가장 실력 있는 축구선수 호날두는 움직이는 것조차 귀찮아합니다. 그래서 상대팀의 골 앞에 서 있습니다. 공이 그에게 가까이 오면 한 번 차버립니다. 이렇게 해서 바로 세계에서 몸값이 가장 높은 스포츠 선수가 된 것입니다. 사람들은 그의 드리블 속도가 엄청나게 빠르다고 하지만, 그것도 헛소리입니다. 다른 선수들은 한 게임에 90분을 다 뛰는데 비해 그는 겨우 15초만 뛰니 당연히 빨라야지요.

세계에서 가장 잘나가는 맥도날드의 사장도 게으르기가 이를 데 없습니다. 그는 프랑스 요리의 정교함이나 중국 요리의 복잡한 기교를 배우기가 귀찮았습니다. 그래서 빵 두 쪽에 달랑 쇠고기 패티 하나만 끼워 팔았습니다. 그 결과 세계 각지에서 'M'의 로고를 볼 수 있습니다. 피자헛 사장은 패티를 빵 사이에 끼우는 것마저 귀찮다며 빵 위에 그냥 얹어버렸습니다. 사람들은 그것은 모두 피자라고 부르며 패티 10장보다 더 비싼 가격에 사 먹습니다.

그 밖에도 더 영리한 게으름뱅이들이 있습니다.

계단을 올라가기가 귀찮아서 엘리베이터를 발명했습니다.

걷기 귀찮아서 자동차, 기차, 비행기를 만들었습니다.

사람을 한 사람씩 죽이는 것이 귀찮아 원자탄을 발명했습니다.

계산을 일일이 하기 귀찮아 수학공식을 발명했습니다.

음악회에 직접 가는 것이 귀찮아 레코드, 테이프, CD를 발명했습니다.

그밖에도 이런 예는 너무 많아 열거하기도 귀찮습니다.

'헛소리' 한마디가 더 있습니다. "운동을 해야 건강하다." 여러분, 운동선수 중 장수한 사람 있습니까? 세계에서 가장 장수한 사람은 고기 먹기도 귀찮다는 스님들 아닙니까?

이렇게 게으름뱅이들이 없었다면 우리는 어떤 환경에 살고 있을까요? 생각해보기도 귀찮군요.

동물도 사람과 마찬가지입니다. 세계에서 가장 오래 사는 동물은 거북이입니다. 이 녀석들은 평생 거의 움직이지도 않고 거의 한자리에만 엎드려 있습니다. 그런데 1000년을 살 수 있습니다. 거북이는 걷기 귀찮아하지만 부지런한 토끼와의 경주에서 누가 이겼습니까? 소는 매우 부지런합니다. 그 결과, 사람들은 소에게 풀을 먹이고 그 몸에서 우유까지 짜냅니다. 느림보 판다는 아무것도 하지 않고 온종일 대나무만 갉아먹고 있습니다. 그런데 사람들은 판다를 '국보'라고 부르며 귀여워합니다.

우리의 상황을 돌아보면 회사에서 날마다 가장 먼저 출근해서 가장 늦게 퇴근하면서 온종일 문서 발송이다 뭐다 바쁜 직원이 월급이 가장 낮습니다. 날마다 한가하게 별로 할 일도 하지 않는 사람은 월급도 가장 많고 회사의 주식까지 갖고 있지요.

내가 이런 예를 든 것은 한 가지 문제를 설명하기 위해서입니다. 이 세상은 게으름뱅이가 이끌어갑니다. 세상이 이렇게 아름다운 것은 모두 게으름뱅이들이 선물한 것입니다. 이제 당신이 성공하지 못하는 중요한 원인을 알게 되었겠지요.

멍청하게 있으라는 것이 아닙니다. 당신이 일을 덜하고 싶다면 게을러지는 방법을 생각해봐야 합니다. 그래서 독특한 스타일을 생각하고 진정한 게으름의 경지에 도달해야 합니다. 내가 어릴 때부터 게을러서 살찌기도 귀찮아했던 것처럼 말입니다. 그것이 바로 진정한 게으름의 경지입니다. 여러분, 감사합니다.

구글과 바이두를
겨냥한 혁신

아이리서치의 '2005년 중국 검색엔진 시장 조사보고서'는 2005년 중국 검색엔진의 시장점유율에 큰 변화가 발생했다고 밝혔다. 바이두가 33.1%에서 46.5%로 상승했으며, 구글은 22.4%에서 26.9%로 상승했다. 이에 비해 야후 차이나는 30.2%에서 15.6%로 하락함으로써 시장점유율 2위에서 밀려났다. 바이두와 구글의 시장점유율 상승분은 야후 차이나가 잃은 부분과 일치했다. 이런 시기에 알리바바가 야후 차이나를 합병했다. 2005년 8월부터 야후의 포털은 끊임없는 변신을 시도하고 있다. 완전히 새로운 사이트를 구축하는 것과 다름없을 정도로 많은 작업이 이루어졌다. 야후 차이나의 변신은 바이두와 구글을 겨냥한 것이었다.

야후 차이나가 꿈꾸는 삼분천하

인터넷은 여러 면에서 무한한 비즈니스 기회를 품고 있다. 검색엔진 분야도 예외가 아니다. 검색엔진의 거두들이 중국 검색 시장 쟁탈전에 열을 올리는 것도 중국의 검색 시장이 거대한 잠재력을 갖고 있기 때문이다. 현재 중국 인터넷 검색광고 서비스 수입은 약 1억 3400만 달러에 달한다는 통계가 나와 있다. 한 권위 있는 기관은 2010년에는 10억 달러까지 성장할 것으로 내다봤으며, 미국 검색광고 시장가치는 2009년에 무려 51억 달러에 달할 것으로 예측했다.

제리 양이 야후 차이나에서 손을 뗀 배경도 결코 야후 차이나의 곤경 때문만은 아니었다. 더 큰 압박은 야후 글로벌을 둘러싼 경쟁 구도에서 비롯되었다. 제리 양이 알리바바와의 협력 배경에 바이두와 구글의 존재를 애써 부인하고 있지만, 전혀 관계가 없다고는 할 수 없을 것이다. 야후 글로벌의 가장 큰 적수는 구글이다. 구글은 미국 본토 검색 시장에서 야후를 가볍게 누르고 2005년부터 중국 시장에 본격적으로 진출했다. 중국 토종 검색기업 바이두는 2005년 연말 나스닥 시장에 야심차게 상장함으로써 중국 시장에 진출하려는 투자자의 관심을 한 몸에 받았다.

이는 검색 시장을 중시하는 제리 양에게는 견디기 힘든 현실이었다. 야후는 세계 시장 경쟁에서 이미 구글에 뒤지고 있었다. 중국 시장에서마저 눌린다면 앞으로의 경쟁에서 반격의 기회는 완전히 사라질 것이었다.

정작 마윈은 검색 시장 같은 '큰 파이'에는 별 관심이 없었다. 그러던 2005년 하반기, 알리바바는 야후 차이나를 합병한 후 야후 차이나의 혁신을 추진했다. 마윈은 "중국에서 야후는 곧 검색을 의미하며, 검색 하면 야후다"라고 주장하며 야후 차이나의 중국 검색 시장 1인자의 위치를 확인했다. 이에 2005년 11월 초 마윈은 과거의 포털사이트 야후 차이나의 홈페이지를 단순한 검색페이지로 변신시키는 혁신을 단행했다. 이는 제리 양으로서는 상상도 할 수 없는 변신이었다. 사실 제리 양도 검색이 야후의 핵심 분야라는 점을 강조하던 중이었다.

마윈은 2006년 야후 차이나가 8억 위안의 영업 수익을 실현할 것이라고 선포했다. 이 말은 큰 파문을 일고 왔으리라 짐작되지만 사실 큰 반향을 일으키지 않았다. 구글, 바이두를 포함한 검색의 큰손들은 그의 말을 무시했다. 오히려 마윈이 거대한 압박을 해소하려고 스스로에게 하는 격려라고 해석했다. 사실 이는 마윈이 늘 사용하는 일종의 '자기 격려법'이었다. 사람들은 그의 방식에 익숙해졌다. 강사 출신인 그는 학생들의 심리에 밝았으며 부하직원의 잠재력과 적극성을 이끌어내는 방법을 알고 있었다.

그러나 마윈은 여전히 매우 현실적인 사람이었다. 그의 '기인' 행보는 생각 없이 이루어지는 법이 없었다. 그는 자부심을 갖되 자만하지 않았다. 야후 차이나의 청사진을 세우고, 최후의 승리를 이끌 전략을 세우고, 강력한 적수와의 경쟁에서 늘 한 걸음 앞서 상대를 무릎 꿇게 하는 것 등 모든 것이 마윈의 손에 달려 있었다.

마윈은 '삼분천하에서도 강자는 언제나 강하다'는 이치를 일찍이 깨우쳤다. 그는 검색 세계에서 '강자'라는 서스펜스를 설정했다. 스포트라이트는 이미 무대 위의 마윈을 비출 수 있는 가장 좋은 위치에 자리하고 있었다.

전쟁에 응하다

사업의 세계는 전쟁과 같다. 살아남으려면 '낙숫물이 댓돌을 뚫는다'는 발상으로 부드러움으로 강함을 이겨야 한다. 『손자병법』에서 '최상의 모략은 적의 모략을 분쇄하는 것'이라고 했다. 바둑에서도 '능한 자는 전략을 세우고, 능하지 못한 자는 바둑돌만 본다'는 말도 있다. 마윈은 중국의 심오한 노장철학을 제대로 이해하고 있었다. 행동에 옮기기 앞서 마윈은 구글과 바이두를 상대할 계획이 서 있었다. 그는 먼저 검색의 본질에 대한 의문을 제기했다.

2006년 3월 17일, 난징에서 '2006 글로벌 검색엔진 전략회의'가 열렸다. 마윈의 발언 순서는 구글 중화 지역 판매 및 업무개발 대표 저우사오닝周韶寧의 뒤로 잡혀 있었다. 마윈은 이 기회를 놓치지 않고 포문을 열었다.

"야후 차이나를 사들인 것은 전자상거래에서 검색 분야가 취약하여 발전을 가로막을 것이라는 우려 때문이었다. 앞으로 5년 동안 알리바바는 여전히 전자상거래를 주력 분야로 하여 발전할 것이다. 이는 중국 중소기업에게 매우 중요하다. 알리바바는 중국에 많은 취업기회를 제공할 수 있다. 알리바바가 도산하면 30~40만 중소기업도 잇달아 도산할 것이다."

마윈은 직원들에게도 '야후검색이 중국에서 결코 추종자가 되어서는 안 되며 새로운 게임규칙을 만들어내는 존재가 되어야 한다'고 강조한 바 있었다.

"현재 검색 기술은 프로그래머의 게임에 불과할 뿐 고객의 진정한 니즈를 고려하지 않는다. 검색이 하나의 도구에 지나지 않는다면 그것은 우리의 생활을 변화시킬 수 없다. 중국을 변화시킬 것은 바로 인터넷이다."

마윈의 이 말은 구글에 대한 조롱에 가까운 표현이었다. 야후검색 CEO 톈젠田健은 한술 더 떠 경쟁자에게 화살을 돌렸다.

"고객의 만족도만으로 말한다면 현재의 야후검색이나 바이두, 구글뿐 아니라 모든 검색엔진이 다 불합격이다. 모두 진정한 의미의 검색이 아니다. 이 검색엔진들은 웹페이지와 화제 인물 중심으로 정보를 분류하며, 고객의 입장은 반영되지 않은 채 엔지니어의 머릿속에서만 고안되어 나온다. 기술이 사람을 위해 봉사하지 않고, 사람이 기술을 위해 봉사한다면 이는 기술을 위한 기술이 되어버린다. 그렇게 되면 고객을 쫓는 결과만을 가져올 것이다."

저우사오닝의 발표 내용은 이러했다.

"많은 변혁이 사실은 기술에서 시작된다. 보통 사람들은 기술의 발달 방향과 수준을 상상해내지 못한다. 제품이 출시된 이후에야 아는 것이 일반적이다. 검색은 기술에 의존하여 기능하는 어플리케이션이다. 따라서 구글에서는 엔지니어의 위상이 가장 높다. 그들이 필요한 것은 모두 지원해주어야 한다."

그러는 한편 저우사오닝은 엔지니어가 자신의 아이디어를 기반으로 개발한 제품이 반드시 성숙하다고는 할 수 없다고 인정하고, 고객의 경험을 통해 개선해야 한다고 덧붙였다. 그는 또 "인터넷의 발달로 정보량이 크게 늘어나면서 검색은 중요한 정보수집 방식이 되었고 사람들의 효율을 높여줄 수 있다. 이런 면에서 볼 때 검색은 이미 사람들의 생활을 변화시켰다"라고 주장했다.

구글 아시아태평양 지역 총책임자 왕화이난王懷南은 저우사오닝의 말에 이렇게 보충했다.

"검색과 인터넷의 관계는 모터와 자동차의 관계와 같다. 따라서 검색이 없는 인터넷은 상상할 수도 없다."

검색 개념에 대한 이해가 달랐기 때문에 구글과 야후 차이나는 시장 전략에서도 뚜렷한 차이를 보였다. 구글은 중소기업을 위한 검색에 중점을 두었다. 구글의 광고 플랫폼을 이용해 중소기업의 제품과 기업 정보를 실어주었다. 중소기업은 일반적으로 대량으로 광고를 할 재력이 없었다. 구글 광고는 제품을 분석한 뒤 광고 관련 검색어, 광고 시간, 광고 지역과 광고 대상 등을 기업주가 선택하도록 했다. 또 한편으로는 유통업체를 육성했다. 구글은 더 많은 정력을 유통업체에 대한 기술과 서비스 교육에 투입했다.

야후 차이나의 현재 및 미래 목표는 모두 전자상거래에 두는 전략을 세웠다. 야후 차이나를 사들이고 나서 마윈은 검색이 그토록 큰 힘을 갖고 있다는 사실을 발견했다.

그는 "검색은 전자상거래 발전에도 큰 도움이 된다"면서 "향후 5년은 검색과 결합하여 전자상거래를 발전시킬 것"이라고 밝혔다.

구글과 야후 차이나라는 양대 거두의 인식 차이가 중국 인터넷업계의 미래에 어떤 변화를 가져올지 지켜봐야 할 것이다.

지식으로 시장을 개척하다

"책 속에는 천 석의 쌀이 있고, 황금으로 만든 집이 있으며 옥같이 예쁜 얼굴이 있다."

옛말에도 있듯이 2005년 등장한 시나닷컴의 '아이원써우쒀愛問搜索(검색으로 질문하기)'나 바이두의 '즈다오知道(알다)'는 지식검색 시장의 파이를 잠식하고 있었다. 이제 막 포털사이트에서 검색엔진으로 전환하여 화력을 쏟기 시작한 야후 차이나는 '즈스팅ks.yahoo.com.cn' 오픈 서비스를 출시하며 중국 주류 검색 시장에 뛰어들었다. 야후의 즈스팅은 기존의 검색어 위주 방식과는 달리 '지식 공유 커뮤니티 + 검색엔진' 모델을 채택했다. 누군가 어떤 내용에 대해 질문을 올리면 모든 네티즌이 답을 할 수 있으며, 네티즌 간에 충분한 지식 공유와 정보 교류가 이루어지고 궁극적으로 하나의 지식에 대한 학술, 민간, 유머 및 다국적 솔루션을 형성하는 것이다. 많은 사용자가 다양한 지식으로써 지식정보 베이스를 공동으로 구축하여 더 많은 사람들에게 효과적인 정보서비스를 제공한다. 고객은 정보의 수혜자가 될 수도 있고 제공자가 될 수도 있다.

사실 지식 공유 커뮤니티+검색엔진 모델은 그전에도 시나닷컴과 바이두에서 집중 추진하여 기존의 검색어 위주 검색엔진을 보완했던 모델이다. 질문과 대답 위주로 검색하는 이러한 사이트의 취지는 '네티즌이 네티즌을 돕는' 것이다.

이러한 마윈의 행보는 매우 절묘한 것이었다. 비록 야후가 세계의 선두를 달리는 인터넷 검색엔진이기는 하나 그전까지 중국 시장에 완전히 융합되지 못했다. 즈스탕의 공개 테스트는 마윈이 야후 차이나를 중국 시장에 맞추겠다는 자세와 결심을 보여주는 것이었다. 시나닷컴의 아이원써우쒀나 바이두의 즈다오에 선점당한 현실 앞에, 마윈은 대만 야후의 '치모奇摩 즈다오+'가 74.8%의 사용 률을 나타낸 것처럼, 즈스탕이 야후 글로벌 자원을 기반으로 성공하기를 기원했다.

호랑이에 날개 단 격

야후 차이나와 미국 야후와의 관계에 대해 마윈은 '현지화만이 해결책'이라는 자신의 관점을 밝혔다.

"야후 차이나는 미국 야후의 모델을 그대로 답습하지 않을 것이며, 미국 야후를 지향하지도 않을 것이다. 미국 야후는 미국 고객의 니즈에 맞게 운영한다. 알리바바 야후는 미국을 모방하지 않고 반드시 중국 고객의 니즈에 따라 운영할 것이다."

마윈은 중국이라는 고객 집단에 맞는 검색엔진 혁신을 단행했다. 이는 현재 많은 검색엔진들이 정면대응해야 할 문제다. 마윈의 리더십과 야후 차이나 기술진의 앞선 기술을 배경으로 야후 차이나의 검색엔진이 환골탈태할 날도 얼마 남지 않았다.

검색엔진을 언급할 때 인터넷 실명도 빼놓을 수 없는 이슈다. 인터넷 실명은 사이트의 문패와 같은, 차세대 인터넷 방문 방식이다. 일반 네티즌들이 기억할 수 있는 인터넷 주소는 대체로 20개에서 많아야 50개 이내이다. 인터넷 실명 기능은 많은 네티즌, 특히 인터넷에 처음 발을 들인 네티즌들이 빠르고 간편하게 필요한 자료를 찾아볼 수 있게 해준다. 인터넷 실명 서비스는 최적의 인터넷 마케팅 도구이며, 기업이 인터넷을 구축할 때 반드시 갖추어야할 서비스이다. 기업이 제품, 서비스, 또는 업종명을 인터넷 실명 서비스에 등록하면, 고객은 어떤 사이트에 가입할 필요 없이 직접 주소창에 제품, 서비스, 업종명을 입력하여 직접 그 기업의 사이트로 들어갈 수 있다.

마윈은 검색엔진의 서비스 능력을 강화함과 동시에 야후 차이나의 인터넷 실명 서비스 시스템을 강화하는 데도 주력했다. 검색엔진과 실명 서비스는 새의 두 날개처럼 균형 잡힌 서비스로 운영되어야 했다. 마윈은 이 둘을 유기적으로 결합해서 브랜드의 영향력을 크게 높일 수 있었다.

그 밖에도 야후 차이나는 '전자상거래, 무한 가능'이라는 교육 프로그램을 가동했다. 교육 대상 기업은 무료로 기업 사이트 시스템과 기업 명칭으로 된 실명 인터넷 주소를 구축할 수 있을 뿐 아니라 온라인 결제 플랫폼 알리페이를 자신들의 사이트와 연계할 수도 있었다.

서로 관련이 없을 것 같은 각종 인터넷 종목들이 마윈의 손끝에서 화려한 프로젝트 제품으로 거듭났다. 마윈의 용병술과 지휘 능력에 감탄을 하지 않을 수 없다. 마윈은 '불변'함으로 '변화'에 대처하는 뛰어난 지략과 인터넷 자원의 효율적 결합 능력을 보여주었다. 이러한 모든 행보로서 그의 인터넷 제국 신화에 의미심장한 복선을 깔아 둔 것이다.

새로운 인재를 기용하다

불과 몇 달 만에 야후 차이나의 검색 시장점유율은 2004년 30.2%에서 2005년 15.6%로 급락하는 잔혹한 현실에 직면해야 했다. 마윈은 다시금 야후 차이나에 개혁을 단행했다.

2005년 11월 마윈은 야후 차이나의 인터페이스를 구글처럼 간단한 검색창만 띄우는 식으로 개혁하겠다고 밝혔다. 당시 그의 대외 발언은 "중국에서 야후는 곧 검색이며, 검색은 곧 야후다"라는 말로 대표되었다. 그러나 3개월 만인 2006년 2월 27일, 미국에서 막 돌아온 마윈은 야후 차이나 내부회의에서 캐치프레이즈를 수정했다. "야후가 야후답지 않을 때, 야후는 성공할 것이다."

마윈의 미국행은 알리바바의 미국 지사를 둘러보기 위해서였다. 야후 차이나가 알리바바에 합병된 이후 미국 야후 본사에 있던 40여 명의 직원도 알리바바 소속으로 편입되었다. 마윈은 미국에서 이들 엔지니어들을 향해 불만을 토로했다.

"네티즌의 입장에서 볼 때 지금의 검색 결과를 보면 매우 불만스럽다. 그 원인은 여러분이 엔지니어의 입장에서만 문제를 생각하는 데 있다."

그는 앞으로 엔지니어들이 네티즌의 입장에서 문제를 생각할 것을 주문했다. 앞으로 야후 차이나의 인터페이스는 검색창 하나만 띄우고 그 아래에는 이슈의 제목이, 제목 아래에는 이슈의 내용이 들어갈 것이라고 내부 인사는 귀띔한다.

'새로 부임한 관리는 의욕에 차서 일한다'라는 말이야말로 당시의 마윈을 표현하기에 딱 적합하다. 야후 차이나의 개혁을 위해 마윈은 자신의 담력을 믿고 대대적인 개혁을 단행했다. 먼저 그는 새로운 관리팀을 기용했다. 그의 지휘에 따라 이메일을 관리하던 마오신이 새로운 검색 포털 업무를 맡았다. 기존의 야후 차이나, 3721, 이소우의 업무를 맡은 마오신은 야후 차이나 부사장 리루이의 지휘를 받게 되었고, 리루이는 야후 이메일 업무를 맡으면서 야후 차이나 대표 톈젠의 지휘를, 톈젠은 마윈의 지휘를 받게 되었다. 이러한 수직적 관리 모델은 전체 야후 차이나의 발전을 촉진하고 문제를 해결하는 데 효과적이었다. "마윈 회장이 내게 상당히 큰 압박을 가했다." 톈젠은 이렇게 말한다. 마윈은 '야후 차이나 인터페이스 방문자 수

200% 성장'을 주문했다.

야후 차이나는 포털에 대해서도 지원사격을 계속했다. 합병 이전에 야후 차이나의 콘텐츠 분야 직원은 약 40명이었다. 2006년에는 담당 인력을 계속 확대했다. 마윈은 현재 콘텐츠에 생기가 부족함을 지적하고 앞으로는 연예, 오락, 스포츠, 경제 분야에 집중할 것을 주문했다. 그 밖에도 미국의 R&D팀을 강화하고, 동시에 중국의 검색 인재 기용에도 힘써 7개 도시에서 100여 명의 기술인재를 선발했다. 톈젠은 야후 차이나가 신규로 채용한 기술 인력을 미국에 보내 검색 기술을 가르치고 있으며, YST Yahoo Search Technology 핵심 검색 기술을 보유한 중국인 과학자들을 중국으로 불러들여 신규 기술 인력을 위한 전문기술 지도에도 힘쓰고 있다고 말한다.

야후를 살린
미디어 콘텐츠

마윈은 '야후 차이나가 연예·오락 마케팅을 전개하고 검색 분야를 확대할 것'이라고 밝혔다. 연예·오락이 네티즌이 가장 관심을 갖는 인터넷 콘텐츠라는 점이라는 이유에서였다. 야후가 중국 제일의 검색엔진이 되려면 연예·오락 분야에 주력해야 했다. 마윈은 인터넷, TV, 영화 업계를 분주히 오갔다.

개띠 해에 벌어진 동물들의 일전

개띠 해의 봄, 야후 차이나는 '야후 스타발굴' 이벤트를 야심차게 기획했다. 이는 2005년에 유행한 TV 여성 스타발굴 프로그램 「초급여성超級女聲」의 새로운 버전이었다. 사람들, 특히 인터넷에 빠져 사는 네티즌들은 이런 이벤트를 외면하기 어려웠다.

2006년 1월, 마윈은 야후검색이 후난 위성TV, 워너브러더스와 손잡고 새로운 2006년 슈퍼 연예 쇼 '야후 스타발굴' 이벤트를 전개한다고 밝혔다. 야후는 연예·오락 마케팅을 통해 날로 팽창하는 검색 시장을 정복하겠다는 계획을 세웠다. 중국 인터넷협회는 2005년 중국 검색 시장 규모가 9억 4000만 위안이며, 2007년에는 56억 위안으로 성장하여 3년 동안 연간 70%의 성장세를 갖출 것이라고 내다보았다.

야후뿐 아니라 다른 업체들도 시장경쟁에 합세했다. 2006년 초 소후닷컴의 검색엔진 '소거우搜狗'도 이벤트를 시작했다. 소후닷컴 CEO 장자오양은 개띠 해를 맞아 '연봉' 10만 위안을 내걸고 전국에서 '홍보용 개' 한 마리를 선발해 모델로 기용하겠다고 밝혔다.

유명 IT포털 톈지왕天極網 편집장 청톈위程天宇는 검색의 성패를 결정짓는 관건은 인기와 경로, 이 두 가지라고 주장한다. 소거우가 홍보 개 한 마리를 선발하는 목적도 인터넷상에서의 화제몰이를 위해서였다. 검색엔진의 신예 소거우는 소후닷컴을 기반으로 하고 있어 탄탄한 우위를 갖추고 있으나 인기를 더 확고히 할 필요가 있었다. 흥미롭게도 검색엔진들은 약속이나 한 듯 동물들을 동원해 경쟁을 벌였다. 소거우의 '개狗', 야후의 '호랑이虎'는 물론이고 구글은 중국어 애칭을 '거우거우狗狗'라고 붙였다. 바이두는 기업 로고에도 동물의 발자국 모양을 채택했다. 소거우가 개띠 해를 맞아 벌인 '강아지 쇼'를 시작으로 중국 검색엔진 사이트에서는 한바탕 '동물들의 일전'이 벌어졌다.

인터넷 영화 마케팅

인터넷은 그야말로 빛의 속도 만큼이나 빠른 파급력을 발휘하고 있다. 네티즌 사이에서는 「무극無極」이라는 영화를 패러디한 '만두 하나가 불러온 살인사건一個饅頭引發的血案'이라는 동영상이 인기다.

후거라는 네티즌이 만든 이 영상은 인터넷에서 급속히 퍼졌다. 2005년 인터넷 10대 사건을 꼽으라면 주저 없이 이 동영상 유포를 꼽을 정도로 인기였다. 이 사건은 「무극」의 천카이거 감독의 분노를 촉발하며 일파만파로 번지면서 「무극」과 「만두 하나가 불러온 살인사건」을 연예·오락 분야에서 최고 검색어 순위에 올려놓았다. 이 사건이 마윈이 연예·오락 분야를 추진하는 데 큰 동력으로 작용했으리라는 것은 확실하다.

2006년 1월 야후는 베이징에서 워너브러더스와 손잡고 3000만 위안을 투자해 유명감독 천카이거, 펑샤오강, 장지중에게 각각 '야후 검색'이라는 주제로 단편 광고를 의뢰하여 문화·연예계를 떠들썩하게 했다. 야후검색은 '최종제품'이라는 포지셔닝으로 광고를 하나의 실험 정신에 빛나는 인터넷 단편 영화로 승격시켰다. 이 광고들은 인터넷을 달구었던 「만두 하나가 불러온 살인사건」과 유사한 형식으로 연예·오락 요소를 완벽하게 다루었다. 연예·오락 마케팅에 일가견이 있는 마윈은 한마디로 이를 설명한다.

"연예·오락 분야는 네티즌이 가장 관심을 갖는 인터넷 콘텐츠다. 야후가 중국 제일의 검색엔진이 되려면 이 분야를 철저히 이용해야 한다."

업계 관계자는 연예·오락이 검색엔진들의 핵심이라고 말한다. 바이두는 현재 연예·오락에 상당한 강세를 가지고 있다. MP3 다운로드 검색으로 한때 30%까지 검색율이 올라갔으나 판권 문제로 기소되어 다른 연예·오락 마케팅 방식을 고려해야 하는 상황이다. 마윈은 앞으로 단편 영화 방식의 스토리 홍보가 하나의 추세가 되어 매우 훌륭한 홍보 효과를 낼 수 있을 것이라고 말한다.

'야후 스타발굴'의 3대 매력

당신의 뛰어난 연기 재능과 외모를 만인 앞에 펼치고 싶습니까?

세계적인 야후검색의 중국 홍보 모델이 되고 싶습니까?

천카이거, 펑샤오강, 장지중 감독의 영화에 출연하여 스타의 꿈을 이루고 싶습니까?

하룻밤 새 유명해져서 워너브러더스의 전속배우가 되고 싶습니까?

스타의 꿈을 품고 있던 선남선녀들은 이 광고에 솔깃했다. '초급여성'이 배출한 가수들의 활약에 부러워하던 사람들도 이러한 선발 이벤트에 큰 희망을 품었다. 마윈은 이 점을 노렸던 것이다. 대대적인 '야후 스타발굴' 이벤트는 전국을 무대로 전개되었다.

'야후 스타발굴'은 2006년 마윈이 새로운 야후 차이나를 위해 출범한 '야후검색 혁신' 시리즈의 핵심으로 야후검색의 새로운 이미지를 만들어 보였다. 마윈이 야후 차이나를 연예·오락 분야 홍보에 집중할 때부터 스타발굴 프로그램은 야후의 미래를 결정짓는 가장 중요한 회심의 전략이었다.

'야후 스타발굴' 이벤트는 3단계로 나누어 진행되었다. 2006년 1월 4일부터 2월 하순까지 인터넷 예선을 통해 150명을 선발한다. 2차 예선에서 36명으로 압축된 후보자들은 준결승에 진출하며, 9명이 마지막 결승전에서 경합을 벌여 최종적으로 3명이 '야후가 발굴한 스타'에 등극한다. 이들은 각각 천카이거, 펑샤오강, 장지중 감독이 제작하는 야후검색 관련 단편 영화에 출연한다. 계획에 따라 준결승,

결승의 모든 내용을 '초급여성'처럼 실황으로 중계하며, 2차 예선의 일부도 중계로 내보내게 된다.

　워너브러더스 대표 왕중쥔은 '야후 스타발굴'의 전국 예선 심사 위원으로 참가할 것이라고 밝혔다. 모든 이벤트가 사람을 끌려면 뭔가 미끼가 있어야 한다. '야후 스타발굴'은 사람을 끌 만한 요소가 꽤 많았다. 첫째, 중국 3대 명감독의 인지도를 들 수 있다. 이들은 현재 인기 절정에 있는 감독들로 그들이 스타를 발굴하는 것이니만큼 자연스럽게 선남선녀들에게 화제를 몰고 올 것이다. 둘째, 스타가 되면 거액의 돈을 벌 수 있다. 야후 차이나는 3000만 위안을 들여 세 명의 명감독에게 단편영화를 의뢰했다. 스타로 선발되면 이들의 영화에 출연하여 스타의 꿈을 이룰 수 있을 뿐 아니라 워너브러더스와 전속배우 계약을 맺게 된다. 이런 조건들이 젊은이들에게 얼마나 큰 유혹으로 다가갈지는 상상하기 어렵지 않다. 셋째, 돈이 들지 않는 투표방식이었다. '초급여성'에서의 투표는 휴대폰 문자로 진행되어 이동통신사와 후난 위성TV의 배만 불려주었다. '야후 스타발굴'은 무료 투표로 진행되며, 야후통에 가입되어 있으면 ID 하나로 10회까지 투표가 가능했다. 야후 차이나의 입장에서는 사이트 방문자 수를 늘릴 수 있는 절호의 기회였다.

'야후 스타발굴' 대 후난 위성TV

연예·오락 마케팅은 검색업체의 인기와 방문자 수를 늘려주는 수단이다. 멀리는 누구나 자유롭게 글을 포스팅할 수 있는 공간인 바이두 톄바貼吧, 그리고 무료 서비스라서 업무 실적과는 무관하지만 검색률을 높이는 데 기여도가 매우 큰 바이두 MP3 검색이 있고, 가깝게는 소거우의 '강아지 모델 선발대회', 바이두의 '검색애호가' 같은 문학작품 투고 이벤트, '야후 스타발굴' 이벤트 등이 있다. '야후 스타발굴' 이벤트는 바이두의 검색애호가처럼 수준이 높지는 않지만 강아지 모델 선발대회처럼 유치하지 않다. 허무맹랑한 '강아지 모델' 선발이나 추상적인 사랑 이야기가 아니어서 인기를 끌 수 있었다.

마윈의 연예·오락 마케팅 노선에 대해 다른 생각을 가진 사람들도 있다. 구글과 바이두는 대규모 마케팅 활동을 벌이지 않는다. 구글은 미국에서조차 거의 광고를 하지 않지만 사람들의 생활에 깊이 파고들었다. 그러므로 마케팅이 검색엔진에는 별로 큰 도움이 되지 않는다는 것이다. 사람들이 특정한 검색엔진을 선호하는 것도 그 기술을 높이 평가하거나 자신의 사용 습관에 맞아서가 대부분이다. 따라서 마윈의 연예·오락 마케팅은 다른 분야에서는 공인된 성공적 전략이지만 이 분야에서는 불필요하다는 것이다.

야후 차이나의 홍보팀은 야후 차이나가 '중국 1등 생활 브랜드'를 표방하고 있다고 소개하며, 이 '생활 브랜드'에서 가장 중요한 것이 연예·오락 분야라고 주장했다. 그들은 '연예·오락 없는 산업도 없다'는 한 미국 기업의 주장을 예로 들기도 했다. 그 밖에도 구글, 바이두 같은 기존 검색사이트의 고객을 빼앗아오느라 정력을 쏟느니 새로운 고객층을 개발하는 편이 낫다는 것이다. 그들은 이를 위해 '가까운 사람은 혜택을 입고 먼 곳에 있는 사람들도 소문을 듣고 모여드는' 전략으로 신규고객을 유치할 것이다. 이 전략의 주요 타깃층은 트렌드를 중시하는 젊은이들이다. 그들은 변화에 민감하고 연예·오락과 스포츠에 빠져든다. 이는 사진, 음악 등 연예·오락 방면에 최대 규모의 데이터베이스를 자랑하는 야후의 특성과도 들어맞는다. 2005년부터 연예·오락 마케팅을 전개한 이래 2006년 1월 야후 차이나의 검색량이 2배로 늘었다는 통계를 볼 때 연예·오락 마케팅이 다른 검색엔진은 몰라도 최소한 야후에는 통했다는 결론을 낼 수 있다.

사실 '초급여성'이든 '야후 스타발굴'이든, 연예·오락 마케팅이든 현실적 게임이든, '야후 스타발굴' 주최 측인 야후 차이나와 그들의 합작 파트너, 참가자 및 그 가족 친지, 3명의 명감독과 네티즌이 그 이벤트를 통해 필요한 것을 얻을 수 있고 모두 즐길 수 있다면 그것으로 족한 것이다.

그런데 야후 차이나가 모든 행사를 착실하게 준비하고 있을 때 갑자기 사고가 터졌다. 후난 위성TV가 한 달 전 확정한 '야후 스타발굴' 제휴를 갑자기 철회해버린 것이다. '야후 스타발굴'은 '2006 야후검색 아이디어 대전' 시리즈의 가장 하이라이트라고 할 수 있는 행사였다. 갑작스런 제휴 철회 통보에 마윈도 야후 차이나도 당황했다. 그 이유를 둘러싸고 모두의 추측이 난무한 가운데 마윈은 새로운 파트너를 찾아 나섰다.

파트너를 찾다

2006년 2월 20일, 야후 차이나는 '야후 스타발굴' 이벤트의 TV 파트너가 저장 위성TV로 변경되었다고 밝혔다. 이 발표는 다시 한 번 사람들의 이목을 끌었다. 중국 CCTV 쒀푸루이索福瑞 미디어연구소 CSM의 2005년 조사에 따르면 전국 31개 성 소재지 중 저장 위성TV

의 시청률이 2004년 10위에서 4위로 껑충 뛰었다. 2006년 후난 위성TV의 광고 수입 목표는 7억 위안이며, 저장 위성TV는 6억 달러 이상이다. 양대 위성TV는 시장점유율과 광고 수입에서 치열한 경쟁을 벌이고 있었다.

저장 위성TV의 관련자는 영리를 주요 목적으로 하지 않고 최고의 자원을 동원해 프로그램을 잘 만드는 데 최선을 다할 것이라고 밝혔다. 이런 태도는 저장 위성TV를 여러 방송사와의 경쟁에서 유난히 돋보이게 해주었다. 후난 위성TV의 「슈퍼 시리즈」, 둥팡 위성TV의 「아형아수我型我秀」, CCTV의 「몽상중국夢想中國」 등 각종 연예·오락 쌍방향 프로그램 홍수 속에 저장 위성TV가 뛰어들면서 2006년 중국 TV 연예·오락 시장은 진정한 전국시대를 열게 되었다.

워너브러더스에 투자하다

「쿵푸」, 「천하무적」 등 영화의 성공으로 왕중쥔 형제가 만든 워너브러더스는 승승장구를 거듭하며 중국에서 가장 영향력을 갖춘 영화사로 발전했다. 워너브러더스미디어그룹 휘하에 7개 회사를 거느리며 영화, 음악, 광고, 발매 분야를 확장하고 있었으며, 사업 확장을 위해 더 많은 자본을 필요로 했다. 2005년 야후 차이나를 합병한 이후 알리바바는 과거의 단순한 전자상거래 사이트에서 포털사이트로 전환했다. 이 과정에서 야후 차이나의 이미지를 쇄신하는 것도 마윈의 주요 임무였다. 2005년 야후는 미국에서의 실적은 좋았지만 중국에서는 큰 활약을 보이지 못하고 있었다. 야후검색의 영향력은 여전히 기대에 못 미쳤다. 특단의 조치가 필요했던 마윈은 2006년 1월,

3000만 위안의 자본 공세를 펼쳐 워너브러더스미디어그룹과 손잡고 '야후 스타발굴' 이벤트를 펼친 것이다. 동시에 마윈 자신은 워너브러더스의 새로운 이사가 되어 워너브러더스에 더 큰 규모의 투자를 할 수 있게 되었다. 마윈이 워너브러더스에 투자한 것은 그가 이끄는 알리바바가 연예·오락 산업 분야에 더 많은 역량을 쏟을 가능성을 시사했다.

현재 구글과 바이두가 중국 검색 시장 70% 이상을 점거하고 있다. 두 회사는 중국 검색엔진 시장에서 이미 절대적 우위를 점하고 있다. 야후 차이나 검색 서비스의 앞에는 늑대, 뒤에는 호랑이가 도사린 형국이라고 할 수 있다.

야후 차이나의 역사와 현 상황으로 볼 때 그들이 중국 검색엔진 시장에서 두각을 나타내는 것은 쉽지 않을 것이다. 그러나 워너브라더스가 뛰어들면서 야후 차이나에는 새로운 희망과 기회를 엿볼 수 있게 되었다. 마윈은 이에 대해 자신감이 충만하다.

제7장

미치지 않으면
미치지 못한다

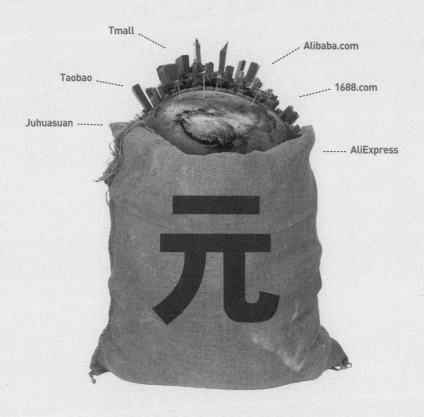

Tmall

Alibaba.com

Taobao

1688.com

Juhuasuan

AliExpress

alibaba

마윈에게 자신의 인생을 간단히 표현하라고 하면 '평범, 단순함, 운, 공부, 포기를 모르는 끈기'라고 말할 것이다. "남자의 재능은 때로 용모와는 반비례한다." 마윈은 자신만의 지혜로 진실한 인생을 펼친다.

부, 사랑,
그리고 결혼

마윈은 부와 거리가 멀다

2005년 10월 12일, 시장조사업체 후룬이 중국의 부자 명단 「후룬보고서」를 발표했다. 그중 IT 부자 명단에서 알리바바닷컴은 4위를 차지했으며 마윈 회장의 몸값은 30억 달러에 달했다. 부자 명단에 대해 마윈은 자신에게 돈이 있는 것은 사실이지만 한 사람의 재산을 돈으로만 계산할 수는 없다고 덧붙였다.

「후룬보고서」 외에도 〈포브스〉, 〈뉴 포춘〉, 〈유러머니〉 같은 경제지에서 부자 명단을 속속 발표하며 부와 부자들에 대한 흥미진진한 담론을 벌였다.

어떤 의미에서 볼 때 지금은 부의 시대다. 마윈은 부자 명단이란 중국 부호들의 단편적인 면을 보여주는 것에 지나지 않으며, 부호들의 진짜 모습은 그들의 사회적인 역할과 자선 행위로 완성된다고 주장했다. 중국 최대 부자 딩레이가 인도양 쓰나미 피해에 120만 달러를 기부한 것이 대표적인 사례다.

알리바바도 부의 가치에 대한 마윈의 독특한 가치관을 실천하고 있다. 2006년 '새해에는 사랑하는 마음을, 알리바바 자선행사에 당신의 이름을!'이라는 자선 이벤트를 펼쳤다. 알리바바가 돈을 내고 거래 쌍방의 명의로 중국 자선단체 석양공정夕陽工程에 기부하는 행사였다. 일주일간 진행된 단발성 행사였지만, '대중에게서 얻은 부는 대중에게 돌려준다'는 마윈의 철학은 상인들의 귀감이 되었다.

마윈은 자신을 늘 일깨운다. 자신은 일개 상인이 아니라 기업가라는 사실을 스스로 다짐한다. 상인은 열심히 이윤을 버는 것으로 소임을 다하지만 기업가에게는 더 중요한 사명이 있다.

"우리는 단순히 상인이 되려 하지 않고 기업을 경영하는 기업가가 되려고 한다. 장사꾼과 상인, 기업가 사이에는 차이가 있다. 장사꾼은 돈을 벌기 위해서는 무슨 행동이든 하고, 상인은 어떤 것은 하고 어떤 것은 하지 않는다. 기업가는 사회에 영향을 주면서 부를 창조한다. 사회를 위해 가치를 창조함으로써 사회에 영향을 미치는 것이다. 돈을 버는 것은 기업가의 기본적인 기능이지, 전체 기능이 아니다."

다음은 마윈이 중국 CCTV 「뉴스회견실」이라는 프로그램에서 털어놓은 말이다.

"기업가에게 돈을 버는 것은 쉬운 일이다. 이것은 결과이지 목적은 아니다. 그러나 지속적으로 돈을 벌고, 가치를 창조하여 사회에 영향을 주고, 전체 전자상거래 사이트를 이끄는 것은 매우 어려운 일이다. 내가 도전하고 싶은 일이 바로 그것이다. 많은 사람이 돈을 버는 방법을 알고 있고, 돈을 벌고 있다. 하지만 세상의 다른 사람에게 영향을 미치고 사회를 개선해나가는 사람은 많지 않다. 위대한 기업을 만들면 그 일을 할 수 있다."

마윈은 이어서 자신의 또 하나의 '광언'이라며, "나는 중국 전자상거래의 역사를 바꿀 것이다"라고 전했다.

'돈밖에 없는 부자'라는 말은 더 이상 '욕'이 아니다. 돈의 중요성이 커지는 세상이 되면서 사람들은 과거에 비해 적극적으로 돈을 추구하게 되었으며 부를 대하는 태도도 전과 달라졌다. 그러나 부를 축적한 사람들의 마음에는 자선을 베푸는 마음이 자연스럽게 자리잡는다.

인디언 속담에 이런 말이 있다.

"당신이 너무 빨리 걷고 있다면 잠시 멈춰라. 영혼이 발걸음을 따라올 수 있게."

부자 명단을 통해 마윈은 우리에게 개인의 부를 돈으로만 잴 수 없다는 큰 가치관을 보여주었다.

마윈은 행복하다

2005년 12월 15일, 알리바바에 고위층 인사이동이 있었다. 마윈이 장잉의 퇴임을 알리자, 직원회의의 분위기는 일순간 술렁였다. 연단 아래의 많은 직원들이 약속이나 한 듯 울음을 터뜨렸다.

마윈이라는 이름이 익숙한 사람도 장잉이라는 이름은 생소할 것이다. 그녀는 마윈의 부인이다. 또한 알리바바의 빼놓을 수 없는 창업공신이기도 하다. 이사회는 장잉의 퇴임을 부결했고 직원들도 일제히 반대했다. 그러자 장잉은 사람들을 설득했다. 그녀는 그것이 마윈의 의견이 아니라 자신이 원하는 것임을 분명히 했다. 그 일에 대해 마윈은 훗날 이렇게 설명했다.

"그녀는 알리바바 CEO의 부인이 회사에서 일한다는 사실에 대해 외부에서 어떻게 생각할지 걱정했다. 사람마다 생각이 다르기 때문이다. 나는 그녀의 고민을 이해할 수 있다."

이런 이야기를 하는 마윈은 여느 때처럼 열정에 넘쳐 당당하게 말하던 모습이 아니었다. 외부의 의견에 따르면 장잉의 퇴임은 알리바바가 창업형 기업에서 경영형 기업으로 전환했다는 중요한 상징이었다.

"비록 오늘이 힘들고 내일은 더 큰 시련이 있더라도 미래에는 아름다운 비전이 기다리고 있다. 진정한 영웅이 있어야 내일의 태양을 볼 수 있다."

마윈은 감정이 격해 이런 소리를 한 적이 있다.

"최근 몇 년 동안 장잉에게 자기 생활은 거의 없었다. 친구도 만나지 않고 매일 회사에만 틀어박혀 있었다."

마윈은 장잉과 대학 시절에 만났다. 처음 만나 사귀고 사랑에 빠지기까지 두 사람은 많은 날을 의지하면서 함께했다. 장잉은 마윈의 뒤에서 묵묵히 그를 지지하고 격려하면서 결국 그와 평생을 함께할 인생의 반려자, 듬직한 사업 파트너가 되었다. 둘 사이에서 낳은 아들은 이제 중학교에 다닌다.

"그 아이는 키가 벌써 174㎝나 된다."

작고 왜소한 아버지와는 달리 준수한 외모의 아들은 마윈이 외모 콤플렉스를 완전히 벗어나게 해주었다. 2006년 7월 필자가 방문했을 때 마윈은 아들 이야기를 자랑스럽게 꺼냈다. 또 얼마 전 아들과 함께 자신의 아버지를 찾아뵌 자리에서 아버지와 주고받았던 농담을 들려주었다.

"아버지, 제가 아들 하나는 잘 키웠죠? 그런데 아버지는 왜 저를 이렇게밖에 못 만드셨습니까?"

매체의 전화 인터뷰에서 마윈은 뜻밖의 질문을 받았다.

"곧 밸런타인데이가 다가오는데 무슨 계획이라도 있습니까?"

"나는 밸런타인데이 같은 거 지내본 적 없다."

그는 짧게 답변하더니 바로 "너무 바빠서"라고 덧붙였다.

마윈이 바쁘다는 것은 누구나 아는 사실이다. 2005년부터 세상을 떠들썩하게 했던 야후 차이나와의 합병으로 마윈은 핫이슈를 몰고 다녔다.

"모든 매체에 내 이야기가 보도되는 것을 보면 짜증이 났다."

언론에 호의적이던 마윈은 지쳤다는 듯 이렇게 말했다.

그러나 마윈은 밸런타인데이에 남다른 견해를 가지고 있었다. 그는 밸런타인데이가 박애를 실천하는 명절이라고 여겼다. 이러한 생각은 그의 말에서도 나타난다.

"중국에서 밸런타인데이는 박애의 개념이다."

마윈은 밸런타인데이가 연인들만의 날이 아니라 친구나 가족, 동료들과 함께 즐기며 서로의 정을 보여주는 날이라고 주장했다. 회사 직원, 창업 멤버나 가족, 부인, 모두 그가 사랑하는 사람들이었다.

물론 마윈이 밸런타인데이에서 가장 소홀히 할 수 없는 사람은 부인 장잉이었다. 성공한 남자들이 모두 그렇듯 마윈은 묵묵히 곁을 지켜주는 장잉에 대해 고마움을 느끼지 않은 적이 없었다.

1995년 창업 초기, 마윈이 대학교수라는 안정된 직장을 버리고 인

터넷 사업에 뛰어들었을 때 모두 미쳤다고 했지만 장잉은 그를 지지
했다. 그리고 함께 동분서주하면서 10만 위안을 구해 얻은 한 칸짜리
누추한 사무실에서 돈을 아껴가며 중국 인터넷 역사상 최초의 B2B
사이트를 창조했던 것이다. 시간은 화살처럼 흘러 눈 깜짝할 새에 10
년이 지났다. 그동안 알리바바는 회사도 크고 경영 규모도 커져 한입
에 야후 차이나를 삼킬 정도의 거대한 고래로 성장했다. 그동안의 세
월을 함께하며 묵묵히 곁을 지켜주고 남편의 꿈과 성공을 위해 노력
한 여인에 대해 고마움을 느끼지 않는 사람은 없을 것이다.

"그러나 장잉은 순전히 묵묵하기만 한 스타일은 아니었다."

마윈은 매우 진지하게 강조했다.

"장잉은 자신의 일을 훌륭히 해냈다. 그녀는 사업과 일상에서 모
두 뛰어난 여인이다."

마윈의 말 속에는 숨길 수 없는 의기양양함과 자랑스러움이 배어
났다.

"두 사람이 사업상 의견 충돌이 있을 때 누구의 희생이 더 컸을까
요?"라는 물음에 마윈은 주저 없이 입을 열었다.

"물론 집사람이다. 집사람은 내게 전방위적인 도움을 주었다. 사
업에서나 일상에서나 전적으로 나를 이해하고 지원해주었다."

그러나 마윈의 눈에 밸런타인데이는 그저 하나의 상징에 지나지
않았다. 그날 부인에게 어떤 말을 해주겠느냐고 누군가 묻자 그토록
거침없던 마윈의 태도는 갑자기 신중해졌다.

"별로 해줄 말이 없다. 그리고 그런 말이라면 집사람 혼자에게만
해줘야지 않겠는가."

마윈, 그는 정말 행복해 보였다.

마윈의 우상

진융 소설의 매력은 많은 사람을 사로잡았다. 마윈도 그중 한 사람이었다. 그는 '세계 제일가는 협필'로 불리는 진융을 숭배했다. 진융은 마윈과는 나이를 초월한 친구라며 그와의 우정을 강조했다.

마윈은 진융의 소설 애호가로도 이름이 나 있다. 집착을 보일 정도로 심하다. 오죽하면 알리바바에서 일하면 진융에 대해 거의 대학 전공 수준으로 알게 된다는 우스개가 있을 정도다. 마윈도 진융의 무협소설에서 많은 것을 배웠다고 밝혔다. 마윈은 진융을 알면 사람을 알게 된다고 주장한다.

"비즈니스 세계는 전쟁터와 같다. 그러나 전쟁터는 아니다. 전쟁터에서는 상대를 죽여야 내가 살 수 있지만, 비즈니스 세계에서는 상대가 살면 내가 더 강하게 살아갈 수 있다."

마윈은 골프는 치지 않고 바둑과 카드놀이를 즐기는데 진융 역시 바둑을 즐긴다.

"인품은 바둑과 같고 세상사는 바둑판과 같다."

이것이 두 사람의 공통된 생각이다.

진융의 『소오강호』는 마윈이 가장 많이 읽은 무협소설이다. 그가 가장 좋아하는 인물은 펑칭양風清揚이다. CCTV의 「대화」라는 프로그램에 출연했을 때 마윈은 특별한 무공을 쓰지 않고도 상대를 단숨에 제압하는 펑칭양의 스타일을 좋아한다고 말했다. "무슨 일을 할 때도 모든 수단을 다 소화하여 자연스럽게 사용한다."

그리고 펑칭양이 링후충슈孤衝을 배출한 훌륭한 스승이라는 점을 높이 샀다.

"나 역시 교사 출신이다. 나는 내 동료와 학생들이 나를 능가하기를 바란다."

"그의 '고독구검孤獨九劍'을 좋아한다. 그는 늘 생각한다. 공격할 때 상대의 가장 강한 곳이 가장 약한 곳이라고 생각한다. 때로는 사람들이 옳다고 생각하는 것이 틀릴 때가 있다. 모두가 위험하다고 생각하는 것에 기회가 숨어 있다."

진융과 그의 소설에 대한 마윈의 숭배는 거의 따를 자가 없을 정도다. 두 가지 재미있는 일화가 이를 충분히 설명해준다.

첫 번째는 항저우에서 매년 열리는 포럼 서호논검에서의 일화다. IT의 고래 마윈이 장지중이 연출하는 영화 「벽혈검碧血劍」에 출연한다는 소식이 들렸다. 두 번째 일화는 마윈이 알리바바 본사 회의실의 이름을 마천애摩天崖, 광명정光明頂, 달마원達摩院 백화곡百花谷이라고 지은 것이다. 마윈이 진융의 소설에 얼마나 심취해 있는지 설명해주는 모습들이다. 마윈은 무협지의 심오함이 많은 중국인들에게 매우 풍부한 교류의 바탕이 된다고 여겼다. 바로 이러한 점으로 인해, 마윈은 알리바바 관리진이 가장 공감하는 관념들을 정리하여 9대 가치관을 세우고, 그 이름을 '고독구검'이라고 불렀다. 고독구검은 이후 '육맥신검六脈神劍'으로 대체되었다.

육맥신검이란 알고 보면 매우 간단한 개념이다. 첫째, 고객제일이다. 고객의 관심사에 주의를 기울이고 고객에게 의견과 자문을 제공하며 고객의 성장을 돕는다. 둘째, 협력이다. 함께 힘을 모아 소아小

我를 대아大我로 성장시킨다. 셋째, 포용의 문화이다. 자신을 극복하고 변화를 받아들인다. 넷째, 성실하고 정직하며 약속을 잘 지키는 것이다. 다섯째, 열정이다. 포기하지 말고 낙천적인 마음으로 위를 향해 전진하라. 여섯째, 전문성이다. 전문가의 태도와 평상심으로 비범한 일을 해내라.

마윈이
못하는 것은 없다

무슨 일이든 잘 알지 못하면 편견이 생긴다. 마윈이 큰 성과를 올리고 있을 때 항간에는 여러 가지 루머들이 떠돌았다. "마윈은 미치광이다"라는 사람이 있는가 하면 "마윈은 사기꾼이다"라는 사람도 있었다. "마윈은 무척 열정적인 듯하나 사실은 아무것도 아니다"라고 말하는 사람도 있었다. 눈치 빠른 마윈이 그런 평가가 자신에게 어떤 의미인지를 모를 리가 없었다. 그러나 그는 개의치 않고 오히려 '영광'으로 받아들였다. 미친 것이든 열정적인 것이든 오만하지 않고, '사기꾼'이지만 마음속에 순박함과 의연함을 잃지 않는 사람이 큰 지혜를 가진 사람이다. 지혜로운 자는 언제나 적이 없는 법이다.

사기의 기교
아무도 인터넷이 무엇인지 모르던 시절, 애써 차이나페이지를 만든 마윈이 사기꾼으로 보인 것도 무리가 아니다. 그러나 '뻔뻔스러움'도 하나의 학문이 되는 마당에 '사기'에도 기교가 필요하다. 마윈이 사람을 속이는 기교는 오로지 말주변 하나였다. 속사포 화술을 구사하는 마윈은 그런 면에서 충분한 능력이 있었다. 상대방을 설득하고 자신의 '광언'을 현실로 만들었다.

렌윈강추이위안식품회사의 대표 류칭춘劉靑春은 당시 마윈에게 사기를 당했다고 생각했다. 2000년 11월 말 류칭춘은 알리바바 영업 매니저 청친程欽의 3개월에 걸친 끈질긴 설득 끝에 마음을 열었다. 그는 최초로 알리바바의 중국 공급상 상품을 구입했다. 그러나 계약을 마치고 몇 분도 지나지 않았는데 후회하기 시작했다.

"그따위 상품이 무슨 쓸모가 있는지 알 수 없었다. 아무래도 저들에게 속았다는 생각이 들었다."

그러나 현재 렌윈강추이위안식품회사는 매년 유럽에 수백만 톤의 꽃양배추를 수출하고 있고, 고객의 90% 이상과 알리바바에서 거래를 한다. 사실, 마윈은 정말 CCTV의 왕샤오야王小丫가 우스개로 말하듯 '사기꾼의 얼굴'이다. 그러나 그는 선량한 마음의 소유자이다. 그가 하수도 맨홀 뚜껑을 훔치는 '도둑'들을 큰 소리로 꾸짖은 것은 밤길을 걷는 누군가가 하수도 구멍에 빠질까봐 걱정되는 마음 때문에서였다. 사스가 유행했을 때 그는 사스에 걸린 직원의 손을 잡고 위로했으며 심지어 자기를 미련하다고 표현하면서까지 젊은이들의 용기를 북돋았다.

마윈, 그는 사람을 속이지 않는 '사기꾼'이다.

광인이 된 이유

마윈은 처음부터 '광인'이라는 딱지가 붙어 다녔다. 1995년 30세의 마윈은 훌륭한 강의 솜씨로 항저우 10대 우수 청년교사에 선정되었다. 모두들 그가 학교에서 큰 비전을 가지고 있다고 여길 무렵 마윈은 그 자리를 박차고 나와 인터넷에 투신했다. 학생들, 가족들, 친구들 모두 그가 '미쳤다'고 했다.

사람들은 마윈이 흥미를 가진 일에 대해 거의 이해하지 못했다. 마윈 자신만 알 수 있는 일이었다. 누구도 마윈의 결심을 되돌리기 어려웠다. 마윈이 알리바바의 창업 계획을 내보이자 많은 친구들은 미친 생각이라며 펄쩍 뛰었다. 파레토 법칙에 따르면 20%의 상위고객이 기업에 80%의 수익을 창출해준다고 한다. 유명한 아마존 사이트도 20%의 대기업을 위해 서비스한다. 그런데 마윈은 80%의 소기업을 선택한 것이다.

마윈의 미친 생각은 많은 벤처투자자들의 인정을 받았다. 그들은 알리바바의 B2B모델을 야후 포털사이트 모델, 아마존 B2C모델, 이베이의 C2C모델을 이은 '인터넷의 제4의 모델'이라고 불렀다. 알리바바 사이트가 구축된 지 겨우 1개월 만에 30명의 벤처투자자들이 알리바바에 투자하겠다고 몰려왔다.

인터넷업계가 투자의 빙하기에 있을 때, 그리고 이취가 중국 C2C 시장의 80% 이상을 점령했을 때, 마윈은 1억 위안을 투자해 타오바오닷컴을 만들겠다고 밝혀 세상을 놀라게 했다. 모두들 마윈이 완전히 미친 모양이라고 했다.

그러나 2년도 안 되어 타오바오닷컴은 중국 C2C 시장의 새로운 강자로 떠올라 시장점유율 70%를 달성했으며, 경쟁자는 겨우 30%에 머물렀다. '미치광이' 마윈이 제대로 일을 낸 것이다.

자신감 넘치는 광인

"교만하면 손해를 보고, 겸손하면 이익을 본다. 교만은 화를 부르고, 겸손은 복을 부른다."

『상서尙書』「대우모大禹謨」에 나오는 명언이다. 사실 마윈은 겸손한 사람은 아니다. 그는 "망원경으로 찾아도 도대체 내 적수를 찾지 못하겠다"는 말을 할 정도로 자만에 차 있었다.

인터넷업계에서 성공적으로 사이트를 구축하는 것은 결코 신기한 일이 아니다. 하지만 마윈만큼 알리바바를 성공시키고, 타오바오닷컴까지 업계 1~2위를 다투는 위치에 올려놓은 사람이 누가 있던가? 누가 감히 "중국에서 가장 위대한 기업을 만들겠다!"라고 공언할 수 있는가? "세계 500강에 진입할 것이다", "102년간 기업을 경영할 것이다"와 같은 목표를 내세울 수 있는가? 자신감 넘치는 '광인' 마윈이기에 가능한 것이다.

"생각을 못하는 것은 당신이지, 마윈이 못하는 것은 없다."

이제 마윈은 이미 업계의 해학적 표현에 익숙해졌다. 마윈은 미치광이일망정 오만하지는 않다. 그는 시종일관 현실을 직면하고 미래를 꿈꾸는, 깨어 있는 사람이다. 설사 알리바바가 세계에서 자신과 대적할 적수를 찾지 못한다고 해도 마윈은 일종의 위기의식을 가지고 있다. 하늘도 땅도 무서워하지 않는 마윈이었지만, 2005년 중국 지도자 연례회의에서 "올해 스트레스가 매우 크다"고 토로했다.

"나는 얼마 전 회사가 두 번째 위기에 처했다고 선포했다."

마윈은 이렇게 말했다.

"다른 사람이 모두 호황이라고 할 때 반드시 문제가 찾아올 것이다."

알리바바의 첫 번째 위기는 2000년 인터넷 불황기에 접어들었을 때다. 당시 중국에서는 일주일 동안 1000개의 인터넷 회사가 생겼다고 한다. 마윈은 회사가 고도의 위험 상태라고 선포했다. "일주일에 1000개의 인터넷 기업이 생긴다는 것은 그 수만큼 도산할 수 있다는 의미다."

한편, '거만한' 마윈이 극단적으로 겸손해질 때가 있다. 마윈은 젊은 사람들에게 겸손하게 자기를 낮추는 일이 많다.

"나는 매우 멍청한 사람이다. 계산력도 떨어지고 말주변도 남보다 못하다. 이런 나도 창업에 성공했다. 다른 사람들도 충분히 성공할 수 있다고 생각한다."

'마윈 현상'을 읽으면
미래가 보인다

어린 시절 깡마르고 싸움을 일삼는 말썽꾸러기에서 포기를 모르고 대학 입시에 세 번이나 도전하는 청년, 그리고 여러 차례의 어려운 창업 끝에 실패를 극복하고 존경받는 성공한 기업가가 되기까지, 마윈의 인생역정을 살펴보면 그가 자신의 핵심 가치관을 지키고 강한 사명감을 가진 기업 지도자로 자리매김했음을 알 수 있다. 그는 세계의 인터넷을 통해 '인터넷 창업가' 시대를 열겠다고 공언했다.

'마윈 현상'이 우리에게 가져온 것은 무엇일까? 자기를 극복하고 시련을 이겨내는 결심과 용기인가, 아니면 창업의 열정, 노력하는 정신, 성공의 자신감, 혁신의 정신인가? 나는 그보다는 역발상의 사고라고 생각한다.

열등생도 성공할 수 있는 이유는 무엇인가?

마윈은 항저우사범대학을 졸업했다. 이 학교는 이름이 알려지지 않은 삼류학교다. 명문대학 출신인 장차오양, 딩레이, 천톈차오에 비하면 마윈의 학력은 뒤떨어진다. 그러나 바로 이런 인물이 중국, 나아가 세계 최대의 전자상거래 사이트를 구축한 것이다. 이것이 가능했던 이유는 무엇일까? 여기서 모든 교육 관계자, 가정, 학교, 성공을 꿈을 가진 창업자들에게 시사하는 바는 크다.

어떤 사람이 성공하는가? 성공한 사람의 자질은 무엇인가?

마윈은 "내가 성공한다면 80%의 사람이 성공할 수 있다"라는 말을 남겼다. 그런데 왜 이렇게 적은 수의 사람만이 성공하는가? 마윈의 성공 사례가 제시하는 것은 무엇일까? 성공의 결정적 요소는 무엇일까?

성공하려면 기업을 어떻게 관리해야 하는가?
관리자로서 마윈의 매력은 과연 무엇인가?

마윈에게서 리더의 권위는 찾아볼 수 없다. 그가 개구쟁이처럼 생겼으며 못된 사람 같다고 말하는 사람도 많다. 그러나 그는 막강한 엘리트 군단을 이끄는 인물이다. 그 비결은 무엇인가? 마윈의 뛰어난 관리능력은 어떻게 형성된 것일까?

알리바바의 구호는 '천하에 하기 어려운 장사가 없게 한다'이다. 인터넷 창업가 시대는 진정으로 모두가 비즈니스를 할 수 있는 시대이다. 시장 진입장벽이 없어서 인터넷만 있으면 누구나 타오바오닷컴과 알리바바를 이용해 정보를 얻고 사업을 할 수 있다. 이 책은 현재의 인터넷 창업가와 미래의 인터넷 창업가들이 전자상거래를 이용한 사업을 어떻게 전개할지 연구하는 데 하나의 장을 제공해줄 것이다.

다음의 내용을 함께 연구해보자.

1. 알리바바와 타오바오를 이용해서 어떻게 하면 더 많은 고객으로부터 상품 주문을 얻을 수 있을까? 이미 성공한 인터넷 창업가라면 당신의 경험을 나눌 생각은 없는가?

2. 전자상거래의 미래는 곧 인터넷 창업가의 미래다. 미래 전자상거래의 발전 동향은 어떠할 것으로 보는가?

3. 알리바바와 타오바오닷컴은 다른 유사 사이트와 비교할 때 어떤 장단점이 있는가? 개선책이 있다면?

4. 인터넷 창업가 시대의 도래는 인터넷 창업가들에게 어떤 기회와 도전을 가져올까? 어떻게 기회를 포착하고 도전에 대응할 것인가?

마윈의 명연설

대학 시절부터 두드러진 화술, 창업 초기의 '사기꾼', 아무도 믿어주지 않던 '미치광이', 그리고 언론에서 보여지는 '광인' 형상, 마윈은 이 모든 것을 한 몸에 가지고 있다.

마윈은 연설의 고수다. 그는 입만 열었다 하면 청산유수의 화술을 자랑한다. 우렁차다고 할 수 없는 목소리지만 사람들에게 뜨거운 열정을 불러일으키며 그들을 설득한다. 마윈의 연설은 그의 됨됨이를 보여준다. 사람들은 마윈의 연설을 듣고 구름이 걷히고 밝은 달을 보는 듯한 시원함을 느낀다. 많은 마윈의 연설들이 아직까지도 사람들의 입에 오르내리며 연설의 경전으로 꼽힌다.

닝보 회원대회 연설문(부분)

닝보에 다시 오게 되어 기쁩니다. 휴일도 아닌데 와주셔서 반갑습니다. 알리바바 글로벌 120만 회원과 500명 직원을 대표해서 안부를 전합니다. 전국에서 회원 모임을 가질 때마다 매우 기쁩니다. 우시

회의에서 250명 회원을 초청했던 기억이 나는군요. 그날 오후 두시부터 회의가 시작하는데 한시 반부터 비가 억수같이 쏟아졌습니다. 비 때문에 많은 분들이 못 오시리라 예상했는데 550명이나 와주셨습니다.

오늘 참석하신 분들은 기업가, 공장장, 매니저들로서 모두 젊은 분들입니다. 오늘 연설은 세 부분으로 나눠 말씀드리겠습니다. 먼저 알리바바의 어제와 오늘에 대해 말씀드리고 분석을 해보겠습니다. 우리 회사는 설립한 지 겨우 3년 된 작은 회사입니다. 3년 동안 많은 고통과 시련을 겪었습니다. 구체적인 사례를 여러분과 분석해볼까 합니다. 두 번째로는 제가 세계 각국을 다니며 일류기업가들과 만났던 경험을 여러분과 함께 나눠보는 시간을 갖겠습니다. 마지막으로는 전자상거래란 무엇이며, 오늘날 전자상거래가 우리에게 무엇을 가져다줄 수 있는지 말씀드리겠습니다.

이제 알리바바의 어제와 오늘에 대해 말씀드리겠습니다. 알리바바는 하버드대학에서 두 차례 MBA 연구 사례로 선정된 적이 있습니다. 그곳에서 한 연구원이 우리 회사에 파견되어 5일을 머물다 갔습니다. 그 기간 동안 알리바바의 매니저와 일부 직원들, 새로 가입한 회원들과 고객들에 대해 자세히 조사하고는 두 달 동안 사례보고서를 작성했습니다. 그들이 작성한 초안을 보았을 때, 이것은 알리바바가 아니라는 생각이 들었습니다. 알리바바에 대해서 다양한 평가와 각양각색의 언론평이 있습니다. 나는 매체의 보도를 다 찾아보지는 않습니다. 그러나 많은 회원들의 평가는 반드시 찾아서 봅니다.

우리는 밤낮없이 일하면서 회사를 키워왔습니다. 그러던 중 미국의 골드만삭스로부터 500만 달러의 첫 번째 투자를 받았습니다. 당시 인터넷업계는 매우 호황이었고 많은 사람들이 돈을 벌겠다고 뛰어드는 상황이었습니다. 우리는 투자자들에게 말했습니다. "우리는 돈이 필요 없습니다." 그들은 내 말을 진지하게 경청했습니다.

첫 번째 투자자는 저장성의 한 기업이었습니다.

"우리 합작합시다. 내가 100만 위안을 내놓을 테니, 내년에 110만 위안으로 돌려주십시오."

그의 제안에 나는 이렇게 대답했습니다.

"당신은 은행보다 더 고약하네요."

9월 30일, 나는 일본 소프트뱅크의 CEO 손정의와 만났습니다. 얘기가 잘 되어 2000만 달러의 투자를 받을 수 있었습니다. 그때 나는 그에게 겨우 6분 동안 프리젠테이션을 했을 뿐인데 그는 알리바바의 모든 것을 간파했습니다.

처음 인터뷰를 했던 것은 1999년 8월 미국 경제지 〈비즈니스위크〉에서였습니다. 그들은 우리를 어떻게 알았는지 인터뷰 요청을 해왔습니다. 우리는 거절했지만 그들은 이후에도 외교부와 저장성 대외무역 판공실을 통해 꼭 인터뷰를 해달라고 요청해왔습니다. 그때 우리는 전화도 없었고 팩스도 없었습니다. 미국에서 만든 이메일 주소 하나만 달랑 있었습니다. 우리는 다른 사람들에게 우리가 중국 기업이라는 사실이 알려지는 것을 꺼려했습니다. 자칫하면 세계화 과정에서 3류 기업으로 낙인찍힐 수 있었기 때문입니다.

우리는 그들을 주택가로 데려갔습니다. 그들은 의혹의 눈길을 보냈습니다. 방 네 개짜리 집 안에는 20여 명의 직원들이 일하고 있었습니다. 그들은 2만 명의 회원을 가진 매우 유명한 알리바바가 틀림없이 큰 회사라고 생각한 것입니다. 결국 우리는 그들이 쓴 기사를 내보내지 못하게 요청해야 했습니다.

1999년 홍콩 알리바바를 설립할 때 한 터키 기자가 물었습니다.

"마 회장님, 알리바바는 터키 회사인데 어떻게 중국까지 오게 되었습니까?"

이 말을 최소한 20개국에서 들어보았습니다. 다들 자기 나라 기업이던 알리바바가 어떻게 중국 회사가 되었느냐고 질문하지요. 우리는 당시 본사를 홍콩에 설치했습니다. 전 세계에 중국인이 설립한 자랑스러운 회사를 보여주고 싶었기 때문입니다. 홍콩은 특수하게 국제화된 도시입니다. 우리는 미국에 연구기지를 설립하고 런던에도 지사를 설립했습니다. 그리고 항저우에 우리 중국의 기지를 세웠습니다.

1999년과 2000년 알리바바는 신속히 세계화를 수행하여 글로벌 전자상거래 시장에 진입하는 전략을 세웠습니다. 우리는 국제 전자상거래 시장을 먼저 개통하고 중국 내 전자상거래 시장을 육성하고자 했습니다. "국내 최고 수준에서 경쟁하기보다는 직접 세계 시장에서 뛰자"는 것이었습니다. 몇 년 동안 사람들은 알리바바가 국내보다 외국에서의 지명도가 더 크다고 말했습니다. 이는 1999년, 2000년, 2001년에 전면적으로 내세운 우리의 전략 덕분입니다. 알리바바는 해외 시장에 신속히 진입했습니다. 현재 많은 기업이 세계화를 해야 한다고 말합니다. 그러나 외국인 직원을 뽑고 해외에 공장을 세우는 것이 곧 세계화는 아닙니다. 우리는 세계화 전략을 추진하면서 많은 일을 했습니다.

처음으로 독일에서 연설을 할 때 알리바바의 회원은 4만여 명이었습니다. 그러나 1000명을 수용하는 회의장에는 겨우 세 사람의 청중뿐이었습니다. 독일에서 두 번째 연설을 할 때는 회의장에 사람들이 빼곡하게 들어찼습니다. 함께 교류하기 위해 영국에서 비행기로 날아온 회원도 있었습니다.

중국이 WTO에 가입하면서 국내 모든 기업이 "이제 어떻게 해야 하나?"라는 질문을 합니다. 우리보다 경영도 더 잘하고 돈도 많은 외국 기업을 어떻게 이길 수 있겠습니까? 작년에 20개국을 다니며 50개의 세미나에 참석했습니다. 모든 세미나에서 이 문제가 언급되었습니다. 우리는 외국 기업을 두려워하지만 그들도 우리를 두려워합니다. 작년에 참가한 세미나의 주제는 뜻밖에도 '중국은 위협이다'였습니다.

처음으로 런던에 갔을 때 홍보팀 매니저가 오후 6시 15분에 BBC 방송에서 인터뷰가 있다고 알려주었습니다.

오후 3시에 BBC 측에서 팩스가 하나 날아왔습니다. 다섯 개의 제목을 주면서 반드시 준비를 철저히 하라는 내용이었습니다. 그래서 준비를 했지요. 6시에 BBC에 들어갔습니다. 스튜디오에 들어가자 진행자가 현재 방송이 전 세계에 생방송으로 중계되고 있으며 3억 명의 시청자가 지켜본다고 말하는 겁니다. 그러고는 카메라를 가까이 들이대며 질문을 했습니다. 그런데 나한테 준비하라고 했던 다섯 가지와는 전혀 상관없는 질문이었습니다.

"중국 기업인데 영국에 지사를 차리면 성공할까요?"

"당신은 백만장자가 되고 싶습니까?"

"당신은 백만장자가 될 수 있다고 생각하십니까?"

"당신은 백만장자가 될 만하다고 생각하십니까?"

이 질문에 나는 어리둥절해졌습니다. 매우 긴장되었지만, 미소를 잃지 않고 침착하게 대답했습니다. 인터뷰를 마칠 때쯤 나는 이렇게 말했습니다.

"우리는 살아남을 수 있으며, 매우 훌륭하게 살아남을 수 있다는 사실을 증명할 것입니다."

훗날 BBC는 나를 몇 번이나 취재했습니다. 그중 한 번은 중국에 촬영팀을 보내왔는데, 취재 대상이 당시 상하이 시장 쉬쾅디徐匡迪와 나였습니다. 당시 출연한 프로그램은 BBC의 25분짜리 「이슈대담」이었습니다.

두 달 전 뉴욕에서 열린 세계경제포럼에 참석했습니다. 세계 500대 기업의 CEO들이 가장 많이 이야기하는 것이 사명과 가치관이었습니다. 중국 기업은 이런 이야기를 잘 하지 않습니다. 그런 말을 하면 모두 너무 추상적이라고 말하기 때문입니다. 오늘날 우리 기업은 이런 것들이 부족합니다. 그래서 우리 기업들은 시간이 가도 발전이 없습니다. 그날 아침 클린턴 부부의 조찬회에 참석할 기회가 있었습니다. 클린턴은 "미국은 많은 분야에서 선도적 역할을 하고 있다. 그러나 때로는 리더가 어디로 가야 할지 모르고 제대로 인도하지 못할 때가 있다. 그들에게는 모방할 만한 모델이 없기 때문이다. 이때 그들에게 결정을 내리게 하는 힘은 사명감이다"라고 했습니다.

현재 일류기업 GE는 100년 전만 해도 전구를 만드는 회사였습니다. 그들의 사명은 '온 세상을 밝게 하자'였습니다. 그 사명이 GE를 세계 최대 전기회사로 만들어주었습니다. 디즈니의 사명은 '온 세상 사람들을 즐겁게 하자' 입니다. 이러한 사명감이 있기에 모든 디즈니의 영화는 즐거운 내용으로 가득합니다. 알리바바의 사명은 '천하에 하기 어려운 장사가 없게 한다' 입니다. 우리가 만들어내는 모든 프로그램은 우리 고객들이 사업을 더 수월하게 하도록 도와줄 것입니다.

알리바바에는 하나의 통일된 가치관이 있습니다. 우린 직원들은 11개 국가와 지역에 퍼져 있습니다. 그들은 다양한 문화 배경을 가지고 있습니다. 공통된 가치관으로 인해 우리는 서로 단결하고 내일을 위해 분투합니다. 우리가 초빙한 CEO는 올해 53세이고 GE에서 16년을 일한 경영인입니다. 그와 우리는 아홉 가지 가치관을 정했습니다. 단결, 교육, 품질, 단순함, 열정, 개방, 혁신, 전문화, 서비스, 존중이 그것입니다. 이것들은 알리바바의 가장 값진 가치입니다.

우리는 2000년도에 공동의 사명, 공동의 목표, 그리고 공동의 가치관을 정했습니다. 신입사원은 배울 수 있는 재능만을 가지고 알리바바에 입사합니다. 어떤 기업, 어떤 조직에나 사명, 가치관, 목표가 있어야 합니다. 이 세 가지가 없으면 기업은 지속적으로 발전할 수 없습니다.

조사에 따르면 중국 기업의 90%가 이러한 나의 관점에 반대한다고 합니다. 그러나 세계 500대 기업은 이 점을 모두 중시하고 있었습니다. 그중 가치관과 사명이 중요합니다. 송나라 양산박梁山泊이라는 곳에 모여 살던 108호걸이 공동의 가치관이 없었다면 싸움에 이길 수 없었을 것입니다. 그들의 공동 가치관은 곧 강호의 의리였습니다. 어떤 일이 벌어져도 모두 형제의 의리로 뭉쳤던 것입니다. 이러한 가치관은 그들을 하나로 단결시켰습니다. 108호걸의 사명은 하늘을 대신해 부패와 싸우는 것이었습니다. 그러나 그들에게는 하나의 공동목표가 없었습니다. 그들 중 송강宋江은 투항해야 한다고 여기는가 하면 이괴李魁는 끝까지 싸우다 죽어야 한다고 주장했습니다. 그런가 하면 관아에 잡히지만 않아도 다행이라는 사람도 있었습니다. 결국 양산 호걸은 모두 붙잡혀 처형당했습니다. 따라서 반드시 목표와 사명감, 가치관 중 한 가지라도 부족하면 안 됩니다. 이것이 알리바바가 2001년에 전개한 정풍운동입니다.

　이번에는 간부들의 양성에 대해 말씀드리겠습니다. 알리바바가 어떻게 간부를 키우고 어떻게 난관을 헤쳐 나갔는지를 다른 기업들과 공유하고자 합니다.

　알리바바를 세계 10대 사이트에 들게 하고 싶다면 '유격대'로는 어렵습니다. 마오쩌둥은 유격대만으로 전국을 손에 넣을 수 없어서 대형 전투를 벌였고, 3대 전투에서 승리했습니다. 싸움에서 이기려면 믿음직한 간부가 있어야 합니다. 기업들은 업무를 맡은 사람이 회사를 떠날까봐 두려워합니다. 그 사람이 없으면 일을 할 수 없다고 여깁니다. 매니저가 사장보다 비중이 큰 회사도 있습니다. 그는 더 많은 업무를 맡고 있습니다. 간부로 임명하기 전에 반드시 교육을 시켜야 합니다. 중국의 많은 간부들의 업무태도가 현대 기업제도에 부적합합니다. 그들은 세 유형으로 나뉩니다. 첫 번째는 '의리형' 간부입니다. 간부가 모든 주도권을 잡고 있으며, 아래 직원들은 그의 지도를 무조건 따릅니다. 또 하나는 '노동 모범형' 간부입니다. 이런 사람은 10시간 일하는 타입입니다. 열심히 일하는 그는 매니저로 임명되면 사장의 마음에 들기 위해 원래 10시간 일하던 것을 12시간으로 늘려서 합니다. 나머지 한 유형은 '전문가형' 간부입니다. 어떤 사람의 능력이 우수하여 매니저로 승진되었습니다. 네 명이 함께 즐겁게 일하고 있는 상황에서 갑자기 한 사람만 승진되는 바람에 나머지 셋은 기분이 좋지 않을 것입니다. 그래서 많은 매니저들이 승진과 동시에 전에 있던 직원을 새 직원으로 교체해버리는 일이 잦습니다.

나는 간부관리팀을 훈련시킬 때 그들에게 문제가 발생하기 전에 처리하라고 주문합니다. 당신이 하는 모든 결정은 3~6개월이 지난 이후 회사에 결과를 발생시킬 일입니다. 당신을 대신할 사람이 없으면 당신은 승진할 수 없습니다. 아랫사람이 당신을 치고 올라오지 않는 한, 당신은 언제나 리더로 남아 있습니다. 리더는 구체적인 일을 해서는 안 되며 아랫사람을 시켜야 합니다. 6개월이 지나도 당신을 대신할 사람을 찾지 못한다면 당신의 사람 쓰는 능력에 문제가 있다는 것을 의미합니다.

리더는 한 사람에게서 그 사람이 가지고 있는 가장 좋은 것을 발견할 수 있어야 합니다. 그 사람의 장점, 본인이 모르는 장점까지도 찾아내야 합니다. 이것이 뛰어난 리더입니다. 호랑이 한 마리가 뒤에서 쫓아온다면 당신은 자기도 놀랄 정도로 빠른 속도로 뛸 것입니다. 그렇게 빨리 뛸 수 있는 이유는 뒤에서 호랑이가 쫓아오기 때문입니다. 사람은 누구나 잠재적인 능력을 가지고 있습니다. 중요한 것은 리더가 그것을 찾아줘야 한다는 것입니다. NBA 농구가 왜 그렇게 훌륭한

지 생각해보십시오. 그 비결은 벤치에 앉아 있는 12명의 후보에 있습니다. 그들은 게임에 투입되어 자기가 잘할 수 있다는 것을 보여주고 싶어 안달합니다. 그러니 그들 앞에서 게임에 임하는 선수들의 압박이 클 것은 자명한 일이다. 결국, 하나의 제도를 마련하여 기업을 운영하면 사람에만 위존할 필요가 없습니다. 따라서 우리는 간부를 양성하는 방안으로 '학습제도'를 마련했습니다.

1999년 알리바바는 8만 명의 회원을 보유하게 되기를 바랐습니다. 당시 우리가 이 구호를 내걸 때 회원은 겨우 3000명이었습니다. 그러나 그해 8만 9000명의 회원을 모으는 데 성공했습니다. 2000년 알리바바는 25만 명의 회원을 보유하겠다고 목표를 세웠습니다. 그 결과, 회원 수가 50만 명이나 되었습니다. 2001년 우리는 100만 명의 회원 목표를 세웠습니다. 2001년은 인터넷업계의 불경기라 이 목표의 실현은 불가능해 보였습니다. 그러나 2001년 12월 27일 이 꿈은 실현되었고 수익분기점에 도달했습니다. 현재 알리바바의 영업액은 계속 증가하고 있으며 점점 좋아지고 있습니다.

현재 인터넷업계에서 가장 큰 화두는 투자자와 관리자 간의 갈등이라고 합니다. 하지만 우리는 그렇게 생각하지 않습니다. 관리자가 투자자를 속이지 않는 한, 투자자는 관리자를 속일 수가 없습니다. 투자자에게서 받은 돈은 언젠가 반드시 돌려줘야 한다는 사실을 기억해야 합니다. 이것은 사람의 당연한 도리입니다. 제가 여러분 앞에서 자랑스럽게 말씀드릴 일이 있습니다. 창업을 막 시작했을 때 우리는 택시도 거의 타지 않았습니다. 어느 날 꼭 택시를 타야 할 일이 생겼습니다. 중형택시 한 대가 다가오자 모두가 고개를 돌렸습니다. 소형택시가 오자 손을 들었습니다. 중형택시와 소형택시에는 요금 차이가 있기 때문입니다. 우리가 쓰는 돈은 모두 투자자의 돈입니다. 자기 돈이라면 대범하게 써도 상관없습니다. 따라서 우리는 '쩨쩨함'을 자랑으로 여깁니다.

2000년, 우리는 국내외 광고 예산이 한 푼도 없었습니다. 그래도 회원은 120만 명이 되었으며 지금도 점점 늘고 있습니다. 이는 입소문 덕분입니다. 며칠 전 한 세미나에 다녀왔는데, 사람들은 닝보 시장 전망을 어둡게 보았습니다. 나는 "닝보 시장의 전망은 매우 좋다. 닝보에서 많은 돈을 벌었다"라고 말했습니다. 2001년 12월부터 우리 회사는 매우 양호한 경영상태를 보였습니다. 이상하게 돈이 많을수록 사람들은 투자를 하려고 합니다. 인터넷 기업이 벤처투자를 얻기가 매우 어려운 환경에서 우리는 매우 쉽게 투자금을 얻을 수 있었습니다. 우리는 지금도 돈이 많습니다. 그러나 사용하는 돈은 매우 적습니다. 우리는 끊임없이 세계 시장을 겨냥해 더 큰 전략을 실시하려고 합니다. 최근 CCTV 「대화」 프로그램에서 중국의 유명 기업가가 이런 말을 했습니다. "회사 경영이 어렵다. GE의 전 CEO 잭 웰치가 와도 3일을 못 버틸 것이다."

나는 그의 관점에 반대합니다. 첫째, 잭 웰치는 3일만 머물다 떠나지 않을 것입니다. 둘째, 그는 반드시 당신의 기업을 변화시킬 것입니다. 두려운 것은 차이가 아닙니다. 차이가 있다는 사실을 모르는 것이 더욱 두려운 일입니다. 내게 저장성에서 한 스포츠팀의 코치로 일하는 친구가 하나 있습니다. 그가 내게 다음과 같은 이야기를 들려주었습니다.

우당산 아래에 매우 대단한 젊은이가 있었습니다. 그는 모든 사람과 싸워 이겼습니다. 자신이 천하무적이라고 생각한 그는 베이징으로 가서 한 팀의 코치를 찾아갔습니다.

"이 팀 선수들과 겨뤄보고 싶습니다."

코치가 허락하지 않자, 젊은이는 안달이 나서 사정을 했고 결국 코치의 허락을 받아 시합을 진행했습니다. 하지만 5분도 지나지 않았는데 그 젊은이는 지고 말았습니다. 코치가 젊은이에게 말했습니다.

"너는 그동안 매일 두 시간씩 연습해서, 매일 30분 연습한 사람을 이겼던 것이다. 여기 이 선수들은 매일 10시간씩 연습한다. 어떻게 저들을 이길 수 있겠나? 게다가 우리 팀은 제대로 실력 발휘도 하지 않았다. '뛰는 놈 위에 나는 놈이 있는 법'이다."

기업 간에는 큰 차이가 있습니다. 작년에 우리는 손익분기점을 막 도달했습니다. 회원은 100만 명에 달했습니다. 이 위치에 오르고 나니 앞으로 어떻게 가야 할지 몰랐습니다. 얼마 전 홍콩에서 열린 회의에서 TCL의 리둥성李冬生과 일본 소니 회장을 만났습니다. 이 두 CEO는 나로 하여금 탄복을 금치 못하게 했습니다. 그들은 경영을 도道에 비유했습니다. 그들은 뚜렷한 경영철학을 가지고 있었습니다. 나는 또 세계경제포럼 런던회의에 참가하여 보잉 회장, 빌 게이츠, 마이크로소프트의 총재들과 교류했습니다. 이들도 역시 나를 고개 숙이게 했습니다. 그들은 나와는 비교도 할 수 없을 정도로 대단한 인물들입니다. 그들이 한 일들 중 어떤 것은 내가 해보지도 않은 것이었고, 내게 그럴 능력도 없다고 생각합니다. 다른 사람과 비교하면 내가 그들과 얼마나 큰 차이가 있는지 알 수 있습니다.

보잉 회장은 기업 발전 전략에 대해 이렇게 밝혔습니다.

"기업은 제대로 된 결정을 했는지 스스로 질문을 해야 한다. 기업에는 확실한 전략이 필요하다."

그는 보잉 CEO로 있을 때 민간항공 분야를 보잉의 핵심 분야로 두었다고 말했습니다. 군사항공에 두지 않았기 때문에 군사 위기가 발생하면 보잉은 커다란 위기에 직면하게 될 것이었습니다. 9·11 사건이 발생했을 때 보잉은 다행히 큰 위기를 맞지는 않았지만, 그 사건이 계기가 되어 보잉은 전략을 업그레이드하게 됐습니다.

나는 여러분께 중국 기업가와 외국 기업가의 차이가 크다고 말씀드립니다. 인터넷에서 내가 베이징대학 교수와 세계경제포럼 베이징회의에서 다퉜다는 소식을 들었을 것입니다. 그는 중국의 MBA를 대단한 것인 양 과장해서 표현했고, 나는 중국의 MBA라는 것이 아예 필요 없다고 단정했습니다.

그날 감정이 폭발한 사정은 이렇습니다. 나는 뉴욕에서 돌아온 지 일주일 만에 베이징으로 날아가 세계경제포럼 베이징회의에 참가했습니다. 평소 낯이 두꺼운 편인 나조차도 그날은 정말 얼굴이 화끈거렸습니다. 회의에서 4~5명이 발언을 했는데, 청중들 중 절반만 그들의 발언을 듣고 있었습니다. 나머지 절반은 전화를 하거나 담배를 피우고, 잡담을 하는 등 강단 위와 아래가 완전히 따로 놀고 있었습니다. 중국 기업에 이러한 문제가 왜 발생하는지 대단히 곤혹스러웠습니다. 또 한 예를 들어보겠습니다. 한 국가의 장관이 12명의 중국 기업가를 초청해 좌담회를 가졌습니다. 이 장관이 15분쯤 이야기했는데, 그 15분 동안 어떤 일이 발생했는지 아십니까? 그 자리에 참석한 절반 이상의 기업가들이 휴대전화에 매달려 있었습니다. 장관은 몹시 당황하는 기색이었습니다. 나도 그 상황에 뭐라고 말해야 할지 몰랐습니다.

이것은 문화의 차이가 아닙니다. 상대방에 대한 예의와 존중이 부족해서 생긴 일입니다. 중국 기업이 이럴진대, 누가 중국 기업과 사업을 하려고 하겠습니까? 나는 "MBA는 일부터 배우지 말고 사람이 되는 법부터 배워야 한다"고 말했습니다. 그래야 우리를 바꿀 수 있습니다.

나는 진융과 『소오강호』를 논하며 웃음과 오만함에 관한 이야기를 나눈 적이 있습니다. 과연 누가 웃을 수 있으며, 누가 오만할 수 있을까요? 누구나 웃고 싶습니다. 그것도 통쾌하게 웃고 싶습니다. 안목이 있고 넓은 가슴이 있는 사람만이 찬란하게 웃을 수 있습니다. 다른 사람 앞에서 오만하고 싶다면 반드시 실력을 키워야 합니다. 다른 사람이 당신의 따귀를 때리려 한다면 당신은 5미터 밖으로 피할 수 있어야 합니다. 그렇지 않으면 아무리 오만해도 소용없습니다. 날카로운 안목과 넓은 가슴을 가져야 합니다. 안목을 가지려면 책을 많이 읽는 것보다는 실천하는 것이 중요하다고 생각합니다. 많이 보고 많은 고수들과 교류해야 합니다. 그들과의 거리가 꽤 멀다는 것을 발견하는 순간 당신의 안목은 커질 것입니다. 많은 기업가들이 "나는 어떤 도시에서 1위이다"라고 말합니다. 바깥 세계를 보면 자신이 얼마나 뒤떨어져 있는지를 알게 될 것입니다.

나는 덩샤오핑 선생을 존경합니다. 개혁개방은 매우 안목이 있는 조치였습니다. 그는 유럽, 미국에 가서 중국이 뒤떨어져 있다는 것을 발견했습니다. 그는 차이를 인식한 것입니다. 이 자리에 계신 기업가들은 차이를 두려워하기에 앞서 당신이 그 차이를 모른다는 사실을 두려워해야 합니다. 클린턴은 나와 조찬을 함께하면서 중국의 정부 부처의 부장들 이름은 물론 중동 국가의 장관들 이름까지 줄줄 꿰고 있었습니다. 그는 실질적이고 위대한 사람입니다. 그는 계속 걸어가고 뛰며 보고 있었습니다.

가슴은 매우 중요합니다. 안목이 있는데 넓은 가슴이 없다면 애석한 일입니다. 『삼국연의』의 주유는 매우 뛰어난 안목을 가졌으나 가슴이 극히 좁았습니다. 그래서 제갈량으로부터 죽음을 당한 것입니다. '재상의 가슴은 배가 다닐 정도로 넓다'라는 말이 있습니다. 저우언라이 총리는 매일 많은 업무를 처리했습니다. 그는 사람들에게 날마다 말로 설명할 수 없었기에, 일을 하는 것으로써 가슴으로 사람들에게 설명한 것입니다.

실력은 실패가 쌓여서 이루어진 것이라고 생각합니다. 실패는 사람과 기업의 실력을 높여줍니다. 나이가 들었을 때 내 손자에게 "이 할아버지가 많은 일을 했단다. 거짓말이 아니란다"라고 허풍을 떨면, 손자는 이렇게 말할 것입니다.

"때마침 인터넷이 흥할 때였고 누군가 투자를 한 덕분이겠죠."

내가 많은 실수를 저질렀다고 말하면 손자는 오히려 나를 존경하는 눈으로 바라볼 것입니다. 최후의 성공을 거두기까지 참담한 실패의 고통이 있는 법입니다.

중국 기업은 단결 정신을 길러야 합니다. 사실 나는 회사에서 로비스트를 자처합니다. 늘 말만 앞서고 실무에는 약한 편이죠. 그런 면에서 실무에 강한 직원들을 자랑스럽게 생각합니다. 우리 회사에는 4명의 'O(COO, CFO, CTO, CEO)'가 있습니다. 그분들을 간단히 소개하겠습니다.

COO 관밍성은 우리 총재입니다. GE, BTR 등 세계 500대 기업에서 25년 동안 관리자로 일했습니다. 영국 국적을 가진 홍콩인입니다. CFO 차이충신은 유럽 Invest AB에서 투자를 담당했으며, 법학박사 출신의 캐나다 국적의 대만 사람입니다. CTO 우중은 야후 검색엔진 발명자이며 미국 국적을 가진 상하이 사람입니다. 나는 CEO이며 중국 국적, 항저우 출신입니다. 우리 네 사람은 각자 할 일을 맡아 잘 협력하고 있습니다. 협력은 모두 함께 하는 것입니다. 다른 사람이 자신을 영웅이라고 한다고 스스로 영웅이라고 생각해서는 안 됩니다. 자신이 영웅이라고 생각하는 사람 앞에는 내리막길이 필연적으로 놓여져 있습니다.

중국인들이 생각하는 환상의 팀워크 하면 단연 유비, 관우, 장비, 제갈량, 조자룡입니다. 관우는 무공이 높고 충성스러웠습니다. 유비와 장비도 각자 맡은 역할이 있었으며 제갈량과 조자룡도 기막힌 팀워크를 자랑했습니다. 이런 팀은 천 년에 한 번 있을까 말까 한 환상의 팀입니다. 나는 개인적으로 『서유기』의 삼장법사 팀이 가장 팀워크가 좋았다고 생각합니다. 삼장법사 특별한 매력이나 뛰어난 능력은 없는 인물이지만, 경전을 가져오고야 말겠다는 집요한 목표가 있는 인물입니다. 손오공은 무공이 가장 강하고 품성도 훌륭합니다. 유일한 단점은 포악한 성격입니다. 어떤 회사에나 이런 사람이 있습니다. 저팔계는 교활하지만 그가 없었다면 이야기의 재미가 떨어졌을 것입니다. 회사에 사오정 같은 유형은 더 많습니다. 그는 사람 됨됨이나 가치관 같은 형이상학적인 것은 모릅니다. 그러나 "이것이 내가 할 일이다"라며 30분 만에 모든 일을 끝마치고 잠을 자러 갑니다. 『서유기』는 이 네 유형의 인물이 삼장법사의 리더십 아래 힘을 합쳐 경전을 찾아오는 내용입니다. 이러한 환상의 팀워크를 가진 기업이라면 반드시 성공할 것입니다.

오늘날 알리바바는 엘리트만 기용하려고 하지 않습니다. 엘리트들만 모아놓으면 나쁜 일만 합니다. 우리는 모두 평범한 사람들입니다. 평범한 사람들은 함께 있으면 평범하지 않은 일을 합니다. 이것이 바로 단결 정신입니다. 우리 한 사람 한 사람은 모두 단결 정신을 발휘해야 됩니다.

나는 늘 직원들과 이야기를 합니다. 여기에는 우리 기업에 대한 이해가 기본적으로 깔려 있습니다. 항저우에 유명한 식당이 있습니다. 항저우, 상하이, 난징, 베이징에 체인을 두고 있는 그 식당에서 밥을 먹으려면 며칠 전, 심지어 일주일 전에 예약을 해야 합니다. 6년 전, 나는 그 식당에서 밥을 먹었습니다. 탁자도 몇 개 안 되는 그곳에서 식사를 주문하고 기다렸습니다. 5분이 지나자 점원이 왔습니다.

"손님, 주문을 다시 하시겠습니까?"

"무슨 소리요?"

"손님께서는 4개의 탕과 1개의 요리를 주문하셨습니다. 드시고 난 뒤 틀림없이 우리 식당 음식이 맛없다고 할 것입니다. 저희 식당에는 맛있는 요리가 많습니다. 요리 4개와 탕 1개로 바꾸는 것이 어떠

신지요?"

그의 말에서 손님을 위한 배려가 느껴졌습니다. 손님에게 랍스터나 킹크랩 같은 비싼 요리를 권하기보다는 두 사람이 먹기에는 너무 많으니 더 시킬 필요가 없다고 말합니다. 고객이 만족해야 기업은 성공할 수 있습니다. 고객이 불만을 느끼면 성공하기 어렵습니다.

우리 회사는 '고객은 언제나 옳다'는 원칙을 지킵니다. 그러나 때로는 고객이 틀릴 때도 있습니다. 그들은 여러분이 무슨 일을 하는지 모릅니다. 여러분은 기업가들이니 자신이 무엇을 하고 있는지 확실히 압니다. 알리바바는 비즈니스 서비스 기업으로 사람들이 인터넷에서 거래하는 것을 도와줍니다. 전자상거래를 한마디로 정리해보았습니다.

"전자상거래란 하나의 도구이다. 폭탄이 아니다. 이 도구를 사용하면 고객의 상품이 전국, 전 세계로 팔려나갈 수 있게 돕는다. 이 도구는 고객이 인터넷에서 타인의 정보를 수집하고 사업 관리와 조절을 강화할 수 있게 도와준다."

오늘은 여기까지 말씀드리겠습니다. 궁금한 것이 있으면 질문해주시기 바랍니다.

중국경제연구센터 연설문(부분)

2005년 12월부터 CCTV 경제채널은 '2005 올해의 중국 경제인물' 선정을 위해 25명의 후보를 선정하여 베이징대학, 칭화대학, 푸단대학, 상하이교통대학에서 '2005 중국의 경제인물 선정-혁신 포럼'에 참가하게 했다. 아래는 마윈이 중국경제연구센터에서 한 연설의 녹

취록이다.

오늘은 특별히 기분이 설렙니다. 나는 줄곧 베이징대학 학생들을 우상으로 삼았습니다. 베이징대학에 오고 싶었으나 들어올 수 없었기 때문에 기회가 되면 이곳에 와서 선생님을 해야겠다고 생각했습니다. 베이징대학에서 여러분과 다시 만나게 되어 매우 기쁩니다. '올해의 경제인'에 뽑혀 영광으로 생각합니다.

나는 기회는 여러분이 창조하는 것이며, 함께 누리는 것이라고 생각합니다. 인터넷 기업가가 다시 한 번 올해의 경제인으로 선정된 것은 인터넷이 중국 경제에 지속적으로 영향을 미치고 있음을 의미합니다.

1999년 알리바바를 구상할 때 중국 경제를 고려했습니다. 크게 봤을 때 중국이 WTO에 가입하는 것은 시간 문제라는 판단이 들었습니다. 인터넷으로 중국 기업이 외국에 진출하고 수출하는 것을 돕고, 외국 기업이 중국에 진출하게 한다는 것이 첫 번째 구상이었습니다. 그리고 중국 경제를 고속 발전시키는 것은 중소기업과 민영 경제라고 생각했습니다. 우리가 도와야 하는 대상은 스스로 돕는 기업, 도울 수 있는 기업입니다. 많은 중소기업이 전자상거래를 사용하는 것이 요즘 추세입니다. 대기업처럼 전자상거래의 파워를 과시하기 위한 것이 아닙니다. 따라서 정말로 도움이 필요한 사람들과 기업을 돕자는 것이 최초의 구상이었습니다.

그동안 알리바바의 모델이 이런저런 점에서 나쁘다는 말들도 많았습니다. 그래서 혁신을 하려면 이런저런 압박과 유혹을 막아낼 수 있어야 합니다. 우리는 처음에 '미치광이'라는 소리를 들었습니다.

남들이 어떻게 말하든 우리는 상관하지 않습니다. 우리가 신경 쓰는 것은 이 세상을 우리가 어떻게 보느냐 입니다. 우리의 꿈을 위해 한 걸음씩 앞으로 나가는 것만 생각합니다. 이는 어떤 기업이든지 반드시 가야 할 길입니다. 오늘날 알리바바의 B2B가 세계로부터 인정을 받지 않았기 때문에 C2C를 출시한 것이라고 말하는 사람들이 있습니다. 그들은 또 C2C마저 인정을 받지 못해 야후 차이나를 사들인 것이라고 합니다. 그것은 외부의 추측일 뿐입니다. 중국의 전자상거래는 반드시 미국의 전자상거래를 추월할 것입니다. 이것은 제 개인의 판단입니다. 우리가 C2C 분야에서 반드시 거대한 발전을 할 것이라고 생각하는 이유는 무엇일까요? 중국은 13억 인구가 있고 수년간의 노력을 통해 경제가 비약적으로 발전했습니다. 3억 명이 인터넷을 사용하기까지 몇 년밖에 안 걸렸습니다. 미국에서는 3억 명이 인터넷을 하기까지 오랜 시간이 걸렸습니다.

지금도 외부에는 많은 루머가 돌고 있습니다. 어떤 사람은 알리바바가 야후 차이나를 합병한 것은 일종의 쇼라고 말합니다. 그러나 우리는 그렇게 생각하지 않습니다. 야후를 합병한 것은 우리가 전체적인 모델을 생각했기 때문입니다. 우리가 야후를 사들이고 야후는 우리 본사의 40%의 주식지분과 35%의 투표권을 차지합니다. 이런 생각은 우리만의 독창적 모델입니다. 월가에도 이런 모델은 없습니다. 전 세계에서도 이런 M&A가 있다는 말은 못 들어봤습니다. 이렇게 한 이유는 전자상거래가 중국에서 발전하려면 반드시 검색엔진이 필요해서 야후와 협상을 해야 했고, 이 과정에서 야후의 체면을 살려줘야 했기 때문입니다. 그리하여 우리가 야후를 사고 야후도 알리바바 본사의 일부 지분을 갖게 한 것입니다. 단, 그 지분으로는 알리바바를 지배할 수 없으며 조종할 수도 없습니다. 왜냐하면 우리 회사는 설립 때부터 중국인이 만든 글로벌 기업을 만들자는 사명이 있었기 때문입니다. 이러한 사명을 위해 우리의 주식 지배구조도 변화가 필요했습니다. 누구의 지배도 받지 않아야 합니다. 여러분은 이 회사를 손정의나 제리 양이 지배한다고 추측하지만, 어느 누구도 이 회사를 지배하지 못합니다. 이 회사는 중국인이 시장경제체제에서 설립했고, 세계적으로 발전할 것입니다.

우리의 구조는 매우 정교합니다. 합병하면서 야후 측으로부터 사람들이 불가사의하다고 말하는 10억 달러의 투자를 얻었습니다. 야후의 모든 자산, 모든 브랜드와 기술은 7억 달러로 환산합니다. 이는 작년에 이루어진 M&A 중 세계 최대 규모입니다. 우리는 자문기업을 고용하지 않았습니다. 그런 회사를 믿지 않기 때문입니다. 그들은 그럴듯한 말을 하고 그럴듯한 주장을 매체에 기고하지만, 그것을 행동으로 옮기지는 않습니다. 우리는 투자은행과도 협력하지 않습니다. 이런 점은 우리가 제대로 처리했다고 생각합니다. 투자은행을 개입시켰다면 일이 복잡해졌을 것입니다. 개입시키지 않았기에 빠른 결정을 내리고 짧은 시간에 야후를 사들일 수 있었습니다. 그리고 야후에도 체면을 살려주었습니다. 우리는 어느 누구도 이 회사에 대한 지배권이 없으며 알리바바는 102년 동안 경영을 지속한다는 조항을 넣었습니다. 102년의 역사를 갖기 전까지는, 102년이 되기 단 하루 전이라도 이 회사가 죽고 없다면 우리는 실패한 것입니다. 그래서 함부로 성공했다고 말하지 않으렵니다. 102년이 될 때까지 이 회사는 중국인이 대표를 맡을 것입니다. 이 회사가 다국적기업으로 발전할 수도 있습니다. 기술은 국제화되고 시장도 국제화될 것입니다. 그러나 단 한 가지 변치 않는 원칙은 반드시 중국인이 이 회사의 대표여야만 한다는 것입니다. 나는 이 조항을 회사의 정관에 추가했습니다. 이것이 바로 혁신입니다. 그 중국인 대표들이 바보라도 어쩔 수 없습니다. 그것이 바로 제 생각이기 때문입니다.

우리는 중국 시장 자체가 바로 다국적 시장이라고 굳게 믿습니다. 중국에서 반드시 세계적 기업이 탄생할 수 있습니다. 중국은 반드시 세계적 기업가를 탄생시킬 것입니다. 따라서 알리바바는 중소기업의 성공을 도울 뿐 아니라 청년들이 사명감과 가치관을 배울 수 있게 하고, 그들에게 우리의 기업문화와 가치관을 강조할 것입니다. 바로 이 점 때문에 베이징대학 여러분과 만날 수 있기를 희망했습니다. 나는 여전히 선생입니다. 방금 왕샤오야가 내게 학교에 돌아가 선생이 될 생각이 있느냐고 물었는데, 나는 여전히 선생이 되고자 합니다. 나는 스스로 '수석교육관'이라고 부릅니다. 선생으로서 우리의 책임은 세계에서 가장 앞서가는 경험과 세계의 고수들과 힘을 겨루어 얻은 사상들을 젊은이들에게 전해주는 것입니다.

선생의 가장 큰 희망은 학생이 자신을 뛰어넘는 것입니다. 세상의 어떤 선생도 자기 학생이 '구걸'하기를 바라지 않습니다.

선생이란 자기 제자가 잘되기를 바라고 자기를 추월하기를 바랍니다. 나는 교단으로 다시 돌아가기를 바랍니다. 회사에서뿐만 아니라 캠퍼스에서 선생이 되어 학생들과 소통하고 싶습니다. 이 회사를 만들 때 이런 생각을 강하게 했습니다. '나는 모든 혁신적인 수단을 사용할 것이다. 그러나 나쁜 수단을 사용하여 용인받지 못할 일은 하지 않을 것이다.' 그렇지 않으면 향후 학생들에게 돌아갔을 때 그들이 "마윈 선생님이 세상을 주름잡을 수 있었던 것은 모두 비열한 수단을 동원했기 때문이군요"라고 말할 테니까요.

지금까지 말씀드린 것들이 늘 나 자신을 다잡고 일깨우게 하는, 우리가 가져야 할 창업정신입니다.

크리스마스이브 연설문

2005년 12월 24일 크리스마스이브에 300명의 커뮤니티 운영자와 열정적인 네티즌들이 일 년에 한 번 개최하는 '알리바바 커뮤니티모임'에 참석했다. 아래는 마윈이 현장에서 한 연설이다.

이 자리에 계신 커뮤니티 여러분 안녕하십니까?

2005년 말, 나는 알리바바가 고도의 위기에 처해 있다고 선포했습니다. 우리 회사는 매우 젊습니다. 최근 들어서 점점 더 외부의 관심을 받고 있습니다. 우리 회사의 젊은이들에게 이는 좋은 일이 아닙니다. 나를 포함해서 그들은 스포트라이트를 견딜 수가 없습니다. 우리가 갈 길은 멉니다. 102년을 가야 하는데 앞으로 96년이 남았습니다. 스포트라이트를 너무 일찍 받은 것입니다. 이런 큰 영예는 우리에게 위험한 일입니다.

2005년은 알리바바가 외부의 관심을 많이 받은 해였습니다. 야후차이나를 인수했고 타오바오와 알리페이를 잘 운영했기 때문입니다. 알리바바의 방문자 수도 많은 편입니다. 2004년과 2005년, 회사의 발전 상황은 완전히 다릅니다.

나는 알리바바 사이트가 2009년에 세계 30위에 들 것이라고 예측했습니다. 뜻밖에도 이미 세계 19위에 안정적으로 랭크되어 있으며 비즈니스 사이트의 세계 랭킹은 1위입니다.

알리바바를 설립할 때 3가지 소원이 있었습니다. 하나는 세계 10대 사이트가 되는 것이었습니다. 이 목표를 세울 때 모두들 현실적이지 않다고 생각했습니다. 어떻게 세계 10대 사이트에 든다는 것일까요?

현재 세계 10대 사이트는 대부분 야후, MSN, 이베이 같은 포털사이트입니다. 우리는 비즈니스 사이트로 포지셔닝을 하고, 세계 10대 사이트에 들기를 원했습니다. 그 목표의 실현 시간을 30년으로 잡았습니다. 점점 더 성장해서 앞으로 5년 안에 세계 10대 사이트에 야후차이나, 타오바오닷컴, 알리바바가 모두 다 들어가리라 예상합니다. 원래의 계획은 30년 안에 순위의 한 자리를 차지하는 것인데 지금 상황으로는 10년 안에 세 자리를 차지할 수 있을 것 같습니다.

중국 경제의 추세를 파악하고 진단해볼 때 자신감도 충분합니다. 중국 경제가 고속 성장하고 있고 아시아태평양 지역의 중요성이 고도로 높아졌으며, 이 지역 인터넷 기업과 산업도 세계에 많은 기여를 하고 있습니다. 나는 앞으로 5년 안에 이런 상황들이 인터넷산업에 큰 영향을 미칠 것으로 판단합니다.

나는 2004년도 올해의 중국 경제 10대 인물에 선정되었으며, 우리회사는 10대 고용주에 선정되었습니다. 이는 회사와 개인에게도 좋은 일이라고 생각하지 않습니다. 참여는 하고 있지만 크게 의미를 두고 있지 않습니다. 우리는 3~5년 안에 '세계 10대 고용주' 기업에 선정되고 젊은 사람들이 가장 가고 싶어 하는 회사가 되는 것이 꿈입니다. 올해 이 상을 받을 수 있어서 매우 기쁩니다. 2년 전 이 목표를 세울 당시 앞으로 갈 길이 멀다는 느낌이었습니다. 중국의 최우수 고용주가 되기 위해 나는 많은 노력을 하고 있으며, 앞으로 더 많은 기회가 있을 것입니다.

올해 우리는 전국 각지의 커뮤니티 운영자와 토론방의 엘리트들을 이 자리에 모셨습니다. 글을 잘 쓰는 여러분이 부럽습니다. 제게는 가장 길게 쓴 글이 가장 잘 쓴 글입니다. 20~30자를 치는데도 많은 시간을 들여야 합니다. 가슴을 열어 사람들과 공유해야 합니다. 토론방은 하나의 사회와 같으며, 심지어 사회보다 더 복잡합니다.

타오바오닷컴에서는 각종 갈등이 생기기 마련입니다. 나는 타오바오의 관리자에게 온라인 포럼은 하나의 작은 사회니 그런 것도 포용해야 한다고 말합니다. 이 세상에는 자기 의견에 반대하는 사람이 있기 마련입니다. 그리고 반대하는 방식도 제각각입니다. 그러므로 그것을 싫다고 해서는 안 됩니다. 자칫하면 일이 더 복잡해질 수도 있습니다. 모두들 토론방에서 가슴을 열고 이야기를 나누다보면 어느새 훌쩍 성장해 있을 것입니다.

방금 말씀하신 분이 하나의 포럼을 운영할 것인가 두 개를 운영할 것인가를 얘기하셨는데 나는 하나가 좋다고 생각합니다. 두 개를 운영하기에는 너무 힘이 듭니다. 우리는 야후를 인수한 후 몇 가지 작업을 했습니다. 먼저 구조조정입니다. 야후에 원래 600명의 직원이 있고 200가지의 상품이 있었습니다. 한 파트의 60명이 100개의 업무라인에서 동분서주합니다. 당시 몇 가지 문제를 제기했습니다. 그중 하나는 "오늘 가장 중요하고 긴급한 일은 무엇입니까? 가장 긴급하지 않은 일은 무엇입니까?"였습니다. 모두들 긴급한 문제가 발생했을 때 그것을 우선적으로 처리하고 다른 것은 뒤로 돌렸습니다.

우리는 야후의 홈페이지를 완전히 변화시켰습니다. 600명이 600개의 다른 영역에서 제각각 관리하면 잘될 확률이 매주 적습니다. 600명이 하나의 영역에 집중해서 일하면 성공 가능성도 커집니다. 커뮤니티 운영자들은 돈을 벌고 회원 수를 늘릴 생각을 합니다. 그러한 생각은 때로는 글에도 드러납니다. 어떤 생각을 품고 있으면 당신의 말투와 태도에 나타날 것입니다.

우리는 아직도 창업 당시의 꿈을 가지고 있습니다. 유일한 다른 점이 있다면 한걸음 나아갔다는 것입니다. 이는 꿈에 한 발자국 가까워졌음을 의미합니다. 모든 사람이 처음 창업할 때 이상을 높게 품지만 시간이 갈수록 그 길이 어디 있는지 찾을 수 없게 됩니다. 당신의 최초의 꿈이 가장 아름다운 것입니다.

우리가 창업할 때 30여 개 기업이 우리와 경쟁하고 있었는데 지금은 모두 문을 닫은 것으로 압니다. 우리 회사 하나만 살아남았습니다. 우리는 꿈을 간직한 사람들입니다. 그래서 지금까지 올 수 있었던 것입니다. 오늘날 우리는 처음의 꿈을 버리지 않았기에 앞으로 나아갈 수 있었습니다. 우리는 앞으로 96년을 더 가야 합니다. 알리바바의 꿈은 변함이 없습니다. 우리는 102년간 지속할 회사를 운영해 세계 최대의 인터넷 전자상거래 사이트로 발전시킬 것입니다.

우리 알리바바는 지난 5년간 하나의 목표를 완수했습니다. 바로

'meet at alibaba' 입니다. 그 누구도 전자상거래에 대한 보고서를 발표해서 '전자상거래는 어떤 것이다'라고 단정지을 수 없습니다. 세상에 전문가가 너무 많기 때문입니다. 교육부의 전자상거래 교과서 세미나에 참가했을 때 전국 278개 대학에 전자상거래 전공과목이 개설된다고 들었습니다. 전자상거래를 전공하는 학생들이 대학을 졸업하고 나면 큰 골칫거리입니다. 그들은 전문가가 되겠지만 무엇부터 말해야 할지 모릅니다. 진정한 전자상거래에 대해서는 당연히 현장에서 뛰는 여러분들이 말하는 것이 가장 적합하다고 생각합니다.

전자상거래에 대해 가장 전문적인 사람들은 바로 이곳을 처음 운영하기 시작했던 사람들입니다. 알리바바와 타오바오닷컴 같은 인터넷에서 고객 서비스를 하는 사람들입니다. 반드시 기술요원이어야 할 필요가 없습니다. 그들이 어떤 이론을 말해도 못 믿겠거든 그들이 인터넷에서 어떤 물건을 파는지 가서 보십시오. 알리바바에서 인터넷 지식대회를 연다면 우리 직원들은 여러분보다 아는 것이 적을 것입니다.

실제로 전자상거래 전공 교과서는 여러분이 써야 마땅합니다. 사실 교과서는 어떻게 장사를 하고 어떻게 교류하는지를 다뤄야 합니다. 모두들 같은 업종에서 일하고 있고 지금 보다시피 소통이 잘되고 있습니다. 인터넷이 없었다면 이 모든 것을 하기 어려웠을 것입니다. 오늘 우리는 해냈습니다. 인터넷은 여러분에게 정신적인 것과 물질적인 것을 줍니다. 지금은 그저 시작일 뿐입니다.

20년 전 컴퓨터는 컴퓨터 메인보드, 칩, OS로 나누어졌습니다. IBM은 이 세 분야를 충분히 담당할 수 있었지만, OS 분야를 마이크로소프트에, 칩 분야를 인텔에 넘겼습니다. IBM은 메인보드가 가장 중요하다고 생각했지만 결과적으로는 그들의 생각이 틀렸습니다.

마이크로소프트는 OS로 오늘날의 위치에 올랐으며, 인텔은 칩으로 큰 이익을 얻었습니다. IBM은 가장 중요한 것을 남에게 넘긴 것입니다. 그들은 자기가 선택하지 않은 것이 가장 좋은 것이었다는 것을 생각하지 못했습니다. 우리는 이런 기업들을 많이 봅니다. 60~70년도에 빠르게 성장한 기업들은 자기들이 모든 것을 잘하고 자신들의 힘이 가장 세다고 생각했습니다. 그들은 다른 기업들을 공격했지만, 그들과 손을 잡음으로써 사라져갔습니다.

알리바바는 이제 6년 된 회사이며 부족한 부분이 많습니다. 한편 우리는 우리가 오늘 하는 모든 일의 영향력이 매우 크다는 것을 인식합니다. 우리가 중국 전자상거래의 중요한 임무를 짊어졌다고 말할 수는 없지만 우리에게는 사명감이 있습니다. 알리바바가 나아가는 방향은 전자상거래의 정책에 영향을 미칠 것입니다. 우리는 기업 전자상거래에서 여전히 훌쩍 앞서가는 세계 1위의 회사입니다. 이에 대해 몇 년 전 누군가는 우리 회사가 허풍을 떤다고 여겼습니다. 그러나 2005년 권위 있는 매체와 기관들이 알리바바를 B2B의 일인자로 인정했습니다.

2005년 타오바오닷컴은 하나의 신화를 창조했습니다. 이베이 이취는 전 세계에서 결코 깰 수 없는 아성이었습니다. 이베이 이취는 우리보다 일찍 중국 시장에 진출했고 실력도 강했습니다. 당시 타오바오는 아무것도 없었지만, 그들은 이미 많은 회원들을 보유하고 있었습니다. 모든 것은 변화하고 있습니다. 타오바오도 노력 중입니다. 올해 차이가 빠르게 벌어져서 우리는 시장을 점령했습니다. 타오바오의 거래량과 전체 회원 수, 활약상은 타오바오닷컴을 아시아 최대의 C2C 사이트로 발전시켰습니다.

방금 매우 자신 있게 말씀드렸습니다. 앞으로 5년을 더 노력하면 타오바오닷컴은 아시아 1위에 그치지 않고 세계 1위의 C2C 사이트가 될 것입니다. 우리의 자신감은 점점 커집니다. 방금 베이징에서 공상은행, 초상은행의 행장과 만나고 돌아왔습니다. 최근 우리가 중국 온라인 거래 결제량 1위입니다. 2위와 8위까지의 결제량을 모두 합쳐도 우리보다 못합니다. 즉 알리페이가 시장에서 점유율이 가장 크다는 말입니다.

전자상거래는 반드시 다섯 가지 요소가 있어야 합니다. 첫째는 신용 시스템입니다. 신용 시스템이 없으면 기업의 거래 원가는 내려가지 않고 오히려 올라갑니다. 예를 들어, 2위안에 팔던 물건을 다른 사람이 7위안에 판다고 해도 선택의 여지가 없을 때는 생각할 틈도 없이 일단 사고 봐야합니다. 갑자기 7~8개가 나타나면 고르기가 더 힘들어집니다. 이 순간 중요한 것은 신용입니다. 현실적으로 신용 시스템을 구축하기는 매우 어렵습니다. 중국이 세계에서 가장 부유한 국가가 되려면 아직도 30년이나 있어야 합니다. 중국이 변하려면 부를 나눌 줄 알아야 하는데 이런 문화가 생기려면 50년이 걸립니다. 30년과 50년 사이에는 20년의 차이가 있습니다. 이는 매우 위험한 상황이며, 보완할 방법은 교육밖에 없습니다.

과거의 교육관과 도가의 철학, 유가 사상은 문화혁명 때 완전히 파괴되어버렸습니다. 알리바바가 오늘의 성과를 이룰 수 있었던 것은 바로 사명감과 가치관이 있기 때문입니다. 앞으로 세계에 중국의 문화와 전통을 발양하려면 신용 문제를 가장 먼저 해결해야 합니다.

여기에 생각이 미친 나는 알리바바가 인터넷에서 신용 시스템을 구축할 수 있으리라고 생각했습니다. 알리바바의 신용이라는 가치관이 우리가 최초로 인터넷에서 신용 시스템을 세우게 되는 기반이 되었습니다. 인터넷에 신용 관련 제품이 있고, 비록 완벽하지는 않지만 이미 조금씩 출시 중입니다. 청신통의 현재 회원 수는 12만 명에 가깝습니다. 물론 아직 완벽한 체계를 갖추지는 않았습니다. 내년부터 전력을 다해 신용 시스템에 본격적으로 진입할 것입니다. 샤오톈蕭天이 전담 직원이 되어 내년부터 신용 시스템 구축에 주력할 것입니다.

다섯 개 요소 중 두 번째는 전자 시장입니다. 우리는 B2B와 C2C를 세웠습니다. 세 번째는 검색엔진입니다. 이는 매우 중요한 도구입니다. 네 번째는 결제입니다. 우리에게는 알리페이가 있습니다. 다섯 번째는 중국 전자상거래의 다음 발전 단계에 없어서는 안 될 소프트웨어입니다. 그래서 소프트웨어를 출시할 것입니다. 오늘이 24일이니, 오늘 오후에 알리바바의 첫 소프트웨어가 출시됩니다. 원래 '알리 소프트웨어'라고 이름 붙였는데 나중에 '커후퉁客戶通'으로 바꿨습니다. 이 이름도 괜찮은 것 같습니다. 예수 탄생일에 맞춰 출시되므로 오래 갈 것 같습니다.

커후퉁 소프트웨어는 매우 우수해서 고객 관리에 도움이 될 것입니다. 나는 중국 기업이 ERP를 사용하려면 앞으로도 오랜 시간이 걸릴 것으로 봅니다. 그러나 너무 서두르지만 않으면 잘될 것입니다.

한 걸음이 너무 빨라도, 너무 늦어도 안 됩니다. 적절한 속도와 시기가 매우 중요합니다.

중소기업 시장의 수요를 고려할 때, 그들보다 반 박자 빨라야지 두박자가 빠르면 안 됩니다. 반 박자만 빠르면 됩니다. 앞으로 인사관리 소프트웨어, 재무관리 프로그램도 천천히 출시할 것입니다. 그리고 오픈베타 버전으로 출시할 것입니다. 여러분이 사용해보고 효과가 있으면 그때 유료 모델을 고려해보겠습니다. 장사란 반드시 공정해야 합니다. 나는 반드시 여러분에게 도움을 줘야 합니다. 여러분이 도움을 받아야 우리도 비로소 수확이 있는 것입니다. 여러분이 생각하기에 도움이 되었다고 하면 돈을 낼 것이고 별로 소용이 없었다면 돈을 낼 필요가 없을 것입니다.

우리의 다섯 손가락 중 첫째는 신용, 둘째는 전자 시장, 셋째는 검색, 넷째는 결제, 다섯째는 소프트웨어입니다. 이 다섯 개 중 하나라도 없으면 안 됩니다. 나는 인터넷의 거대한 매력은 커뮤니티 활동에 있다고 생각합니다.

모든 사이트는 상호소통이 이루어져야 합니다. 인터넷 커뮤니티는 가장 좋은 소통 형식입니다. 중국의 3개 기업의 인터넷 커뮤니티가 잘 운영되고 있습니다. QQ, 알리바바, 왕이가 그것입니다. 다른 회사의 사이트는 상호성이 부족합니다. 그리고 많은 인터넷 포스팅이 비방과 욕설로 가득 차 있습니다. 알리바바가 이상회우 토론방을 구축하는 과정에서 한 가지 고수했던 원칙이 있습니다. 그것은 이 토론방이 비즈니스의 토론이어야 한다는 것이었습니다. 욕설이나 비방 그리고 정치적인 내용도 허용하지 않았습니다. 현재 인터넷 토론방들에 정신적 변태가 많다고 합니다. 시나, 소후만 보아도 그런 내용들로 차 있습니다. 나는 우리 알리바바가 이런 면에서 잘하고 있다고 생각합니다.

정치에 대해서 토론하려면 알리바바와 타오바오닷컴을 떠나라고 했습니다. 우리는 최대한 노력해서 이곳의 순수성을 유지하고, 의기투합한 사람들이 서로 소통하는 공간으로 운영되도록 할 것입니다.

과거 반일 정서가 극에 달했을 때 어떤 사람이 소프트뱅크가 우리와 어떤 관계냐고 물었습니다. 나는 아무 관계도 없으며 손정의가 나를 지배하려고 한다면 나는 마윈이 아니라고 말해주었습니다. 많은 사람들이 스스로 총명하다고 여기는 사람이 많습니다. 사실 손정의의 주식 지분은 매우 적습니다. 지난번에 이러한 이론을 말한 적이 있습니다. 나는 알리바바의 '가장'이며 투자자는 '외삼촌'입니다. 그는 나에게 돈을 준 것뿐입니다. 알리바바라는 수술대에서 나는 '의사'이고, 모든 투자자들은 '간호사'입니다. 내가 수술을 집도하며, 칼을 달라고 하면 그들이 내게 건네줍니다. 결정은 내가 합니다. 다른 사람은 나의 조수입니다.

모든 일을 결정할 때 어떤 사람의 영향도 받지 않습니다. 손정의가 지배를 하려면 그것은 다른 곳에서나 가능합니다. 그가 주주가 되기를 원치 않으면 떠나면 그만입니다. 투자할 기업들은 많습니다. 의사로서, CEO로서, 당신의 사명과 당신의 할 일이 무엇인지 확실히 알아야 합니다.

커뮤니티에는 비록 각종 갈등이 있지만 이 세상에 갈등이 없는 곳이 없습니다. 더구나 우리는 얼굴을 대한 적도 없는 사람들입니다.

여기 계신 운영자들께 말씀드리건대, 2005년 우리는 어느새 수많은 인터넷 기업의 거대한 경쟁자가 되었습니다. 사실 그들과 경쟁자가 되고 싶지 않습니다. '무적자는 천하에 적이 없다'라는 말처럼, 다른 사람을 적수로 보지 않고 좋은 것을 배워야 앞지를 수 있습니다. 그래서 나는 일본을 미워하지 말고 그로부터 배워서 앞지르라고 합니다. 중국인은 다른 사람으로부터 배우고 노력해야 합니다.

2005년 많은 기업들이 알게 모르게 우리와 경쟁을 합니다. 앞으로 많은 언론매체가 알리바바를 공격할 것입니다. 나는 많은 매체가 알리바바에 관한 글을 쓴 것을 발견했습니다. 우리의 라이벌이 우리에 대한 루머를 퍼뜨리기 시작한 것입니다. 몇 년 동안은 언론 보도의 90%가 알리바바를 비난하는 내용으로 차 있을 지도 모릅니다. 그러나 알리바바는 우리의 이상을 고수하고 정도를 갈 것입니다.

우리의 지난 5년은 경험이 축적되는 시간이었습니다. 꾸준히 가치를 창조하고 고객의 성공을 도왔습니다. 앞으로 5~10년이 조금 다르기를 원한다면 오늘의 자신을 더 다잡을 것입니다. 그래야 더 멀리 뛸 수 있으니까요. 앞으로도 변함없이 우리의 이상을 지키고 우리가 하려는 일을 견지할 것입니다. 4년 전에 이런 말을 했고 오늘도 이렇게 말합니다. 매체, 평론가, 분석가, 전문가가 우리를 나쁘게 평가하기 때문이 아니라 고객이 변화하기 때문에 우리도 변화할 것입니다.

다시 원래의 화제로 돌아오겠습니다. 어제 한 젊은이가 이렇게 말했습니다.

"제가 다니는 회사의 사장이 미국인인데 지나치게 꼼꼼해서 모든 것을 물어봅니다."

거의 모든 중국인이 사장이 지나치게 꼼꼼하다고 말합니다. 사실 그것은 자신이 꼼꼼하지 않고 일을 대충하려고 하기 때문입니다. 그런 사람에게는 꼼꼼한 관리가 필요합니다. 그래서 더 간섭하게 되는 것입니다. CEO가 하는 일은 문제를 부각시켜 그 문제를 처음부터 해결하는 것입니다.

우리는 앞으로도 타오바오, 야후의 커뮤니티 운영자들과 함께 노력하길 희망합니다. 여러분이 야후 커뮤니티 건설에 관심을 가져주시기 바랍니다.

타오바오가 이베이를 이긴 것을 두고 '진주만 습격'이라고 표현하는 사람도 있습니다. 졌다는 것은 방어를 제대로 하지 않았기 때문입니다. 야후와 구글의 전쟁은 전 세계 사람이 다 알고 있습니다. 습격전에서 승리하려면 반드시 24시간에서 48시간 안에 끝내야 합니다. 습격전은 지속할 수 없는 것입니다. 우리 자신감의 가장 큰 원천은 타오바오와 알리바바의 회원들입니다. 야후가 구글을 이길 것이라고 자신합니다. 이는 우리 중국 기업이 존중받을 기회를 빼앗아오는 것이므로 모두 관심을 가지기 바랍니다.

알리바바가
걸어온 길

1999년 3월   알리바바 사이트 구축. 항저우에서 정식 창업.

1999년 7월   홍콩에 알리바바 중국 지배유한공사 설립.

1999년 9월   항저우에 알리바바 인터넷기술유한공사 설립. 홍콩과 항저우를 각각 알리바바 본사와 중국 지역 본사 소재지로 정함.

1999년 10월   골드만삭스의 주도로 미국, 아시아, 유럽의 일류 펀드기업이 연합하여 알리바바에 500만 달러 벤처투자기금 투자.

2000년   일본 인터넷 투자회사 소프트뱅크, 2000만 달러 주식 참여.

2001년 12월   수익분기점 도달. 수만 달러의 영리 발생. 이는 중국 인터넷 기업이 투자만 하던 세월에 종지부를 찍었다는 것을 상징.

2001년 12월   등록회원 100만 돌파로 세계 최초로 100만 회원이 넘는 비즈니스 사이트로 발전.

2002년 10월   일본어 사이트 발족으로 일본 시장에 본격 진출.

2002년 말   영리의 전면 실현.

2003년 5월   4억 5천만 위안을 투자해 C2C 사이트 타오바오닷컴 설립.

2003년 7월   알리바바가 1억 위안을 투자해 타오바오닷컴 발전을 정식 선포. 중국 C2C 시장 구도 돌파 시도.

2003년 8월   8월 17일은 타오바오닷컴 탄생 100일, 8월 16일까지 타오바오 사이트는 5만 147명의 회원 보유. 인터넷 전시상품 9만여 건, 일일 방문자 수 연인원 155만 명, 매년 신규상품 7000여 건, 매일 신규회원 2500명에 달함. 마윈은 8월 18일부터 신분 인증을 통해 타오바오닷컴에서 거래실적이 있는 회원 10만 명에게 3년 동안 거래 서비스 무료 혜택을 주겠다고 발표.

2003년 10월 알리바바에서 독립된 온라인 거래 안전결제 시스템 알리페이 발족.

2003년 말 일일 수입 100만 위안 실현. 완전 무료의 중국 온라인 C2C 사이트 타오바오닷컴 출범.

2004년 2월 중국 인터넷 사상 액수가 가장 큰 국제 투자자본 획득.

2004년 4월 타오바오닷컴과 「천하무적」 합작으로 영화 부가상품의 온라인 합작 개발과 인터넷 부가서비스 파트너십 관계를 수립. 출연배우들의 소품 온라인 경매는 전자상거래의 트렌드로 자리 잡음. 타오바오닷컴과 중국 최고 인터넷 오락 포털사이트 21cn.com과 제휴하여 강자의 연합을 선포하고 강력한 온라인 경매 사이트를 출시. 쌍방의 합작은 타오바오닷컴이 중국 C2C 시장의 리더 자리를 차지하는 데 중요한 포석을 깔았음을 상징.

2004년 5월 타오바오닷컴이 독창적으로 알리페이 제품을 출시하고 온라인 거래의 위험을 최소화. 동시에 타오바오닷컴은 중국 C2C 거래 결제 플랫폼을 정비. 공상은행, 초상은행 등과 전방위적인 제휴 맺음.

2004년 7월 타오바오닷컴이 중국 C2C 시장의 선도기업임을 선포. 온라인 상품 수량 200만 건, 교역 성공률 성장속도가 연초의 3.57배에 달함. 다른 데이터는 타오바오닷컴이 세계 18위에 올랐음을 보여줌. 무료 모델을 지속할 것을 선포.

2004년 7월 알리바바는 1년 전 1억 위안을 C2C 사이트 타오바오에 투입한 것에 이어 3억 5천만 달러를 추가 투자한다고 밝힘.

2004년 9월 타오바오닷컴은 2003년 7월 설립 이래 최초 대외 발표. 최근 통계에 따르면 200만 회원과 방문자 수 연인원 5000만 명, 8월 총 거래액 1억 2천만 위안, 9월 일일 거래액 700만 달러 돌파.

2004년 연말 독립적인 알리페이 출범.

2005년 1월 타오바오닷컴, 홍콩 전자상거래 시장에 정식 진출하고 '홍콩가' 개통. 홍콩 판매자는 이곳에서 중국 본토 400여 만 전자상거래 소비자와 온라인 거래 가능. 본토 네티즌들은 직접 홍콩가의 점포에서 물건을 살 수 있게 됨.

2005년 2월 온라인 거래 결제도구 알리페이의 업그레이드. 알리페이 전액보상제도를 출시. 전액보상제도는 고객의 이익을 보장하며 중국 전자상거래 사이트의 선례를 세움.

2005년 3월 알리바바와 중국 공상은행, 전략적 합작제휴 협의. 타오바오닷컴 최초로 알리페이 제품의 경영데이터 발표. 2월 타오바오닷컴에서 일일 알리페이를 통한 평균 거래액 350만 위안.

2005년 4월 타오바오닷컴과 소후, 전략적 제휴 선포. 쌍방은 각자 방대하고 활발하게 회원을 공유하고 온라인, 오프라인에서 공동 합작하면서 중국 온라인 거래와 온라인 경매의 발전을 추진하기로 함. 타오바오닷컴은 2005년 1분기 경영실적, 1분기 거래액이 10억 달러에 달해 중국 C2C 사이트 1위에 오름. 중국 C2C거래 전자상거래 사이트 최초 분기 거래액 10억 위안을 돌파한 첫 번째 쾌거로 기록.

2005년 6월 알리바바와 초상은행, 선전에서 은행과 기업의 전략적 제휴 합의 조인식 거행. 이는 쌍방의 협력이 새로운 단계에 진입했음을 상징. 초상은행 행장 마위화와 알리바바 총재 마윈이 쌍방 대표로 조인식에서 서명.

2005년 7월 알리바바 휘하의 알리페이, '전액 보상' 계획 공개. 또한 현재까지 수천만 구매사이트가 가입함. 알리페이는 국내에서 가장 안전한 전자상거래 결제 상품으로 많은 온라인 쇼핑몰과 사이트 들이 가장 많이 찾는 결제도구가 됨. 전액 보상을 통해 안전결제라는 업계 난제를 완전히 해결하고 중국 온라인 쇼핑의 진일보한 발전 촉진.

2005년 8월 알리바바와 야후 차이나의 합병으로 야후 차이나 10억 달러의 투자를 받음.

2005년 11월 알리바바 휘하의 야후, 새로운 검색엔진 발표. 마윈, 알리바바가 검색 영역을 더 자신 있게 추진할 것임을 천명. '야후는 검색, 검색은 곧 야후' 라는 이미지 구축.

2005년 말 알리바바 2005년 중국 CCTV '올해의 고용주' 조사에서 최고의 고용주에 선정, 일일 납세액 100만 위안 실현.

2006년 3월 중국 농업은행과 알리바바 공동 기자회견 개최. 쌍방은 B2B 전자결제와 개인 온라인 결제 분야에서 손잡고 전자상거래 시대의 온라인 결제 시대를 공동개척하기로 함.

2006년 5월 알리바바는 타오바오닷컴을 플랫폼으로 한 B2C 분야에 본격 진출한다고 선포. 같은 달 타오바오닷컴과 알리페이의 최근 거래액을 보면 타오바오닷컴의 1분기 거래액이 30억 달러로 하루 거래액 4000만 달러 돌파. 이로써 2006년 1년간 타오바오닷컴은 140억 달러의 총 거래액을 달성할 수 있을 것으로 보임. 2005년 80억 2천만 달러의 거래액에 비해 75% 성장. 알리페이를 통한 6월 일일 타오바오닷컴 거래액 3100만 달러를 초과. 이 두 숫자는 중국 C2C 시장과 제3자 결제 시장의 신기록.

2006년 6월 미국 권위 경제지 〈비즈니스 2.0〉, 세계 40명의 가장 영향력 있는 비즈니스계 인사 명단 발표. 알리바바 사이트 창립자 마윈은 중국 대륙 지역의 기업가로 유일하게 이 명단에 선정됨. 마윈은 15위로 빌 게이츠보다 6위가 앞섬.

2007년 11월 홍콩증권거래소에 상장(시가총액 200억 달러). 개인 간 인터넷 광고 거래 사이트인 '알리마마' 창설.

2008년 4월 가상 상점 '타오바오상청' 개설.

2012년 2월 홍콩증권거래소 상장 폐지.

2013년 1월 알리바바의 7개 사업 부서를 25개 사업부로 구조조정 단행.

2014년 9월 뉴욕증권거래소에 세계 역사상 가장 큰 규모(시가총액 2314억 달러)로 상장.

KI신서 5765

알리바바,
세계를 훔치다

개정1판 1쇄 발행 2014년 10월 27일
개정1판 4쇄 발행 2016년 1월 10일

지은이 류스잉·펑정 **옮긴이** 차혜정
펴낸이 김영곤 **펴낸곳** (주)북이십일 21세기북스
해외콘텐츠개발팀 조민호 유승현 조문채
해외기획팀 김영희
출판영업마케팅팀 안형태 이경희 민안기 김홍선 이은혜 백세희
출판등록 2000년 5월 6일 제10-1965호
주소 (우 10881) 경기도 파주시 회동길 201(문발동)
대표전화 031-955-2100 **팩스** 031-955-2151 **이메일** book21@book21.co.kr
홈페이지 www.book21.com **블로그** b.book21.com
트위터 @21cbook **페이스북** facebook.com/21cbooks

ISBN 978-89-509-6707-9 03320
책값은 뒤표지에 있습니다.

* 이 책은 2011년에 출간된 『불광불급』의 개정판입니다.